Das Hobbythek-Buch 1

Wolfgang Back
Jean Pütz

DAS HOBBYTHEK-BUCH 1

Unter Mitarbeit von
Heinz Gollhardt

vgs

CIP-Kurztitelaufnahme der Deutschen Bibliothek

Back, Wolfgang
Das Hobbythek-Buch / Wolfgang Back; Jean Pütz.
Unter Mitarb. von Heinz Gollhardt. — Köln: Ver-
lagsgesellschaft Schulfernsehen.
NE: Pütz, Jean:
1. — 1. Aufl. — 1977.
ISBN 3-8025-6100-7

Bildquellen:
Bayerische Motorenwerke (Seite 30, Abb. 1), Heinz Gollhardt (36/2 u. 38/4), Deutsches Museum, München (37/3a) b)), Dieter Degner (von ihm stammt die Studiodekoration der Hobbythek: (83/10, 84/11, 86/13, 123/3, 169/1), Georg Neumann GmbH. (110/2), AKG — Akustik- und Kinogeräte (111/4), Sennheiser (111/3), Rheinisches Landesmuseum, Bonn (124/4), flora-Bild (90/1), Biologische Bundesanstalt für Land- und Forstwirtschaft (98/3), Jan Lelley (123/9), Römisch-Germanisches Museum, Köln (121/1), Erich H. Heimann (133/1, 134/2, 135/3), Elfriede Klein (73/1, 74/2, 75 3, 76/4, 77/5, 126/7, 156/1, 157/2), im Institut für Kristallographie, Köln, von Gerhard Praßer angefertigte Fotos (178/1, 179/2, 182/5, 183/6), Tonzeug von Gerta Fietzek, Köln (130/13).

1. Auflage 1977
2. Auflage 1978
3. Auflage 1980
4. Auflage 1981
5. Auflage 1981
6. Auflage 1982
7. Auflage 1984
© Verlagsgesellschaft Schulfernsehen, Köln 1977
Fotos, Zeichnungen und Modelle: Gerhard Praßer, Köln
Reproduktion der Fotos: Litho Köcher, Köln
Satz und Druck: Kölnische Verlagsdruckerei GmbH, Köln, Rundschau-Haus
Printed in Germany
ISBN 3-8025-6100-7

Wie ist es eigentlich zur Hobbythek gekommen?

Liebe Leser,
die Sendungen der *Hobbythek* sind inzwischen zum festen Bestandteil aller III. Fernsehprogramme der ARD geworden. Als letzter Partner ist der Bayerische Rundfunk dazugestoßen. Ein besonderes Kennzeichen dieser Reihe ist der ungewöhnlich enge Kontakt zwischen den Zuschauern und Mitmachern und denen, die sich diese Sendungen ausdenken, die sie gestalten und moderieren. Bis zu 70000 Zuschriften pro Sendung — von derart viel Zuspruch haben wir am Anfang nicht zu träumen gewagt. Er zeigt uns, daß der Wunsch, selbst etwas zu tun, verbreiteter ist als viele glauben. Es heißt ja immer, das Fernsehen mache die Leute bequem, halte sie von eigener Aktivität ab. Für die *Hobbythek* gilt das Gegenteil. Und das ist kein Zufall, sondern von Anfang an unsere Absicht gewesen. Wir möchten Ihnen dies und die Gründe, wie es zur *Hobbythek* gekommen ist, kurz erklären.
Verantwortlich für die *Hobbythek* ist die Redaktion Naturwissenschaft und Technik des WDR-Fernsehens, für die wir die Sendungen vorbereiten und ge-

stalten. Es ist dieselbe Redaktion, die auch die Sendereihen *Einführung in die Elektronik* und *Einführung in die Digitaltechnik* produziert hat. Nach diesen Sendungen kam aus Zuschauerkreisen immer wieder der Wunsch, diesen doch mehr theoretischen Inhalten auch einmal etwas aus der Praxis folgen zu lassen, mit Experimenten für Hobby-Elektroniker und Bastler, mit Basteltips, mit denen man etwas anfangen kann oder die zumindest Spaß machen.
Wir beschlossen, diese Wünsche zu erfüllen. Erster Arbeitstitel für die geplante Sendereihe: *Spielereien mit Elektronik*.
Vor der Verwirklichung dieser Idee lag aber noch ein Sendevorhaben, das entscheidend die spätere Gestaltung der Hobbythek beeinflußt hat. In unserer Sendung des 1. Programms *Aus den Augen in den Sinn, ein Spiel mit optischen Täuschungen* wurde zum ersten Mal versucht, die Zuschauer zum Mitmachen anzuregen und alte, eingeübte Sehgewohnheiten zu durchbrechen. Weg vom rein passiven Zuschauen, das war die Devise. Äußerst positive Kritiken und über

20000 Zuschriften bestätigten uns, daß wir auf dem richtigen Weg waren.
Aber diese Sendung zeigte uns auch, daß die Beschränkung auf das Gebiet der Elektronik uns die große Chance genommen hätte, eine Verbindung von Wissenschaft und Praxis für jedermann herzustellen. *Spielereien mit Elektronik* erschien uns plötzlich zu einseitig. Wir erweiterten das Thema auf möglichst viele Freizeit- und Wissensbereiche. Und als uns dann noch der Name *Hobbythek* einfiel, war die neue Sendereihe geboren. Nicht die Vermittlung hoher Wissenschaft in professoraler Pose ist unser Ziel, sondern die Vermittlung von Wissen für den Alltag und für Jedermann, vorgeführt am praktischen Fall.
Die ungewöhnlich starke und positive Reaktion der Zuschauer zeigte uns, daß ein sehr großes Interesse an dieser Verknüpfung besteht. Deshalb wird hier zum Beispiel nicht nur ein Segelflugmodell gebastelt, sondern auch darauf eingegangen, warum es eigentlich fliegt, oder es wird nicht nur gezeigt, wie sich Silber selbsttätig reinigt, sondern auch warum das so ist

Wenn Sie noch nicht wissen, welches Thema Sie am Anfang besonders reizen könnte, dann blättern Sie das Buch einfach durch. Wir sind sicher, daß es Sie an irgendeiner Stelle festhalten wird und Sie zum Selbsttun anregt. Wenn Sie durch unsere Sendungen noch nicht zum Hobbytheker geworden sind, dann werden Sie es vielleicht jetzt durch das Buch. Es gibt nämlich keinen Menschen, der ,,nur'' linke Hände hat. Wir wenden uns auch nicht an ,,Weltmeister'' auf irgendeinem Spezialgebiet, sondern an alle, die es satt haben passiv zu sein. Fangen Sie doch einfach mal an, der erste Schritt ist erfahrungsgemäß der schwerste.

Dazu wünschen wir Ihnen viel Spaß und viel Erfolg. Lassen Sie sich nicht entmutigen, wenn einmal etwas nicht auf Anhieb klappt. Auch wir haben das erlebt, obwohl man das in den Sendungen nicht merkt. Dort wollen wir Ihnen ja nicht vorführen, wie etwas *nicht* funktioniert, sondern zeigen, *wie* etwas funktioniert — und *warum.*

Inhalt

Basteln mit Elektronik

Kaum eine andere Technik hat unsere Umwelt und unser Leben in den letzten zwanzig Jahren entscheidender beeinflußt als die Elektronik. Sie ist allgegenwärtig: in der Waschmaschine, im Fernseher, in Blinkanlagen und im Taschenrechner. Sie hat große Spektakel möglich gemacht, wie die Landung auf dem Mond, und sie wirkt ganz unauffällig, zum Beispiel in einem Herzschrittmacher, mit dem heute Leute ganz normal leben, die früher sterben mußten.

Elektronik ist für die meisten, die sich einmal mit ihr eingelassen haben, eine Sache, von der sie nicht wieder loskommen. Vielleicht geht es Ihnen einmal ebenso. Aber für viele ist die Elektronik doch etwas Undurchschaubares, Geheimnisvolles. Man sieht den kleinen bunten Röllchen und glänzenden Kapseln nicht an, was in ihnen passiert.

Für den Anfang haben wir uns deshalb einen Bastelvorschlag ausgedacht, mit dem eigentlich jeder zurechtkommen müßte, der nicht gerade mit den sprichwörtlichen zwei linken Händen

geschlagen ist. Bei diesem Vorschlag verbindet sich noch ganz herkömmliche Handwerksarbeit — Sie müssen nämlich mit einer Sperrholzplatte anfangen — mit der Hauptbeschäftigung

der Elektroniker: mit dem Löten. Keine Bange also. Sollte beim ersten Versuch etwas schiefgehen, dann versuchen Sie es einfach noch ein zweites Mal.

Wir bauen eine Miniorgel

Elektronik macht vor allem dann Spaß, wenn nach all der Löterei etwas passiert — also etwas blinkt, zählt, auf geheimnisvolle Weise schaltet oder Töne von sich gibt. Bei der Miniorgel sind es Töne. Ganz beliebige, also Tonleitern, Lieder oder auch stufenlos auf- und absteigende. Wie baut man dieses kleine Wunderinstrument?

Bauteilliste

Zunächst einmal all die Bauteile, die wir brauchen:

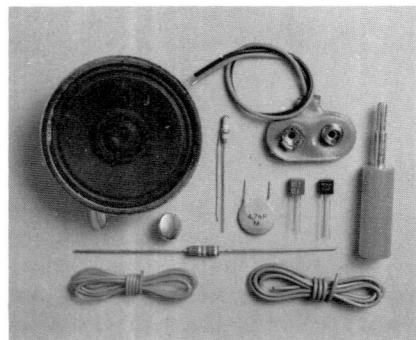

Abb. 1: Die benötigten Bauteile.

1	Sperrholzbrettchen 20 cm × 12 cm
16	Reißbrettstifte mit Messingkopf
1	Büroklammer
	Kupferdraht, möglichst ohne Isolierung
1	Bananenstecker
1	Stück Pappe 20 cm × 2 cm
1	weichen Bleistift
1	9-Volt-Batterie
1	Kleinlautsprecher 8 – 25 Ohm, 0,1 – 0,2 Watt
1	pnp-Transistor, z. B. BC 212 oder 2 N 2905
1	npn-Transistor, z. B. BC 182 oder BC 107
1	Kondensator 2,2 nF (Nanofarad)
1	Kondensator 4,7 nF
1	Widerstand 47 kΩ (Kilo-Ohm)

Von den Bezeichnungen der elektronischen Bauteile lassen Sie sich bitte nicht erschrecken. Gehen Sie einfach in einen Elektronik-Laden und lassen Sie sich die Teile zusammensuchen. Die Leute dort sind eigentlich immer sehr nett und nur zu gern bereit, einem Neuling etwas zu erklären. Dort wird man Ihnen z. B. auch erklären, daß man an den bunten Ringen der Widerstände ganz einfach ablesen kann, wie groß der Widerstandswert und dessen Genauigkeit, das heißt seine Toleranz, ist.

Wer sich aber mit Elektronik gründlicher befassen möchte, der sollte doch zusätzliche Bücher zu Hilfe nehmen. Wir empfehlen z. B. unser Buch *Experimente: Elektronik* (Näheres dazu auf Seite 185), in dem man alles, vom Löten bis zum Verschalten komplizierter Systeme, lernen kann. Auch der blutige Anfänger kommt, wie wir aus Zuschriften wissen, damit zurecht.

Aufpassen bei Transistoren!
Fürs erste reicht es, wenn Sie sich mit den Besonderheiten des Transistors vertraut machen; denn da gibt es am Anfang die meisten Schwierigkeiten. Im Grunde ist die Sache aber ganz einfach:
Transistoren gibt es in zwei Ausführungen: einmal mit Kunststoffgehäuse

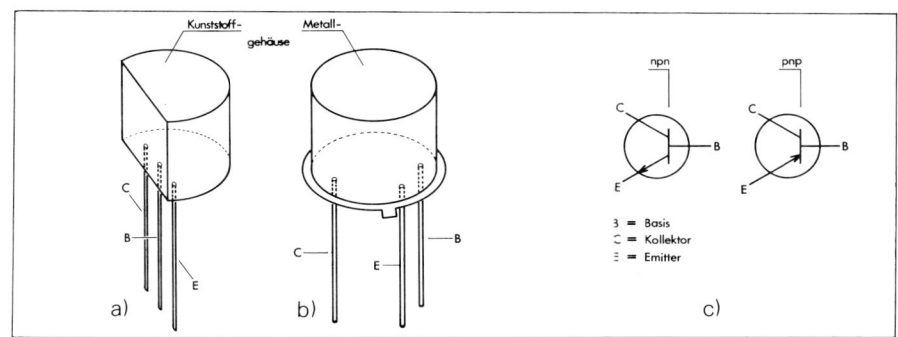

Abb. 2: Verschiedene Transistor-Typen und ihr Schaltbild.

(Abb. 2a) und zum anderen mit Metallgehäuse *(Abb. 2b)*. Der Metalltyp hat am unteren Rand eine kleine „Nase". Dort liegt der sogenannte *Emitter* (E). Die anderen Leitungen sind der *Kollektor* (C) und die *Basis* (B). Wie die Leitungen beim Kunststofftyp liegen, sehen Sie in der *Abbildung 2a*.

Für den Anfang ist es nicht so wichtig, was diese Begriffe im einzelnen bedeuten; wichtig ist nur, daß der richtige Draht an die richtige Stelle gelötet wird. *Abbildung 2c* zeigt das Schaltsymbol des Transistors. Oben liegt der Kollektor, in der Mitte die Basis; der Pfeil kennzeichnet den Emitter. Bei npn-Transistoren zeigt der Pfeil am Emitter nach außen, beim pnp-Transistor nach innen.

Die anderen Bauteile und ihre Funktion

Beim *Lautsprecher* gibt es keine besonderen Probleme; da ist es gleichgültig, welcher der beiden Drähte mit (−) der Batterie oder mit dem Kollektor (C) des Transistors verbunden wird. Vorsehen müssen Sie sich nur mit der schwarzen Membran, denn sie ist aus Papier. Wenn Sie hier mit dem Lötkolben oder dem Schraubenzieher ein Loch bohren, wird aus dem Lautsprecher in der Regel ein Leisesprecher.

Kondensatoren sind Energiespeicher; sie werden vom Strom aufgeladen und wieder entladen. Je nach Größe des Kondensators und der Art, wie er geschaltet ist, kann das langsam oder auch schnell gehen. In unserer Schaltung sind die Kondensatoren hauptsächlich für die Art des Tons verantwortlich.

Miniorganisten, die schon etwas Elektronik-Erfahrung haben, können den Ton ihrer Orgel durch Zuschalter weiterer Kondensatoren (Parallelschalten) nach eigenem Geschmack verändern.

Widerstände gehören zu der sogenannten passiven elektronischen Bauelementen. Ihre Aufgabe ist es, den fließenden Strom zu begrenzen, damit es keine Kurzschlüsse gibt. Übrigens ist das Graphitorett, das wir gleich basteln werden, ebenfalls ein Widerstand. Vorher aber noch ein Wort zur *Batterie*. Meistens ist auf das Gehäuse draufgedruckt, auf welcher Seite der Pluspol (+) ist. Falls das Zeichen fehlt: der kleine runde Kontakt einer 9-Volt-Batterie ist (+), der größere aufgefächerte ist (−). Unsere Schaltung braucht so wenig Strom, daß Sie mit einer Batterie schon einige Stunden spielen können. Gönnen Sie in Pausen trotzdem auch der Batterie eine Pause.

Also Abschalten nicht vergessen.

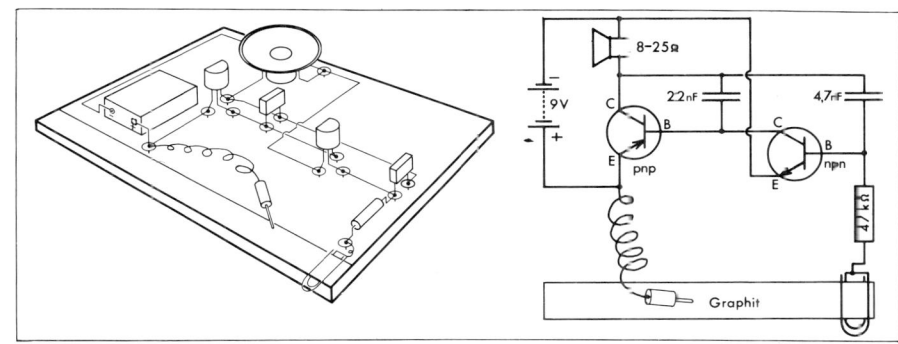

Abb. 3: Schema der aufgebauten Miniorgel (links) und die Schaltung (rechts).

Aufbau der Miniorgel

Auf der *Abbildung 3* sehen Sie eine Zeichnung der aufgebauten Miniorgel und daneben die Schaltung. Vergleichen Sie ruhig einmal beide Zeichnungen miteinander; das ist der beste Weg, die Symbole für die einzelnen Bauelemente zu lernen und sich in die etwas abstrakten Schaltungen „einzulesen".

Übertragen Sie nun auf das Sperrholzbrett mit Bleistift die Wege, die die Leitungen etwa gehen werden und die Stellen, an die Sie die Reißbrettstifte halbtief eindrücken müssen. Biegen Sie die „Beinchen" der Kondensatoren, Transistoren und Widerstände so auseinander, daß sie sich bequem auf die einzelnen Reißzweckenköpfe löten lassen, ohne einander zu berühren. Sonst kommt es nämlich zu sogenannten *Brücken,* und dann funktioniert gar nichts mehr. Zu Brücken darf es auch nicht kommen, wo sich die Drähte kreuzen. Blanke Drähte müssen deshalb entsprechend gebogen werden.

Für den Batterieanschluß kann man einen Schuh mit zwei Kontakten kaufen, die in zwei Drähten enden. Das erleichtert das Auswechseln der Batterie (er ist auf *Abb. 1* zu sehen).

Wenn Sie das Brett bestückt haben — also alle Bauelemente aufgelötet sind —, basteln wir unsere Tastatur.

Dazu malen Sie mit einem weichen Bleistift eine Seite des Pappstreifens möglichst gründlich schwarz. Die so entstandene Graphitschicht ist ein Widerstand, der sich auf ganz simple Weise verändern läßt. Gehen Sie nämlich mit dem Bananenstecker in die Nähe der Büroklammer (beides müssen Sie natürlich entsprechend der Zeichnung erst einmal anbringen), dann ist

Abb. 4: Die Reißbrettstifte werden in die hölzerne Grundplatte gesteckt.

der Widerstand für den fließenden Strom gering. Gehen Sie mit dem Stecker von der Klammer weg, wird der Widerstand allmählich größer. Unsere Tastatur erlaubt also stufenloses Erhöhen und Senken des Tons wie bei einer Sirene (Übrigens: Hausmusik ist vor allem in Neubauten zwischen 13 und 15 Uhr sowie nach 22 Uhr nicht erlaubt).

Wenn etwas nicht funktioniert

Nun kann es durchaus sein, daß Ihre Miniorgel trotz aller Mühe, die Sie sich mit ihr gegeben haben, nicht will wie sie soll. Das muß nicht *Ihr* Fehler sein; denn es kann an einem Bauteil liegen. Nicht alle Bauteile — und dazu gehören vor allem die Transistoren — haben tatsächlich den Wert, der aufgedruckt ist. Es kann Ihnen auch passieren, daß beim Anschluß einer frischen Batterie die Miniorgel von selbst zu schwingen beginnt. Dagegen hilft das Parallelschalten von Kondensatoren — in unserem Falle entweder von einem mit 2,2 nF oder mit 4,7 nF (Nanofarad, erinnern Sie sich?). Wie macht man

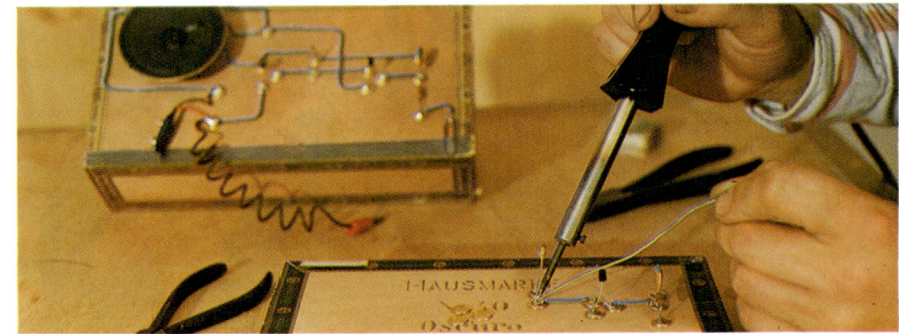

Abb. 5: Auflöten der Bauelemente und Verbindungsdrähte auf die Reißbrettstifte.

das? Man steckt dort, wo die Leitungen von der Batterie kommen, unter jeden Draht je einen weiteren Reißbrettstift und lötet den Kondensator zwischen die Drähte. Damit können Sie übrigens später, wenn alles funktioniert, die Tonhöhe Ihrer Miniorgel verändern.

Und nun viel Spaß beim Basteln.

Wenn Sie beim Bau der Miniorgel Spaß an der Elektronik bekommen haben, dann können Sie in diesem Kapitel gleich weitermachen. Falls Ihnen dieses Gebiet gar nicht zusagt, dann versuchen Sie es doch zum Beispiel einfach einmal mit der Luftfahrt (im Kapitel ab Seite 35) oder einem anderen Bereich.

Der nächste Basteltip ist eigentlich nicht unbedingt etwas für ausgepichte Elektroniker, sondern eher etwas für Musiker, die Elektronik für ihre Zwecke benutzen. Aber bei unseren Vorschlägen soll ja der praktische Nutzen nicht verlorengehen, also nicht Elektronik um jeden Preis angeboten werden. Beim übernächsten Tip geht es dann aber richtig los.

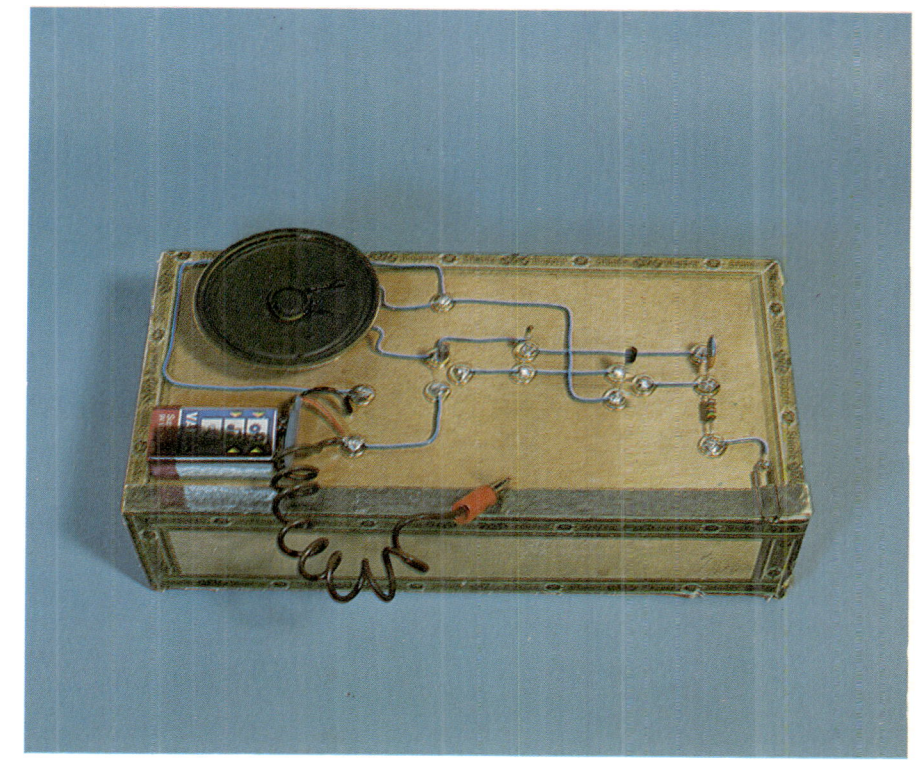

Abb. 6: Die fertige Miniorgel.

Bau einer „stummen" Gitarre

Beim Austüfteln von Bastelvorschlägen versuchen wir immer zu fragen: wozu oder wem nützt das, was da gebastelt werden soll? Obwohl uns persönlich gerade die Basteleien am meisten Spaß machen, die einfach in sich selbst schön, witzig und verblüffend, und das heißt: nicht unbedingt nützlich sind. Diese Basteleien haben aber auch ihren Nutzen. Sie dienen gewissermaßen der basteltechnischen Hygiene. Ein Tüftler braucht das, um im Gang zu bleiben, um Einfälle zu haben.

Wie sie funktioniert

Aber zur Sache und zunächst zum Prinzip der „stummen" Gitarre, die natürlich nicht stumm ist, sondern einen Beitrag zum akustischen Umweltschutz darstellt.

Eine Gitarre erhält ihre Lautstärke durch den Resonanzkörper, jenen geschwungenen Kasten, den man in der Fachsprache „Korpus" nennt. Ohne Boden und Decke dieses Körpers würden wir den Ton der Saiten kaum hören. Diese Tatsache machen wir uns zunutze, indem wir die verstärkende

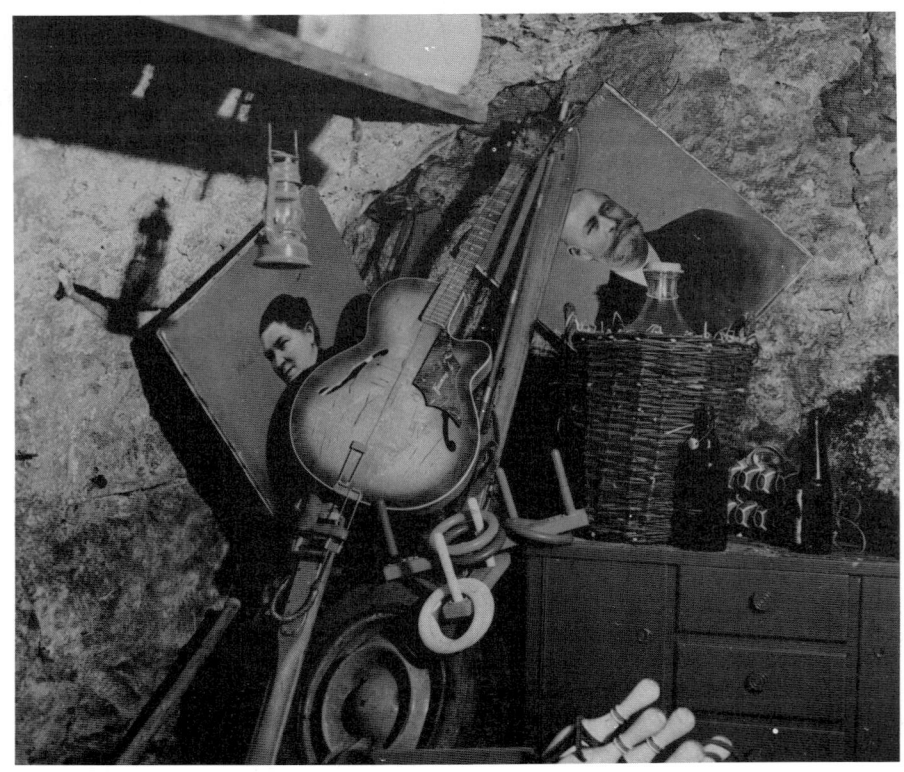

Abb. 1: Wenn Sie Glück haben, finden Sie irgendwo im Gerümpel noch eine alte Gitarre.

Wirkung des Resonanzkörpers, die jedermann hören kann, ersetzen durch eine elektronische Verstärkung des Tons, die über Kopfhörer nur der Spieler selbst hört. Eigentlich ganz einfach.

Wie macht man es?

Kaputtmachen kann auch konstruktiv sein

Da es bei diesem Bastelvorschlag einer Gitarre im wörtlichen Sinne an den Leib geht, sollten Sie dazu nicht Ihr bestes Stück verwenden. Versuchen Sie also irgendwo eine ausrangierte Gitarre zu bekommen, bei der es nichts ausmacht, wenn Decke oder Boden bereits beschädigt sind.

Zunächst werden alle Saiten gelöst. Das ist wichtig, weil Ihnen sonst bei der folgenden Operation die Gitarre in Einzelteilen um die Ohren fliegt. Bei der so „entspannten" Gitarre werden nun mit einem Messer vorsichtig Boden und Decke gelöst. Damit verliert die Gitarre ihre Festigkeit, die sie braucht, um den beträchtlichen Zug der Saiten auszuhalten. Wir müssen also einen Ersatz schaffen, der dem Instrument Festigkeit verleiht und nicht zugleich ein Resonanzkörper ist. Das erreichen wir mit einem Holzstück, das so lang ist, daß es unter dem Griffbrett zwischen die beiden Zargen paßt (die stehengebliebenen Seitenwände) und so dick ist, daß es mit der Griffbrettbreite und Höhe der Seitenwände übereinstimmt (vgl. dazu *Abb. 3*). Auf diesem Holzstück wird der Steg für die Saiten, der sich vorher auf der Decke befand, aufgeleimt. Beim Leimen bitte sorgfältig vorgehen, damit später beim Aufziehen der Saiten nicht doch noch etwas passiert.

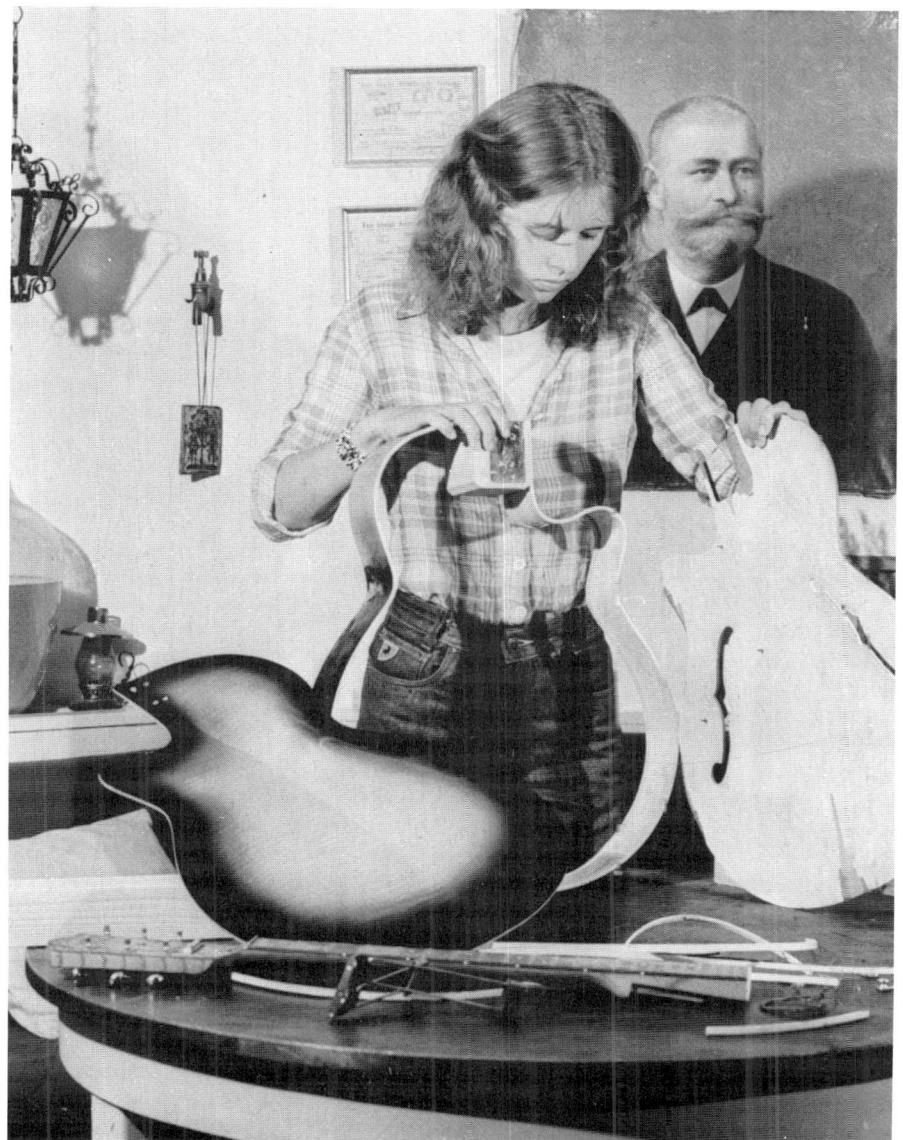

Abb. 2: Lösen des Bodens und der Decke.

Abb. 3: Die eingebaute Holzverstärkung.

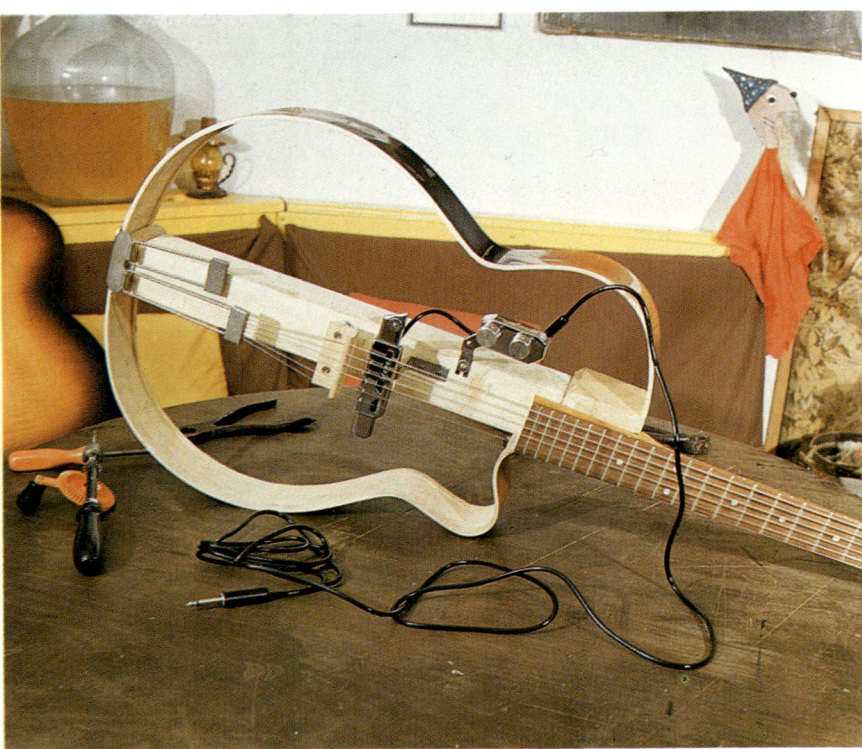

Abb. 4: Ein magnetischer Tonabnehmer und ein Potentiometer sind montiert.

Anschließend wird ein Tonabnehmer, den man sich fertig in einem Musikfachgeschäft besorgen kann, so am Griffbrett und der Holzverstärkung befestigt, wie es *Abbildung 4* zeigt. Diese Tonabnehmersysteme wirken in der Regel magnetisch; deshalb müssen die Saiten aus Stahl sein.

Die „stumme" Gitarre zum Klingen bringen

Stumm ist die Gitarre nun. Und wie bekommt man sie trotzdem zum Klin-

gen? Wenn Sie keinen separaten Verstärker haben, verbinden Sie den Tonabnehmer über sein Kabel mit einer HiFi-Anlage, einem Tonbandgerät oder einem Kassettenrecorder. Das geht freilich nur, wenn ein Mikrophoneingang vorhanden ist. Abhören können Sie die Gitarre dann mit einem Kopfhörer, der an den entsprechenden Ausgang des Gerätes angeschlossen wird.

Natürlich können Sie Ihre Musik auch über Lautsprecher abhören. Aber das wäre ja genau das Gegenteil dessen,

was hier erreicht werden soll: die Ohren der anderen sollten doch geschont werden!

Der elektronische Schmuckstein

Ganz im Sinne der ursprünglichen Idee, in der *Hobbythek* ausschließlich Spielereien mit Elektronik zu bringen, begann die Sendung, in der wir unser inzwischen berühmt gewordenes Hobbyphon vorstellten. Da schmückten uns *Krawattennadeln*, die besser als der teuerste Diamant funkelten, aber den Vorteil hatten, nicht mehr als sechs Mark zu kosten. Auf *Abbildung 1* haben wir sie unserem WDRwin (sprich WD-Erwin) angesteckt. Zu dieser Vorführung trieb uns allerdings weniger die Eitelkeit, als vielmehr der Spieltrieb des eingefleischten Elektronikers. Wir dachten uns, warum nicht einmal einen *Gag* bringen, dessen Bau Spaß macht, der nicht viel kostet, der Eindruck macht und den man schließlich sogar noch als ein originelles Geschenk verwenden kann.

Die Elektronik ist so einfach, daß an diesem Modell jeder, der mit der Miniorgel zurechtgekommen ist, die nächste Stufe des Hobbyelektronikers erklimmen kann: den Aufbau einer sogenannten *Lochplatine*.

Natürlich könnten Sie diese Schaltung

Abb. 1: Hier haben wir den Schmuckstein WDRwin (WD-Erwin) angesteckt.

auch wieder auf Reißbrettstiften realisieren oder auch als sogenannten „fliegenden Aufbau". Für Perfektionisten ist ein solcher Aufbau freilich ein Greuel. Denn dabei wird ohne Platine vorgegangen; das heißt, die Bauteile werden mit losen isolierten Drähten möglichst dicht miteinander verbunden. Dabei entsteht ein recht buntes Knäuel, das einem abstrakten Kunstwerk ähnlicher sieht als einer elektronischen Schaltung.

Vorbereitungen zum Aufbau der Schaltung

Da diese Schaltung mehr als Vorstufe zum nächsten Bastelvorschlag gedacht ist, wollen wir hier auf die Funktion der Schaltung im einzelnen nicht eingehen. Beginnen Sie möglichst unbefangen mit dem Aufbau. Nur soviel ist als Hilfestellung nötig: Sie müssen wissen, wie die *Transistoren* (BC 560 und BC 550) sowie die *Leuchtdiode* (LED) angeschlossen werden.

Bei der *Leuchtdiode* ist das relativ einfach. Sie wird erst zuletzt eingelötet. Schließen Sie vorher eine 4,5-Volt-

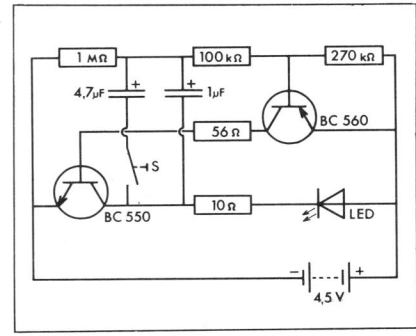

Abb. 2: Die Schaltung des Schmucksteins.

Flachbatterie an, und halten Sie dann die beiden Kontakte der LED an die entsprechenden Leitungszugänge. Brennt die Leuchtdiode nicht, dann ist die Polung falsch und die LED muß einfach umgedreht werden.

Wie die *Transistoren* anzubringen sind, haben wir Ihnen auf Seite 13 beim Bau der Miniorgel erklärt.

Aufbau auf einer Lochrasterplatine

Zum Verständnis der *Abbildung 3* noch dies: Gezeigt wird die Ober- und Unterseite der Lochplatine; und zwar so, daß beide Seiten sich gewissermaßen spiegeln (vgl. *Abb. 4*). Die Schwierigkeit für viele Anfänger besteht nämlich darin, sich vorzustellen, daß beispielsweise ein Anschluß, der auf der Unterseite links oben erscheint, auf der Oberseite links unten herauskommt.

Für den *Aufbau einer Schaltung auf einer Lochrasterplatine* gibt es ein paar grundsätzliche Regeln, die einem die Arbeit sehr erleichtern und zugleich auch das Verständnis komplizierterer Schaltungen fördern:

Lochrasterplatinen ohne Kupferauflage haben üblicherweise einen Raster von 2,5 Millimetern. Biegen Sie die Kontaktfahnen der Bauelemente nach einer Seite um und stecken Sie sie so in die Löcher wie auf *Abbildung 5*. Die Bauelemente sollten möglichst eng aneinanderliegen — ohne sich freilich zu berühren.

Sie können jetzt die Anschlüsse auf der Platinenrückseite nach den Angaben auf *Abbildung 3* entweder direkt miteinander verlöten oder mit Schaltdraht Verbindungen herstellen, wobei Sie Draht und Anschlüsse miteinander „verdrillen". Letzteres ist natürlich nicht

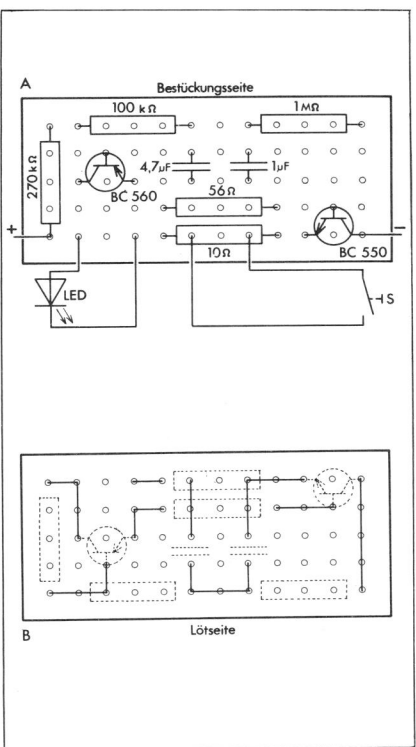

Abb. 3: Die Ober- und Unterseite der Lochplatine.

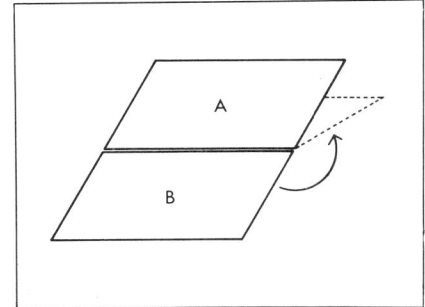

Abb. 4: A entspricht der Oberseite, B der Unterseite der Lochplatine.

so elegant und auch sperriger und weniger haltbar. Beim Verlöten — was in jedem Falle besser ist — müssen Sie die Anschlüsse zunächst ein wenig zur Seite biegen, damit das Bauteil beim Löten nicht ständig wackelt. Dann verbinden Sie mit einem zarten Lötpunkt Anschluß und Verbindungsdraht. Die überstehenden Anschlüsse werden zum Schluß abgekniffen. (Das geht übrigens prima mit einem Fingernagelknipser.)

Wenn man die Verbindungen von Bauteil zu Bauteil auf der Platinenrückseite rechtwinklig und kreuzungsfrei führt — wie es bei unserer Schaltung möglich ist —, dann kann man die Verdrahtungen mit *blankem* Schaltdraht vornehmen. Man erhält auf diese Weise einen Leitungsverlauf, der beinahe dem einer gedruckten Schaltung entspricht. Verwenden Sie *isolierte* Drähte, dann können Sie die Leitungen auch kreuz und quer ziehen. Allerdings verliert man da bei komplizierteren Schaltungen leicht den Überblick.

Wenn Sie die Leuchtdiode tatsächlich in eine Krawattennadel einsetzen wollen, die man schon für 50 Pfennig bekommen kann, dann müssen Sie die Leuchtdiode statt des billigen Steins in diese Nadel einsetzen. Von den beiden Polen der LED führen Sie dann zwei dünne isolierte Drähte zur Schaltung. Die Schaltung können Sie samt Batterie in die Tasche stecken.

Bei der Schaltung nach *Abbildung 3* handelt es sich um eine Blinkschaltung — also um die kompliziertere Version unseres kleinen Scherzes. In der Fachsprache heißt die hier vorgestellte Blinkschaltung *Multivibrator.* Sein Preis alles in allem um die 5 Mark.

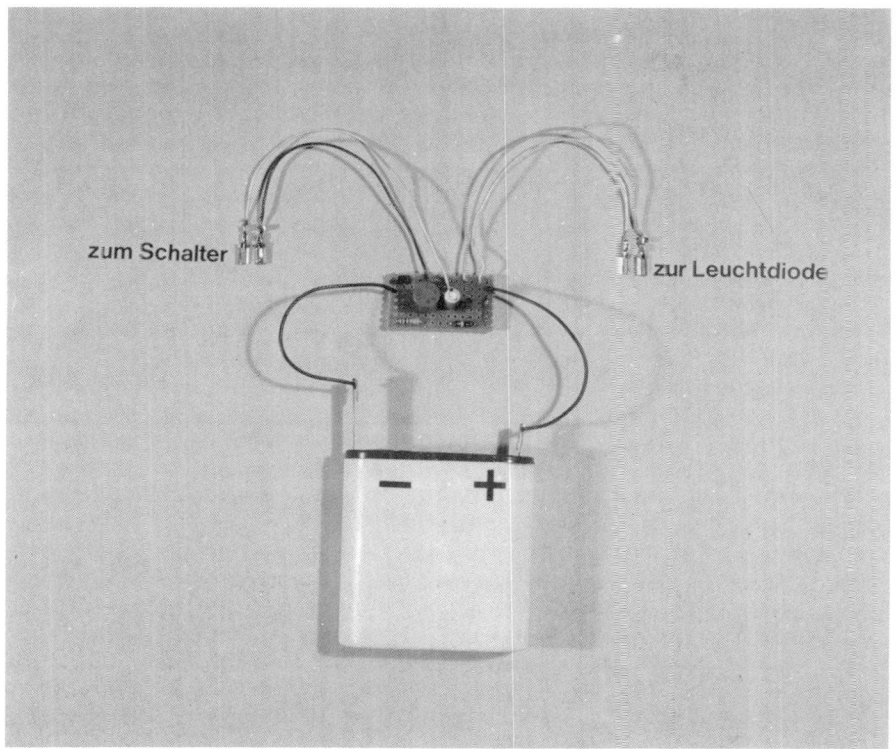

Abb. 5: Die fertig bestückte Lochplatine.

Stückliste

Zum Schluß die *Stückliste:*

1 Lochplatine, die mindestens 12 × 5 Löcher haben muß	1 Kondensator ⁻ µF
1 Leuchtdiode in der Farbe Ihrer Wahl	1 Kondensator 4,7 µF
1 Transistor BC 560	1 einfacher Schalter (in der Schaltung mit S bezeichnet)
1 Transistor BC 550	eine entsprechende Menge isoliertes
1 Widerstand 10 Ohm	dünnes Kabel, das innen einadrig sein
1 Widerstand 56 Ohm	muß und bei Verwendung auf der Loch-
1 Widerstand 100 Kilo-Ohm	platine abisoliert werden kann
1 Widerstand 270 Kilo-Ohm	1 4,5-Volt-Flachbatterie
1 Widerstand Meg-Ohm	

Telefonieren mit Licht: das Hobbyphon

Abb. 1: Das Hobbyphon wird im Studio ausprobiert.

Am Anfang stand die Idee: Warum nicht einmal ein Telefon bauen, bei dem die Übertragung nicht durch einen Draht und elektrischen Strom, auch nicht über Funkwellen stattfindet, sondern durch *Licht*. Die Übertragung durch Draht über längere Strecken ist nämlich nur der Post erlaubt, und beim Senden — wie zum Beispiel einem Walkie Talkie — sind auch amtliche Zulassungen nötig. Außerdem sind diese Geräte doch immer noch nicht ganz billig.

Bei einem Lichttelefon ist natürlich Voraussetzung, daß man sich auf Sichtweite verständigt. Mit unserem *Hobbyphon*, das bei Nacht, aber auch bei hellichtem Tage funktioniert und nur — wie die Fachleute sagen — mit einer batteriegespeisten *Lichtmodulation* arbeitet, haben wir sogar das Staunen der Profis aus der Industrie erregt. Mit dem *Hobbyphon* hatte die *Hobbythek* einen ungeheuren Erfolg. Es kamen nicht nur 30 000 Zuschriften, sondern auch eine ganze Menge Vorschläge über Einsatzmöglichkeiten. Sie reichten von der Lichtschranke bis

Abb. 2: Der erste Test im Freien.

zur totalen Alarmüberwachung von Wochenendhäusern.

Das Prinzip und seine Probleme

Aber nun zum Prinzip des *Hobby-phons*. Es wäre naheliegend, als Sender für die Lichtimpulse eine *Glühbirne* zu nehmen. Und tatsächlich haben wir zunächst auch mit einer Taschenlampe experimentiert, die die Signale moduliert übertragen sollte. Aber unser Verdacht, daß die Birne zu träge sei — sich also wechselnde Signale nicht in hinreichend kurzer Frequenz übertragen lassen —, bestätigte sich bald. Was nun?

Nach vielen Versuchen kam schließlich die Idee auf, die träge Taschenlampenbirne durch eine *Leuchtdiode* zu ersetzen, die praktisch trägheitslos „blinken" kann

Aber nun gab es eine neue Schwierigkeit. Das Licht normaler Dioden ist recht schwach, obwohl sie eine bereits eingebaute winzige Linse besitzen, die das austretende Licht stark bündelt.

Schließlich wurde aber eine besonders leistungsfähige *Infrarotleuchtdiode* gefunden — die dickste, die es zur Zeit gibt —, und die brachte uns der Lösung schon näher. Sie strahlt übrigens Licht aus, das für das menschliche Auge nicht sichtbar ist, was hier aber den Vorteil bringt, daß das Tageslicht den Sendevorgang nicht nennenswert stört. Diese Infrarotleuchtdiode (Leuchtdioden werden abgekürzt mit LED bezeichnet von licht**e**mittierende **D**iode) ist leider nicht ganz billig, da sie nur für Spezialaufgaben in kleineren Stückzahlen hergestellt wird.

Mit dieser Leuchtdiode kamen wir immerhin schon 3 Meter weit; mehr aber auch nicht. Zu lösen war also immer noch das *Empfangsproblem;* die Schwierigkeit also, die schwachen einfallenden Infrarotstrahlen so auf einen Fototransistor zu richten, daß er auch darauf reagiert.

Der Trick mit dem Spiegel

Aus dieser Klemme half uns eine weitere Idee — die Idee, das Infrarotlicht der sendenden Diode durch einen *Hohlspiegel* zu bündeln und so auf den Fototransistor zu richten. Damit war das *Hobbyphon* perfekt.

Die Notwendigkeit, mit einem Hohlspiegel zu arbeiten, erklärt auch, warum das Hobbyphon relativ groß ist. Dazu gleich noch mehr.

Mit dem Bau der beiden *Hobbyphone* waren wir an einem Winterabend fertig geworden. Draußen war es stockdunkel und bitterkalt. Aber wir waren so gespannt darauf, das Gerät auszuprobieren, daß wir in die dunkle Kälte gingen. Wir tasteten über einen finsteren Hof, stellten die beiden *Hobby-*

phone auf und schalteten sie ein. Wolfgang Back zu Jean Pütz: „Hörst du mich?" Pütz zurück: „Ja, aber nicht über das Hobbyphon!" Dann plötzlich — und das war schon ein feierlicher Moment: „Ruhig, ja jetzt höre ich dich, diesmal tatsächlich durchs Hobbyphon!" Bei jedem Tastendruck mußte nachjustiert werden. Aber es funktionierte.

Material für den mechanischen Teil
Und nun zum *Bau des Hobbyphons,* und dazu zunächst die benötigten Materialien ohne Elektronik:

1	Bogen möglichst zähen Karton, der sich aber zu einem Rohr biegen lassen muß
1	billigen Rasierspiegel (möglichst ohne Griff, den brauchen wir nicht), Durchmesser etwa 12 Zentimeter
1	Stativschraube für Fotostativ schwarze matte Plaka-Farbe 2-Komponenten-Kleber. Da man mit 1 *Hobbyphon* keine Unterhaltung führen kann, braucht man natürlich alles zweimal.

Die Größe des *Hobbyphon*-Rohres hängt vom Durchmesser des Spiegels und seiner Brennweite ab. Das Rohr muß nämlich mindestens so lang wie die Brennweite sein, damit der Brennpunkt später beim Fototransistor liegt. Da außerdem noch die Elektronik in das Rohr gepackt werden soll, schneiden wir es 10 Zentimeter länger als die Brennweite des Spiegels.

Die Sache mit dem Brennpunkt
Wie stellt man nun die *Brennweite* des Spiegels fest?
Stellen Sie möglichst weit entfernt vom

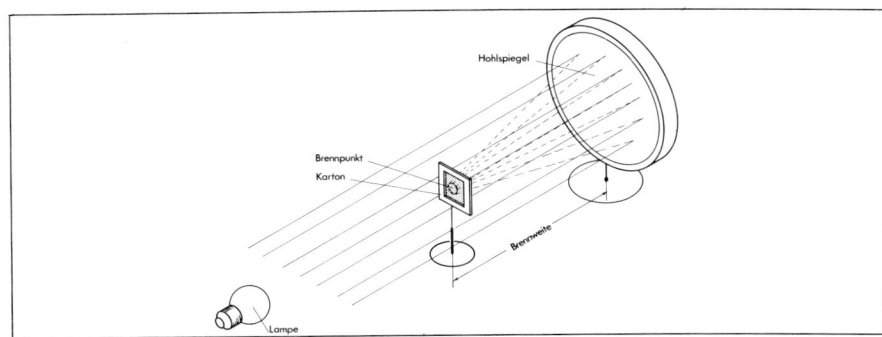

Abb. 3: Die Feststellung des Brennpunktes.

Hohlspiegel eine *Lampe* auf (z. B. eine Bürolampe). Die Entfernung sollte nicht unter 5 Meter betragen. Die Strahlen der Lampe müssen nämlich möglichst parallel auf den Spiegel treffen. Wie auf Abbildung 3 dargestellt, halten Sie nun zwischen die Lampe und den Spiegel — aber so, daß die Lichtstrahlen noch nicht behindert werden — ein Stück weißen Karton oder etwas Transparentpapier. Bewegen Sie ihn so lange hin und her, bis Sie die Stelle gefunden haben, an der das vom Hohlspiegel reflektierte Licht der Lampe möglichst punktförmig abgebildet wird. Dort, wo der Punkt am kleinsten ist, befindet sich der *Brennpunkt.* Daß dieser Brennpunkt tatsächlich, und im Wortsinne, ein Brennpunkt sein kann, wissen Sie vielleicht vom Brennglas her, bei dem das Licht allerdings durchfällt und nicht reflektiert wird.
Die Entfernung zwischen dieser Stelle und dem Hohlspiegel ist die Brennweite. Sie können sie mit einem langen Lineal oder Zollstock abmessen. Sie beträgt bei den handelsüblichen Rasierspiegeln zwischen 40 und 60 Zentimeter.

Bau des Rohres
Im Prinzip besteht das Hobbyphon ja aus einem „Ofenrohr" mit Spiegel und etwas Elektronik im Innern. Der Durchmesser des Rohres wird durch den Spiegel bestimmt. Die Länge durch die Brennweite plus 10 Zentimeter für die Elektronik.
Damit Sie das Rohr wirklich *zylindrisch* biegen und nicht aus Versehen einen Konus herstellen, empfiehlt es sich, als Bauhilfe aus fester Pappe oder Sperrholz eine Scheibe herzustellen, die exakt den Durchmesser des Rasier-

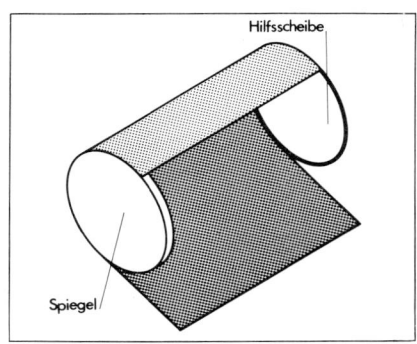

Abb. 4: Das zylindrische Rohr wird gebogen.

spiegels hat. Um den Rasierspiegel am einen Ende und diese Hilfsscheibe am anderen biegen Sie nun die entsprechend zugeschnittene Pappe.

Stabiler und zugleich auch noch schöner wird das *Hobbyphon,* wenn Sie das Rohr aus 0,6 bis 1 mm starkem Fliegersperrholz anfertigen. Lassen Sie genügend Kleberand überstehen, damit das Rohr später nicht aufplatzt.

Vor dem Zusammenkleben muß das Rohr auf der Innenseite mattschwarz gestrichen werden, damit es im Innern nicht zu Reflexen kommt.

Als Hilfe für die Zeit bis zum Abbinden des Klebers ein Tip: Umwickeln Sie das Rohr mit Spiegel und Hilfsscheibe mit Bindfaden, der die Klebestelle zusammendrückt. Bitte aber nicht zu straff ziehen, weil der Spiegel noch verschiebbar sein muß, damit wir später den genauen Brennpunkt einstellen können.

Zum Schluß wird an das Rohr an der Seite, wo die Klebekante ist, eine *Stativschraube* befestigt, damit wir es später auf einem Fotostativ aufstellen und richten können.

Schließlich wird das spätere Ausrichten der Hobbyphone erleichtert, wenn Sie hinten und vorne auf das Rohr noch eine Peileinrichtung aufkleben, die Sie aus Draht biegen können (vgl. dazu *Abbildung 5).* All diese Dinge halten am besten, wenn Sie dazu einen sogenannten 2-Komponenten-Kleber verwenden.

Damit wären wir mit dem mechanischen Bau des Hobbyphons schon am Ende. Jetzt kommt die Elektronik.

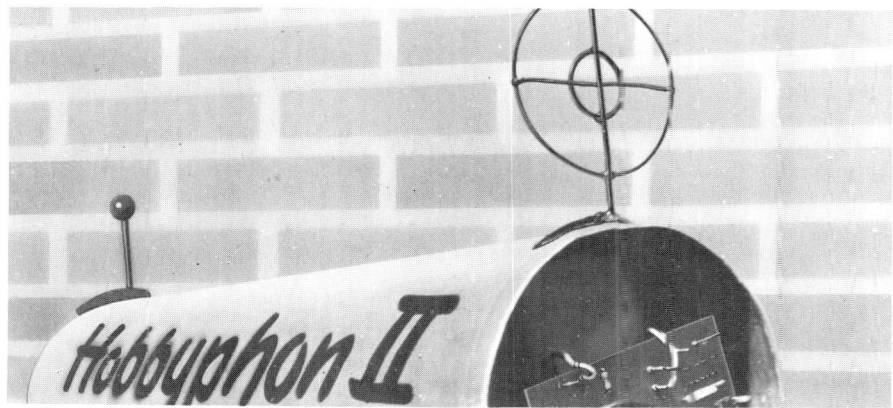

Abb. 5: Die Peileinrichtung.

Die Elektronik des Hobbyphons

Für die Elektronik haben wir einen Bausatz entwickeln lassen, den Sie für etwa 34 Mark pro Stück bestellen können (Bezugsadresse vgl. Seite 185). Dieser Bausatz enthält außer allen nötigen elektronischen *Bauteilen* zwei *Platinen,* von denen die eine aus einem schmalen Steg besteht. Einzelheiten, wie diese Platinen zu bestücken sind, können Sie der Anleitung des Bausatzes entnehmen.

Etwas versiertere Hobbyelektroniker, die sich diesen Bausatz nicht besorgen wollen, können aber auch anhand der *Abbildungen 6, 7* und *8* und der folgenden *Stückliste* die Schaltung selbst aufbauen.

Auf *Abbildung 9* sehen Sie die fertig aufgebaute Platine.

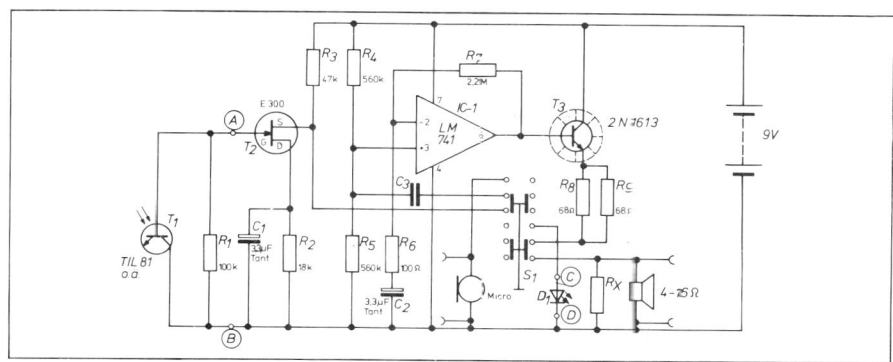

Abb. 6: Die Schaltung.

Abb. 7: Der Platinensteg für Fotodiode und Fototransistor vorn im Hobbyphon.

Stückliste

R$_1$	= 100 kΩ	(braun, schwarz, gelb, gold)
R$_2$	= 18 kΩ	(braun, grau, orange, gold)
R$_3$	= 47 kΩ	(gelb, lila, orange, gold)
R$_4$	= 560 kΩ	(grün, blau, gelb, gold)
R$_5$	= 560 kΩ	(grün, blau, gelb, gold)
R$_6$	= 100 Ohm	(braun, schwarz, braun, gold)
R$_7$	= 2,2 MΩ	(rot, rot, grün, gold)
R$_8$, R$_9$ =	68 Ohm	(blau, grau, schwarz, gold)
R$_x$	= 10 Ohm	(braun, schwarz, schwarz, gold) nur bei Verwendung eines Kopfhörers

C$_1$, C$_2$ = 3,3 µF
C$_3$ = 22 nF
D$_1$ = Fotodiode (TIL 31)
T$_1$ = Fototransistor (TIL 81)
T$_2$ = E 300
T$_3$ = 2 N 1613
IC$_1$ = LM 741
S$_1$ = Drucktaster 4 × Um

1 IC-Fassung 8 pin/Mini-Dip
1 Kühlstern
1 Mikrophon
1 Lautsprecher
14 Lötnägel

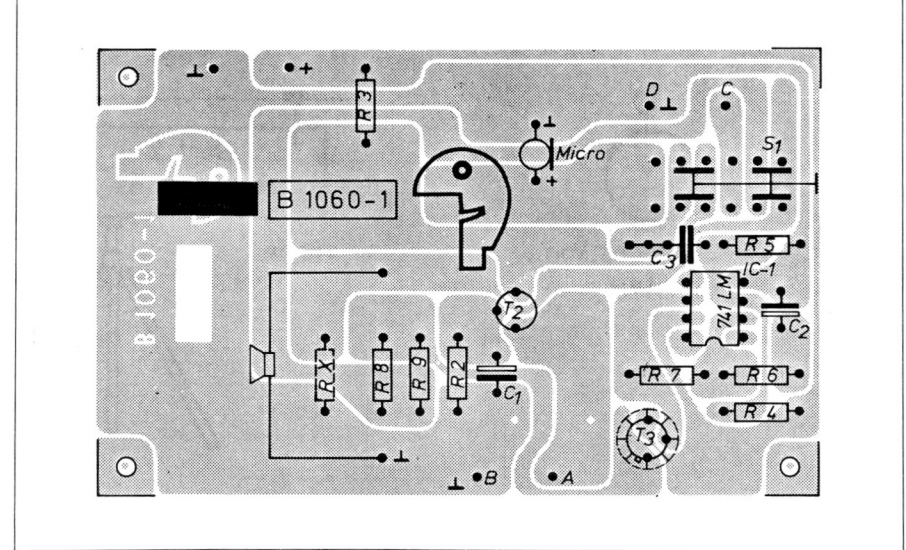

Abb. 8: Die fertige Platine für den Verstärkerteil (die grauen Flächen geben die Platinenrückseite wieder, die bei der Platine selbst natürlich spiegelbildlich erscheint. Man muß, um die Rückseite sehen zu können, die Platine ja umdrehen).

Einbau der Elektronik

Wir können uns hier also auf die Beschreibung des *Einbaus der Elektronik* beschränken; denn dabei muß wieder ein wenig gemessen, geschoben, gerichtet und alles in allem doch recht genau vorgegangen werden.

Der schmale *Steg* (Abb. 7), der später vorne in das Rohr mit 2-Komponenten-Kleber regelrecht eingekittet werden kann, wird zunächst passend geschnitten. Dann wird die *Leuchtdiode,* die später nach außen zeigen wird, und

der *Fototransistor,* der später nach innen auf den Spiegel weist, in der Mitte der Leiste eingelötet. Der Fototransistor muß *exakt* in der Mitte sitzen; bitte mit dem Lineal nachmessen! Die Leuchtdiode auf der anderen Seite sitzt knapp daneben, hier kommt es auf Mitte nicht ganz so genau an.

Normalerweise sitzen die Bauelemente ja immer nur auf einer Seite der Platine. Davon wird hier abgewichen. Fototransistor und Leuchtdiode jeweils so anlöten, daß sie etwa 5 Millimeter Abstand

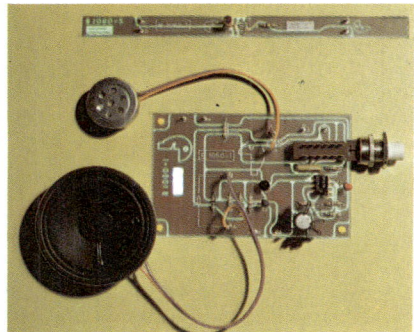

Abb. 9: Bestückte Platinen mit Mikrophon und Lautsprecher.

zur Platine haben und genau *senkrecht* auf ihr sitzen. Nach dem Anlöten des angegebenen Widerstandes und der Kontaktstifte kann der Steg vorn im Rohr festgeklebt werden.

Der Brennpunkt des Spiegels muß genau auf den Fototransistor einjustiert werden. Wir haben zwar einen Fototransistor gewählt, der besonders empfindlich ist; trotzdem hängt die Reichweite Ihres *Hobbyphons* davon ab, wie genau es einjustiert ist.

Zur *Einstellung des Hohlspiegels* auf den Fototransistor wiederholen wir noch einmal den Meßvorgang, der schon beim Prüfen der Brennweite beschrieben wurde. Versuchen Sie also durch vorsichtiges Verschieben und vielleicht auch leichtes Verkanten des Hohlspiegels, eine möglichst punktförmige Abbildung der Lampe genau in der Mitte des Fototransistor-Gehäuses zu erreichen *(Abb. 12).* Benutzen Sie als Hilfsmittel eventuell einen dünnen Papierstreifen, den Sie unmittelbar vor den Fototransistor halten. Kleben Sie dann den Spiegel von hinten am Rohr fest, indem Sie 2-Komponenten-Kleber

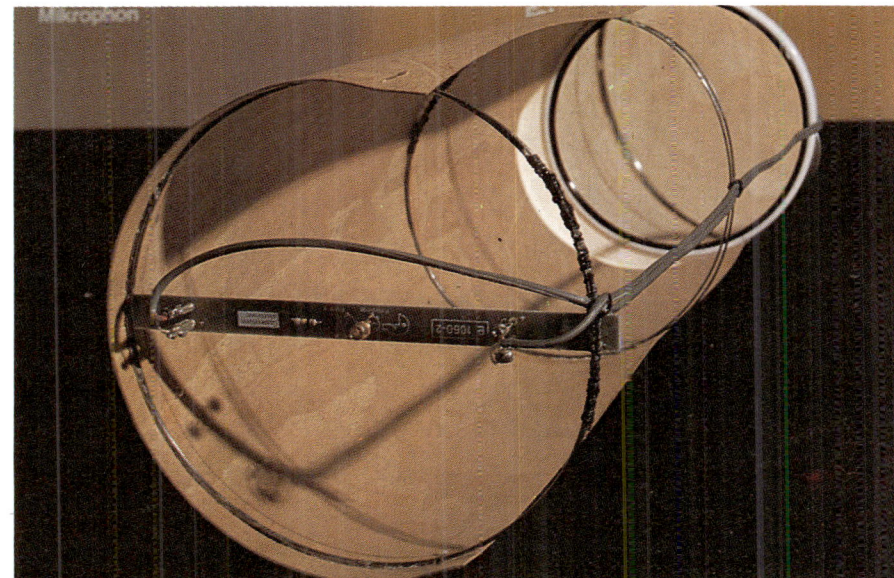

Abb. 10: Aufgeschnittenes Hobbyphon mit eingebautem Spiegel und Elektronik.

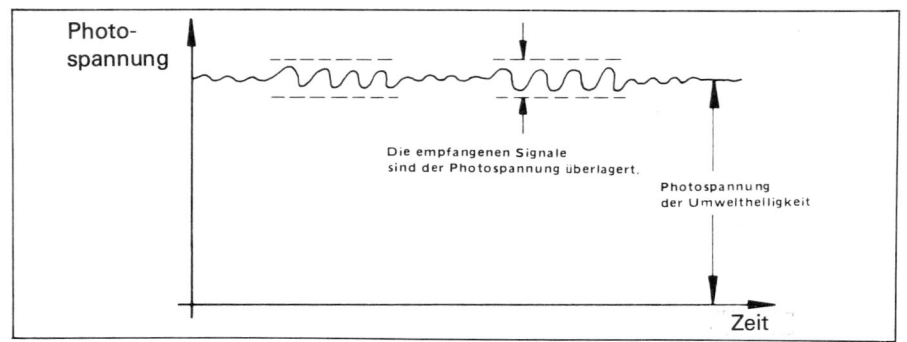

Abb. 11: Die Übertragung des Signals

in einem Streifen so auf den Rand des Spiegels streichen, daß er auch auf die Rohrwand fließt.

Falls das Rohr an der Seite, wo der Steg sitzt, nicht ganz steif sein sollte, können Sie dort auf die gleiche Weise einen *Drahtring* einkleben.

Bis alles schön getrocknet ist, können Sie sich mit dem *Aufbau der Platine* beschäftigen.

Funktion des Fototransistors

Für die in der Elektronik bereits etwas Bewanderten, hier ein paar Worte zur Funktion des Transistors.

Der angegebene TIL 81 wird nicht als gewöhnlicher lichtempfindlicher Transistor betrieben; er kann auch als Fotoelement geschaltet werden. Bei jeder Halbleitersperrschicht entsteht eine kleine Spannung, wenn Licht auf sie fällt. Jede Sperrschicht ist zugleich ein kleines Fotoelement; d. h., es ist eine kleine Batterie, deren Spannung vom Lichteinfall abhängt. Durch diesen Kunstgriff erreichen wir eine große Empfindlichkeit des Gerätes, und das bedeutet eine große Entfernung der beiden Sprechstellen (vgl. *Abb. 11*).

Bevor Sie dieses eigentliche elektronische Herz in das Rohr einbauen, müssen Sie noch von den Kontaktstiften des Steges zwei *Kabel* bis hinter den Spiegel verlegen. Benutzen Sie dazu möglichst abgeschirmte Kabel; die Abschirmung kann dann als Masseleitung dienen.

An die Seite des Rohres wird dann ein 12 Millimeter weites *Loch* gebohrt, durch das der Drucktastenschalter gesteckt wird. Die Platine ist so angelegt, daß der Drucktastenschalter mit seiner

Befestigungsschraube die gesamte Elektronik im Rohr halten kann.

Das *Mikrophon* und den *Lautsprecher* können Sie auf verschiedene Weise einbauen.

1. Indem Sie beide an die Lötnägel (Kontaktstifte) löten und auf die Platine kleben;

2. indem Sie beide in eine Rückwand montieren, die hinten abnehmbar auf das Rohr gesteckt wird (etwa so wie der Deckel auf einer Papröhre für den Versand von gerollten Bildern).

Abnehmbar muß die Rückwand deshalb sein, weil wir ja auch noch zur Stromversorgung eine Batterie brauchen, die hin und wieder erneuert werden muß.

Die Stromversorgung

Das *Hobbyphon* benötigt eine Spannung von 9 bis 12 Volt und nimmt einen Strom von gut 0,2 Ampere auf. Schaltet man zwei 4,5-Volt-Flachbatterien hintereinander, indem man die kurze Lasche der einen Batterie mit der langen Lasche der anderen verbindet, reicht die Energie etwa für eine gute halbe Stunde. Deshalb ist es besser,

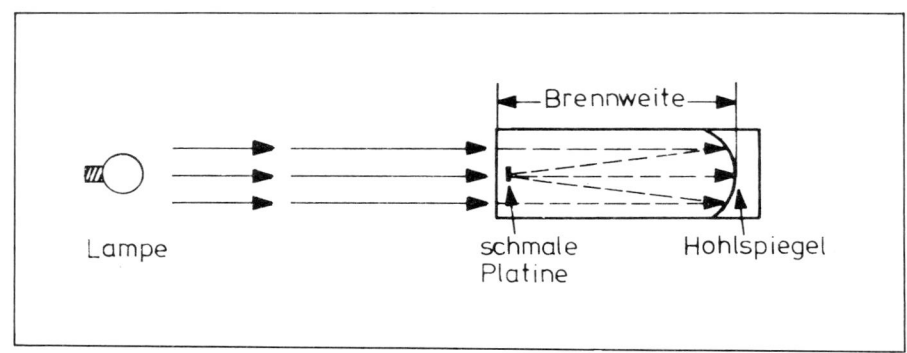

Abb. 12: So muß der Brennpunkt auf dem Fototransistor liegen.

28

wenn man sich einen sogenannten *Powerblock* aus 8 Monozellen zusammenbaut. Durch Hintereinanderschalten erhält man dann eine Spannung von 12 Volt. Dadurch wird nicht nur die Sendeleistung vergrößert, sondern auch die mögliche Entfernung der beiden Hobbyphone. Wenn Sie Energie in Hülle und Fülle zur Verfügung haben wollen, müssen Sie allerdings auf *Akkumulatoren* umsteigen, die man wieder aufladen kann. Sie sind zwar in der Anschaffung teurer, lohnen sich im Betrieb, auch für andere Geräte, schließlich aber doch.

Funktion des Operationsverstärkers

Das elektronische Herz des *Hobbyphons* ist ein sogenannter *Operationsverstärker* (wenn Sie wissen wollen, was das genau ist, dann schlagen Sie in unseren Büchern „Einführung in die Elektronik" und „Experimente: Elektronik" nach, wo Sie im Register entsprechende Verweise finden). Das ist ein integrierter Schaltkreis (IC), der die Arbeit für den Elektroniker sehr erleichtert. Früher mußte ein Verstärker Stufe für Stufe aus Einzelelementen aufgebaut werden, wobei jede Stufe irgendeinen kleinen Fehler haben konnte. Beim integrierten Verstärker enthält das Innenleben dieses winzigen Bauelements alle nötigen Teile, die man für einen hochempfindlichen Verstärker braucht. Er hat beim *Hobbyphon* eine Doppelfunktion:

1. verstärkt er das empfangene Lichtsignal und macht es über den Lautsprecher hörbar;

2. verstärkt er die vom Mikrophon kommenden Sprachsignale und steuert am Ausgang die Infrarotdiode.

Der Wechsel von einer Funktion zur anderen wird über den *Drucktastenschalter* geschaltet. In der einen Stellung liegt das Mikrophon am Eingang, und der Ausgang ist über den Treibertransistor — der höhere Leistungen als der Operationsverstärker schalten kann — mit der Sendediode verbunden. In der anderen Stellung liegt der Fototransistor am Eingang, dessen Signal von einem hochempfindlichen Feldeffekttransistor noch verstärkt wird. Der Ausgang ist in diesem Fall mit dem Lautsprecher verbunden.

Und jetzt kommt die aufregendste und auch nicht ganz einfache Phase:

Wir nehmen das Hobbyphon in Betrieb

Schalten Sie jetzt den Strom ein, wobei es ganz praktisch ist, wenn es dafür einen Extraschalter gibt, damit Sie nicht jedes Mal den Draht an- und abklemmen müssen. Nach etwa 10 bis 15 Sekunden beginnt der Lautsprecher leise zu rauschen — vorausgesetzt, daß alles richtig gelötet ist. Er rauscht natürlich nur, wenn das Gerät auf Empfang steht; und das ist der Fall, wenn die Taste *nicht* gedrückt ist. Gedrückt ist das Gerät auf Senden geschaltet. Richten Sie zum Beispiel jetzt das Rohr auf eine brennende Leuchtstoffröhre, dann brummt der Lautsprecher. Beginnen Sie beim Einjustieren der beiden Hobbyphone aufeinander mit etwa 2 Meter Abstand. Je weiter Sie voneinander entfernt sind, um so schwieriger wird das Finden des Partners. Das Ausrichten beginnt:

Gerät 1 sendet, *2* empfängt. *Gerät 2* wird jetzt so lange ausgerichtet, bis es *Gerät 1* empfängt. Zum Sender eines Dauertons, der das Ausrichten erleichtert, kratzt man am besten mit dem Fingernagel über das Mikrophon. Hat *Gerät 2* das Signal empfangen, dann wird *Gerät 2* durch Tastendruck auf Senden geschaltet, während *Gerät 1*, indem die Taste losgelassen wird, auf Empfang geht. Jetzt wird *Gerät 1* ausgerichtet, bis es die Geräusche von *Gerät 2* empfängt.

Justieren Sie vorsichtig beide Geräte noch einmal nach, bis Sie jeweils den besten Empfang erzielt haben. Nun wissen Sie, daß die Sache funktioniert. Sie können jetzt langsam auf größere Entfernungen gehen; nach unseren Versuchen sind 150 Meter durchaus erreichbar.

Sollen die beiden *Hobbyphone* stationär betrieben werden, z. B. zwischen Nachbarn, Liebenden, Geschäftsfreunden, Eltern und Kindern, von Balkon zu Balkon, dann können Sie die *Hobbyphone* auch ohne Stativ ausrichten und fest installieren.

Und sollte die Lautstärke des Lautsprechers zu gering sein, dann können Sie statt dessen auch einen Ohrhörer anschließen. Dazu muß allerdings an entsprechender Stelle ein Widerstand von 10 Ohm parallel in die Platine eingelötet werden R_x; vgl. dazu noch einmal *Abb. 6* und *8*).

Hobbythek-Gurtwarner „Vergißmeinnicht"

Immer wieder wird uns gesagt: Macht doch einmal etwas fürs Auto. Und es bleibt nicht nur bei dieser Aufforderung, sondern es gibt auch Ratschläge. Aber die allermeisten Ratschläge sind nicht zu verwerten, weil gegen die Ergebnisse entweder der TÜV etwas einzuwenden hätte oder weil sie die Fahreigenschaften des Autos so beeinträchtigen würden, daß die Sicherheit darunter leidet. Beim Stichwort *Sicherheit* sind wir schon beim Thema, das wir uns vorgenommen haben. Daß man auf die Sicherheit im Auto gar nicht genug zu sprechen kommen kann, beweisen Erhebungen, nach denen zwar inzwischen die gesetzlich vorgeschriebenen Sicherheitsgurte in die Autos eingebaut sind, aber immer seltener angelegt werden.

Zum Thema
Aufprallgeschwindigkeit
Wer noch keinen Unfall gehabt hat, kann sich gar nicht vorstellen, wie groß die Kräfte werden können, die den eigenen Körper beim Aufprall schon bei langsam fahrendem Auto

nach vorne schleudern. Wolfgang Back hat in unserer Sendung der Hobbythek einen Test mitgemacht, bei dem ein Aufprall bei 10 km/h simuliert wurde. Ohne Sicherheitsgurte hätte er sich erhebliche Verletzungen zugezogen.

Damit ungefähr deutlich wird, was passiert, wenn es einmal passiert, hier folgende Hilfen für Ihre Vorstellungskraft:
Wenn ein Auto mit 25 km/h auf ein festes Hindernis auffährt, so entspricht

das einem Fall des Autos aus 2,5 Meter Höhe. Dabei haben Sie bei einem Auto, das in dieser Geschwindigkeit fährt, fast noch das Gefühl, daß es stehen bleibt.

Aber schon bei 50 km/h entspräche dies einem Fall aus 10 Meter Höhe. Und bei 75 km/h sind es bereits 22 Meter und bei 100 km/h gar 40 Meter, was der Höhe eines etwa zwölfstökkigen Hauses entspricht. Selbst das sicherste Auto wäre, wenn es aus dieser Höhe, den Kühler nach vorn, zu

Abb. 1: Schon bei geringer Geschwindigkeit werden ungeheure Kräfte frei. Bei diesem Versuch waren es nur etwa 30 km/h.

Boden sauste, ein absoluter Trümmerhaufen. Im Auto, zum Beispiel auf einer Autobahn mit Geschwindigkeitsbegrenzung, kann man sich das nicht vorstellen. Stünden Sie aber auf dem Balkon eines zwölfstöckigen Hauses, so würden Sie wahrscheinlich, wenn das Geländer fehlte, das Gefühl haben, in großer Gefahr zu sein.

Nun versucht man bei modernen Autos die Bewegungsenergie mit einigen Kunstgriffen abzubauen. Dazu gehört z. B. die sogenannte *Knautschzone*. Sie ist im Grunde nichts anderes als eine *Bremsstrecke*, die das frontal auffahrende Auto nicht abrupt, sondern allmählich zum Stehen bringt. Allerdings ist dieser Bremsweg kaum länger als 50 bis 100 Zentimeter. Das bedeutet, daß bei einem Auffahrunfall mit 50 km/h bei 50 Zentimeter Knautschzone auf den Körper der Menschen im Auto immerhin noch etwa das Zwanzigfache des Körpergewichts einwirkt; also etwa eineinhalb Tonnen!

Das kann man mit den Armen und Beinen natürlich nicht mehr auffangen. Einen guten Ausweg bietet aber der *Sicherheitsgurt;* und um den geht es hier.

Der beste Sicherheitsgurt nützt nichts, wenn er nicht angeschnallt wird — und zwar auch in der Stadt, selbst dann, wenn man nur schnell einmal „um die Ecke'' fahren will. Die meisten Unfälle passieren in der Stadt, und oft kommt es dabei zu gefährlichen Verletzungen, nicht zuletzt der Augen, wenn der Kopf durch die Windschutzscheibe geschlagen wird. Haben Sie eine Verbundglasscheibe, ist das Anschnallen fast noch wichtiger. Durch

Abb. 2: Die eingebaute Vergißmeinnicht-Schaltung.

diese Scheibe kommt Ihr Kopf nicht durch; an ihr zerschellt er.

Nun ist es gar nicht böser Wille, den Gurt nicht anzulegen, sondern oft einfach Vergeßlichkeit. Deshalb haben wir ein kleines Gerät entwickelt, das wir *Vergißmeinnicht-Schaltung* genannt haben. Wir haben von dieser Schaltung nach der Sendung einen Bausatz anfertigen lassen, der im folgenden beschrieben und in seiner Funktion erklärt wird.

Teile der Schaltung

Unsere *Vergißmeinnicht-Schaltung* besteht aus drei Hauptteilen:
1. *Die Anzeige.* Sie wird entweder in einem gesonderten Kästchen oder im Armaturenbrett selbst untergebracht.
2. *Der Quittierteil.* Er besteht aus einem einfachen Taster, mit dem die eingeschaltete Anzeige wieder gelöscht werden kann; und diesen Taster baut man am besten neben der Anzeige ein.
3. *Die eigentliche Elektronik.* Von ihr wird das ganze Gerät gesteuert.
Und wie funktioniert nun die *Vergißmeinnicht-Schaltung?*

Funktion der Schaltung

Die Schaltung ist so aufgebaut, daß beim Einschalten der Zündung an einer gut sichtbaren Stelle des Armaturenbrettes ein oder zwei Signallämpchen zu blinken beginnen. Dieses Signal macht Sie darauf aufmerksam, daß vor dem Starten der Gurt angelegt werden muß. Haben Sie das getan, so brauchen Sie nur auf den Taster neben der Signallampe zu drücken, das heißt zu „quittieren", daß Sie erfüllt haben, woran Sie erinnert werden sollten (vgl. *Abbildung 2).* Das Gerät blinkt nun so

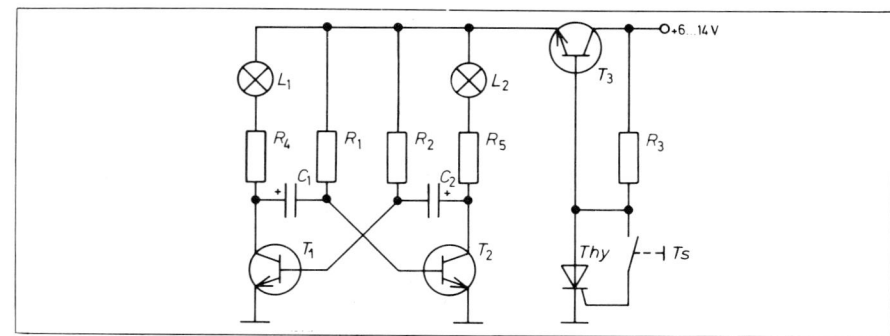

Abb. 3: Die Schaltung.

lange nicht, bis der Zündschlüssel nach der Fahrt ausgeschaltet und vor einer neuen wieder eingeschaltet wird.
An sich ist die Schaltung sehr einfach. Wir haben außerdem darauf geachtet, daß für den Aufbau vor allem Bauteile verwendet werden können, die es überall gibt.
Elektronikbastler werden die Schaltung von *Abbildung 3* sicher sofort verstehen. Für die noch weniger Bewanderten hier aber einige Erklärungen.
Die Schaltung besteht praktisch aus zwei Funktionsgruppen: nämlich einem sogenannten *astabilen Multivibrator,* der das Blinken bewirkt, und rechts aus dem *Quittierteil.*
Der *Multivibrator,* der um die beiden Transistoren T_1 und T_2 aufgebaut ist, sorgt für das Blinken der beiden 12-Volt-Lämpchen. Über die beiden Kondensatoren mit 100 μF werden die Transistoren T_1 und T_2 wechselseitig ein- und ausgeschaltet. Das geschieht automatisch.

Eine solche Schaltung finden Sie übrigens an vielen anderen Warneinrichtungen oder Signalen im Verkehr. Zum

Beispiel die meisten Straßenbahnen, die nicht nur einen, sondern zwei übereinanderliegende Blinker haben, die wechselseitig leuchten, haben diese Schaltung.

Bau des Gerätes

Wenn Sie das Gerät direkt ins Armaturenbrett einbauen wollen, dann genügt es, wenn Sie nur die beiden Signallämpchen, die Sie am besten rot färben, durch das Armaturenbrett schauen lassen. Die eigentliche Schaltung bleibt dann verdeckt hinter dem Armaturenbrett. Durch eine Bohrung müssen Sie natürlich auch noch den Taster stecken, damit er auch im Dunkeln gut erreichbar ist.
Wenn Sie die Schaltung in ein separates Kästchen einbauen wollen, dann können Sie in den sichtbaren Deckel zum Beispiel das Wort *Gurt* einschneiden und mit roter·Folie hinterkleben. Oder Sie reiben mit „Letraset" (gibt's im Zeichenbedarfsladen) das Wort in Buchstaben auf einen transparenten Deckel des Kästchens. Das sieht besonders gut aus und würde auch Mit-

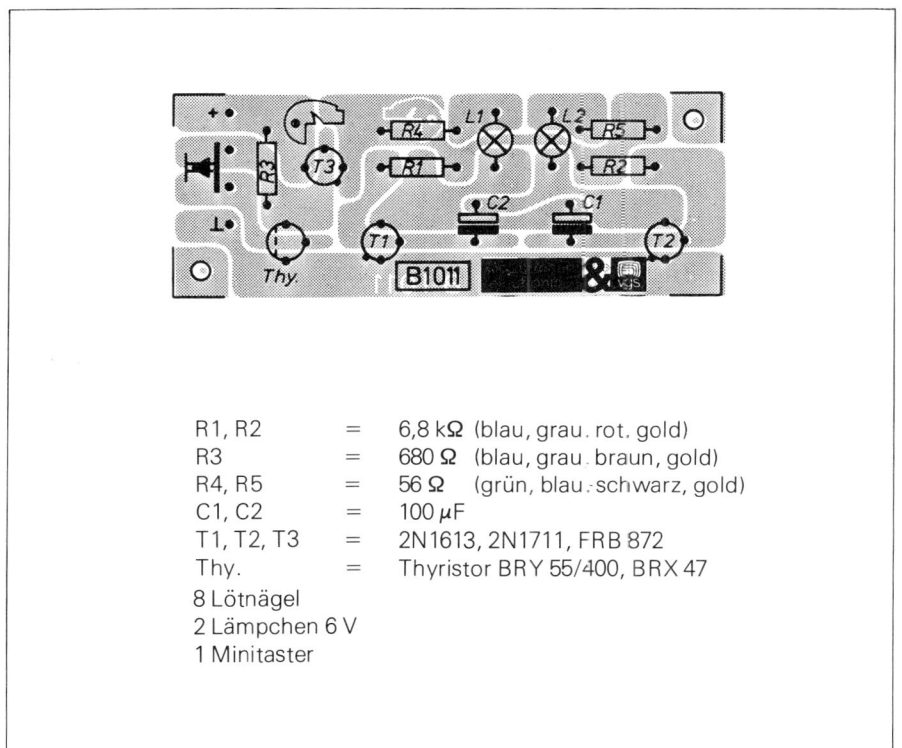

R1, R2	=	6,8 kΩ (blau, grau, rot, gold)
R3	=	680 Ω (blau, grau, braun, gold)
R4, R5	=	56 Ω (grün, blau, schwarz, gold)
C1, C2	=	100 μF
T1, T2, T3	=	2N1613, 2N1711, FRB 872
Thy.	=	Thyristor BRY 55/400, BRX 47

8 Lötnägel
2 Lämpchen 6 V
1 Minitaster

Abb. 4: Vorgefertigte Platine mit Stückliste.

fahrern sofort die Bedeutung des Signals deutlich machen. Dazu genügt es, wenn nur eine Lampe blinkt und das Wort *Gurt* von hinten beleuchtet. Sie müssen dann anstelle der zweiten Birne im Schaltbild (dabei ist es gleichgültig, welche von beiden) einen Widerstand von 1 Kilo-Ohm einbauen (vgl. dazu *Abbildung 4).*

Nun aber noch etwas zum *Quittierteil* auf der rechten Seite der Schaltung. Er besteht im wesentlichen aus einem *Thyristor,* der über einen *Taster* gezün-

det wird. Ist der Thyristor durchgeschaltet — das passiert, wenn Sie auf den Taster drücken —, so sperrt er den Transistor T3, wodurch wiederum die Versorgungsspannung für die beiden blinkenden Birnen abgeschaltet wird. Das Signal verlöscht also.

Nun hat aber der Thyristor die Eigenschaft, so lange im gezündeten Zustand zu bleiben, bis der Strom abgeschaltet wird. Er hat praktisch ein Gedächtnis. Der Thyristor führt infolgedessen so lange Strom, bis Sie mit dem

Zündschlüssel die Zündung abschalten. Wenn Sie also bei Beginn der nächsten Fahrt den Zündschlüssel wieder einschalten, ist der Zustand wieder hergestellt, den wir am Anfang beschrieben haben; das heißt, die Anlage blinkt so lange, bis Sie durch Drücken des Tasters den Thyristor wieder gezündet haben, so daß die Lämpchen verlöschen.

Wer schon etwas Erfahrung mit der Elektronik und dem Basteln damit hat, wird mit dieser Schaltung keinerlei Probleme haben. Aber auch ein Anfänger muß hier nicht verzweifeln. Wenn er seine ersten Lötversuche, zum Beispiel mit unserer Miniorgel (vgl. dazu Seite 12) hinter sich hat, wird er damit zurechtkommen. Erleichtert wird ihm die Arbeit mit einem Bausatz, den wir entwickelt haben (Bezugsquelle vgl. Seite 185). Die Platine wird hier noch einmal mit Bestückung abgebildet (vgl. dazu *Abbildung 4),* so daß sie die etwas erfahreneren Bastler sogar nachätzen können. Der fertige Bausatz ist mit einer Anleitung versehen, die sehr einfach zu verstehen ist.

Einbau des Gerätes ins Auto

Jetzt bleibt nur noch zu sagen, wie man das Gerät einbaut. Wir haben die Schaltung so einfach gemacht, daß man nur zwei Verbindungen zu den beiden Polen des elektrischen Netzes in Ihrem Wagen herzustellen braucht: also eine Verbindung zu Plus und Minus, wobei auf unserer Schaltung (vgl. dazu *Abbildung 3)* der Pluspol oben liegt. Er wird über das Zündschloß geschaltet.

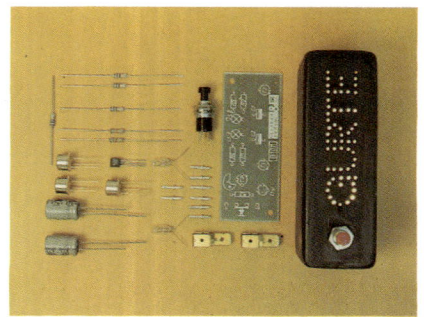

Abb. 5: Die benötigten Bauteile und ein Bastelvorschlag für das Gehäuse (rechts).

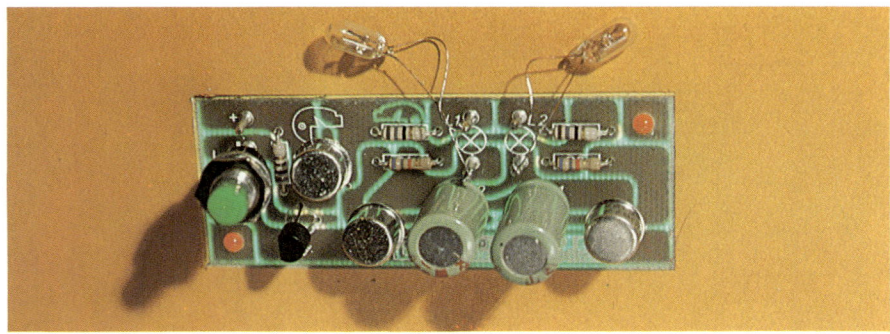

Abb. 6: Die fertig bestückte Platine.

Die sogenannte *Masseverbindung* beim Auto ist, bis auf einige englische Wagen, die *Minus*verbindung. Sie ist also leicht zu finden, denn die gesamte Karosserie des Autos liegt dann auf Minus.

Die Verbindung mit dem Pluspol, die — wie gesagt — über das Zündschloß geschaltet wird, finden Sie am einfachsten mit einem sogenannten Prüfschraubenzieher am Sicherungskasten.

Dabei müssen Sie wie folgt vorgehen: Klemmen Sie zunächst das Kabel des Prüfschraubenziehers irgendwo elektrisch leitend am Blech der Karosserie fest. Nun prüfen Sie mit der Spitze des Schraubenziehers die Kontakte der Sicherungen durch. Ist die Zündung eingeschaltet, so finden Sie eine oder auch mehrere Stellen, an denen die Prüflampe aufleuchtet. Schalten Sie die Zündung aus, so verlöscht die Prüflampe an einigen dieser Klemmen, und das ist das Zeichen dafür, daß Sie einen für die Schaltung richtigen Anschluß gefunden haben. Es muß ja einer sein, der sich mit dem Zündschloß ein- und ausschalten läßt.

Bevor Sie nun mit diesem Pluspol eine Verbindung zu unserem Gerät herstellen, müssen Sie noch die richtige Seite an der Sicherung feststellen, damit garantiert ist, daß die Sicherung Leitungen und Gerät gleich mit schützt. Um die richtige Seite herauszufinden, nehmen Sie die Sicherung aus der Halterung und messen mit dem Prüfschraubenzieher wie folgt: Brennt die Prüflampe bei eingeschalteter Zündung an einem Anschluß der Sicherung, so ist dies die *Zuführung* des Ka-

kabels zur Sicherung hin. An der anderen Klemme darf die Prüflampe nicht aufleuchten; denn dies ist die Klemme „hinter" der Sicherung. An diese Klemme müssen wir unseren Anschluß legen, denn damit ist gewährleistet, daß die Sicherung unser Gerät mit schützt.

Sie müssen nun an dieser Stelle mit einem *Doppelstecker für Kfz-Kabel* und einem passenden *Kabelschuh,* den es im Zubehörhandel für Autos gibt, eine Verbindung für den Pluspol unseres Gerätes herstellen. Jetzt müßte das *Vergißmeinnicht für Gurte* eigentlich funktionieren.

Abb. 7: Eine andere, sehr schöne Möglichkeit, die Anzeige in das Armaturenbrett einzubauen.

Fliegen mit und ohne Flügel

Zu den Hits der Hobbythek gehörte die Sendung, in der es ums Fliegen ging. Sie begann mit einer atemberaubenden Vorführung von fliegenden Fernsehern, Autos und Streichholzschachteln von der Größe eines Koffers. Sogar ein Kontrabaß kariolte durch die Luft. Woraus zu erkennen war: bei entsprechend großer Motorkraft kriegt man praktisch alles zum Fliegen. Nun hat aber nicht jeder einen Motor und eine Fernsteuerung — alles furchtbar teures Zeug. Es geht auch ohne, ja es geht sogar mit ganz wenig Geld, und das Ergebnis ist trotzdem groß, bunt und flugfähig für etliche Kilometer Weite und die Höhe des Kölner Doms — mindestens.

Abb. 1: Unser Maskottchen *Hobbes,* hergestellt aus Styropor und Balsaholz, lernt fliegen.

Wir bauen einen Heißluftballon

Abb. 2: Start unseres Heißluftballons in den Walliser Alpen.

Mit einem solchen Apparat können Sie Ihre Mitmenschen in Staunen versetzen. Als die Aufnahmen von Seite 36 auf einer Skipiste in den Alpen entstanden, vergaßen die Wedler das Wedeln, und der Lift mußte angehalten werden. Wie funktioniert ein Heißluftballon? Dazu ein kleiner Rückgriff in die Geschichte:

Die Idee der Brüder Montgolfier

Gegen Ende des 18. Jahrhunderts entdeckten nach langen Versuchen die Brüder *Stephan* und *Joseph Montgolfier* in Frankreich, daß eine leichte, mit warmer Luft gefüllte Hülle schweben und sogar steigen kann. Sie nutzten dabei die Tatsache aus, daß erwärmte Luft sich ausdehnt — also leichter wird als nicht erwärmte Luft, die die Ballon-

hülle umgibt. Je größer der Temperaturunterschied zwischen warmer Luft im Innern des Ballons und kalter Luft außen ist, um so größer ist der Auftrieb des Gefährts.

Am 5. Juni 1783 ließen die Brüder *Montgolfier* vor einer riesigen Menge Schaulustiger in Annonay einen ,,36 Fuß hohen'' (etwa 10 m) Ballon aus Leinwand und Papier aufsteigen, der nach zeitgenössischen Berichten eine Höhe von 24 000 Fuß erreicht haben soll. Das erscheint uns leicht übertrieben, denn es wären rund 8000 Meter. Vielleicht wollte man damit nur umschreiben, daß der Ballon für damalige Zeit sehr hoch stieg. In unserer Zeit hat man schließlich rund 13 000 Meter geschafft. Die Brüder Montgolfier jedenfalls wiederholten wenig spä-

ter den Versuch in Paris und ließen dabei die ersten Luftpassagiere mitfliegen: ein Schaf, einen Hahn und eine Ente, die in einem Käfig am unteren Rand des Ballons befestigt waren.

Heute baut man Heißluftballons — oder nach ihren Erfindern auch *Montgolfieren* genannt — aus einem luftdichten und hitzebeständigen Nylon. Gefüllt werden die 10 000 und mehr Kubikmeter fassenden birnenförmigen Fluggeräte, die mehrere Menschen tragen können, mit Luft, die man mit einer Propangasstichflamme aufheizt (vgl. Seite 36).

Unser Ballon, der immerhin über 2 Meter hoch werden soll, besteht aus leichtem Seidenpapier, das man in vielen Farben im Papierhandel bekommt. Geheizt wird er mit einer

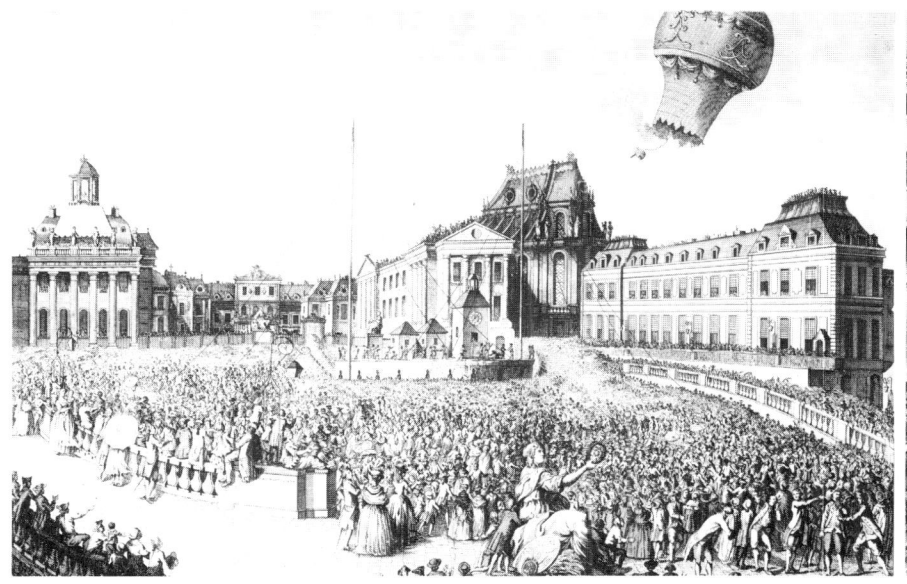

Abb. 3: Aufstieg historischer Heißluftballons. Links der Ballon der Brüder Montgolfier, der am 19. 9. 1783 in Versailles mit lebenden Tieren in Gegenwart Seiner Königlichen Majestät und mehr als 130000 Zuschauern startete. Rechts ein Heißluftballon bei einem kirchlichen Fest im Jahre 1830.

Spiritusflamme — dazu gleich mehr; denn damit es nicht zu Enttäuschungen und zu einem Waldbrand kommt, muß einiges vorweg gesagt werden.

Da der Ballon seinen Auftrieb dem Temperaturunterschied von Innen- und Außenluft verdankt, steigt er am besten bei kühlem Wetter. Also am Morgen oder Abend, besser aber noch an einem kalten klaren Wintertag. Der Winter, oder doch eine feuchtkühle Jahreszeit, eignen sich aber auch deshalb besonders, weil dann die Gefahr, daß der

sinkende Ballon irgendwo ein Feuer auslöst, gering ist.
Wie baut man den Ballon?

Das Baumaterial
Auch hier wieder zunächst die Liste all der Dinge, die Sie sich besorgen müssen:

48 Bogen Seidenpapier (möglichst in zwei Farben)
2 Tuben Alleskleber
ca. 2,20 m steifen Draht 1 1/2 mm dick (möglichst Alu-Draht)
1 Filzstift zum Markieren
1 Papierschere

Abb. 4: Ein moderner Heißluftballon wird aufgeheizt und gestartet.

Bau der Hülle

Wir beginnen, indem wir aus dem Seidenpapier *12 lange Bahnen* herstellen. Dazu werden je 4 Bogen an den Schmalseiten aneinandergeklebt. Bei zwei Papierfarben können Sie die Musterung des Ballons bereits jetzt festlegen:

Zum Beispiel:

1 Bahn rot, 1 Bahn grün usw. = längsgestreifter Ballon

1 Bahn rot/grün/rot/grün, 1 Bahn grün/rot/grün/rot usw. = karierter Ballon

1 Bahn rot/grün/rot/grün, 1. Bahn rot/grün/rot/grün usw. = quergestreifter Ballon

Jetzt werden die 12 Bahnen der Länge nach genau in der Mitte gefaltet, dann die gefalteten Bahnen so aufeinandergelegt, daß die Falze genau aufeinanderliegen und der Stapel mit 5 Wäscheklammern auf der Falzseite gegen Verrutschen gesichert (*vgl. Abb. 5*) ist.

In der nächsten Bauphase legen Sie die *Form des Ballons* fest. Sie kann schlanker sein — wie in *Abbildung 6* —, oder etwas „molliger'' — wie in *Abbildung 7.* Auf jeden Fall aber muß Ihre Formlinie am unteren Ende der Bahnen etwa 10 cm vom Falz entfernt enden, weil wir das für die Luftöffnung brauchen. Die breiteste Stelle hat der Ballon am dritten Bogen, von unten gerechnet. Am oberen Ende bleibt so eine Art Schwänzchen stehen; dort wird der Ballon zum Schluß mit Bindfaden zugebunden.

Zeichnen Sie diese Form auf die *oberste* Lage des Papierstapels. Schneiden Sie dann diese Form aus. Am besten geht das zu zweit, weil das dünne Papier sich gern verschiebt. Eventuell

Abb. 5: Falzen und Zusammenklammern der Bahnen und Aufzeichnen der Ballonkontur.

muß da und dort ein wenig nachgeschnitten werden.

So, und nun folgt das Schwierigste, was aber bei kurzem Nachdenken eigentlich gar nicht schwierig ist. Aus dem Stapel soll ja eine *Hülle* werden. Dazu kleben wir den immer noch zusammengeklammerten Stapel an der Schneidekante wie folgt zusammen:

Damit keine Tüten entstehen, sondern eine Lage mit der nächsten verbunden ist (was bei verschiedenen Farben der Bahnen am einfachsten geht; zusammengeklebt werden dann immer ungleiche Farben), bleibt die erste Kante zunächst ungeklebt. Wir blättern sie wie eine Buchseite um. Auch die 2. Kante wird umgeblättert, damit wir sie auf der Rückseite mit Leim (ca. 1 Zentimeter vom Rand) bestreichen können.

2. und 3. Kante müssen nämlich zusammengeklebt werden. Dann Umlegen dieser verklebten Kanten und Umblättern der 4. Kante, die eingestrichen und mit der 5. Kante verbunden wird. Und so geht das weiter, bis die 24. Kante

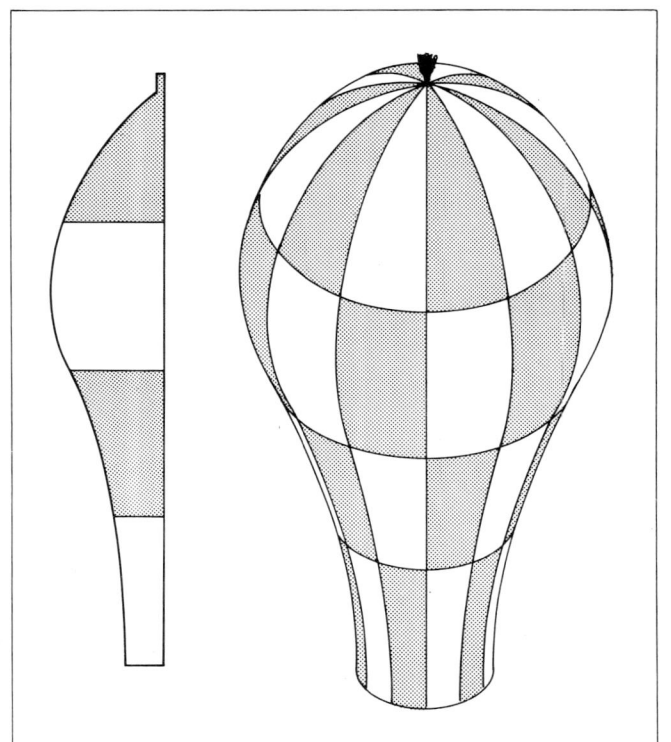

Abb. 6

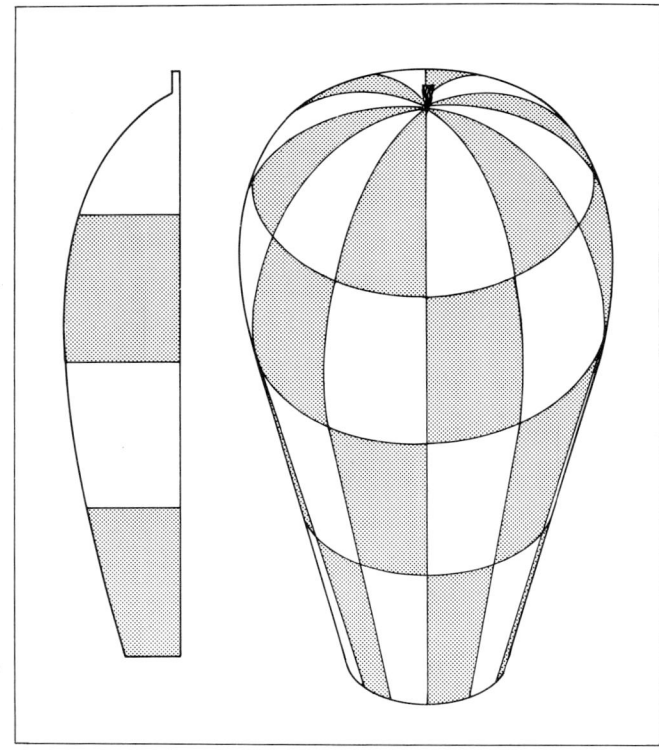

Abb. 7

erreicht ist. Sie muß zum Schluß mit der Kante 1 zusammengeklebt werden. Der Ballon ist jetzt geschlossen, wobei die Klebekanten nach außen stehen.

Ein wichtiger Tip fürs Kleben: bei der Klebstoffspur keinen Zentimeter auslassen. Sonst entweicht die warme Luft.

Am oberen Ende wird das Bündel Schwänzchen nun zusammengebunden. Am unteren Ende ein *Drahtring* von ca. 70 Zentimeter Durchmesser eingeklebt, damit die Luftöffnung nicht

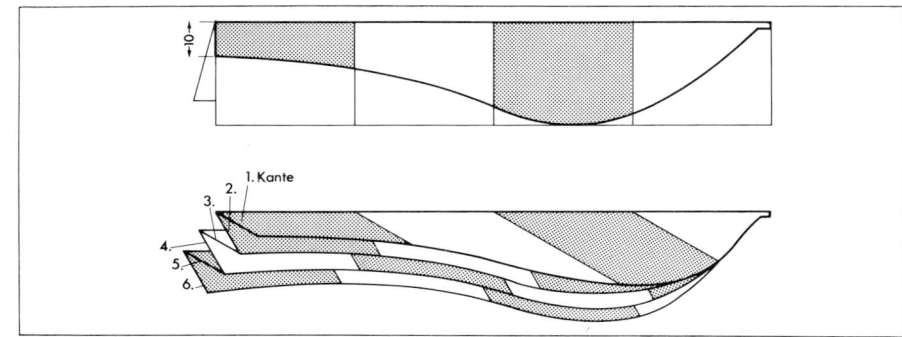

Abb. 8: Aneinanderkleben der Bahnen.

40

zusammenfällt. Bevor Sie den Ring mit Klebeband zusammenfügen, sollten Sie seinen Durchmesser an der Ballonöffnung ausprobieren.

Sie haben jetzt bereits einen flugfähigen Heißluftballon. Allerdings einen, der sein Feuer noch nicht mitnehmen kann. Das macht aber nichts; denn unserer flog bei den Aufnahmen zur Hobbythek etwa 200 Meter hoch und 3 Kilometer weit. Das war an einem kalten Tag. Versuchen Sie es einmal mit Ihrem Ballon.

Vorsicht beim Start

Mit dem *Start* geht das so:
Sie legen in eine Blech- oder Tonschüssel — oder wenn am Boden nichts anbrennen kann, auch auf den Boden — einen *Wattebausch* von etwa 2 Fäusten Größe und tränken ihn mit einem guten Schluck *Spiritus*. Den zünden wir jetzt an. *Vorsicht!*, die Flamme kann man bei Sonne kaum sehen. Über die Flamme halten wir — am besten zu mehreren — den Ballon mit der Öffnung so, daß die warme Luft in ihm aufsteigen kann. Sie werden merken, daß sich die Hülle schnell aufbläht. Aber bitte Vorsicht, daß die Flamme nicht an das Papier kommt. Brennt der Ballon erst einmal, dann ist nichts mehr zu machen.

Derjenige, der den Ring des Ballons über die Flamme hält, wird bald merken, daß der *Auftrieb* groß genug ist, den Ballon loszulassen. Sollte er noch nicht aufsteigen, dann das Ganze noch einmal wiederholen und die Luft heißer werden lassen.

Ein Heißluftballon für Langstreckenflüge

Für Langstreckenflüge braucht man eine *Feuerstelle, die mitfliegt*. Die läßt sich leicht aus mehreren Lagen Alu-

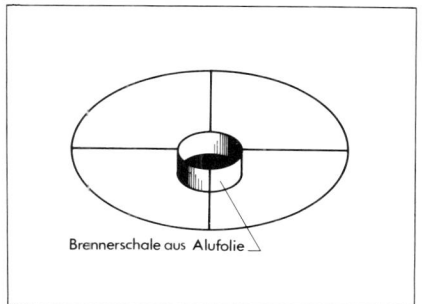

Abb. 9: Drahtring für die Ballonöffnung mit Brennerschale.

folie herstellen, die man zu einem Napf von ca. 12 Zentimeter Durchmesser formt, der dann an einem Drahtkreuz unter der Ballonöffnung aufgehängt wird. Dort hinein kommt die Watte mit dem Spiritus. Alles weitere siehe oben.

Bei den vielen Starts, die wir bisher gemacht haben, war in den seltensten Fällen der Ballon wiederzubekommen — oder zumindest unbeschädigt zu finden. Machen Sie sich nichts daraus. Beim dritten schaffen Sie den Bau bereits in drei bis vier Stunden.

Abb. 10: Da hatte unser Ballon bei der Landung leider Pech.

Styroporsegler

Wir werden oft gefragt: Wie kommt Ihr eigentlich zu Euren Themen?

Nun, auf sehr verschiedene Weise. Manchmal entsteht eine Idee, wenn wir zusammensitzen und uns über irgendetwas unterhalten. Oft über Dinge, die mit der Hobbythek auf den ersten Blick gar nichts zu tun haben. Und plötzlich ist sie da, die Idee, und keiner weiß, wie sie eigentlich entstanden ist. So ging es uns zum Beispiel, als wir auf den Gedanken kamen, den *Heißluftballon* zu bauen.

Ein andermal hatten wir die Idee, man müßte doch ein *Flugzeug aus Styropor* bauen können, das fast gar nichts kostet, leicht ist und gut fliegt. Mit dieser Idee sind wir zu einem Rosenzüchter gegangen — ja, Sie lesen richtig, ein Rosenzüchter, der sich uns als Mitarbeiter angeboten hatte. Er hat herumprobiert und wollte die Sache schon aufgeben und uns die Idee ausreden. Damals gab es übrigens die schnieken Styroporsegler noch nicht, die man heute kaufen kann und deren Flugeigenschaften unseren Modellen unterlegen sind. Wir haben den Mann über-

redet, weiterzuexperimentieren. Und tatsächlich — plötzlich rief er nachts an, er habe jetzt den richtigen Einfall gehabt. Und das war dann der, den wir in der Sendung brachten und der auch auf den folgenden Seiten vorgestellt wird. Er heißt übrigens *Jumbo*.

Ein Heißluftballon fliegt, weil er mit allem Drum und Dran *leichter* ist als die Luft, die er verdrängt. Ein Segelflugzeug fliegt — wie alle Flugzeuge —, *obwohl* es *schwerer* ist als Luft. Warum das trotzdem funktioniert, haben wir

in der Sendung mit Hilfe verschiedener Versuche erklärt; darauf wird auch hier noch einmal eingegangen. Vorher aber wollen wir ein Flugzeug bauen. Unser Modell ist so einfach herzustellen und aus so billigem Material, daß Sie davon gleich eine ganze Serie auflegen können. Was glauben Sie, welche Freude Sie damit Kindern — auch denen von nicht so praktischen Eltern — machen können.

Was brauchen wir?

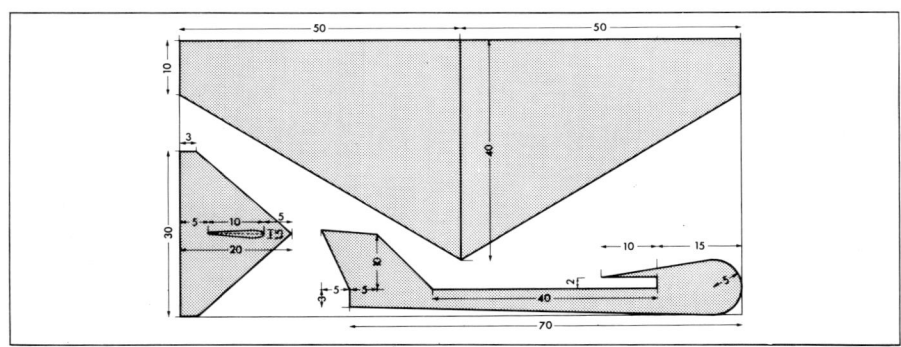

Abb. 1· Anordnung der Einzelteile auf der Styroporplatte.

Abb. 2: Ausschneiden der Teile.

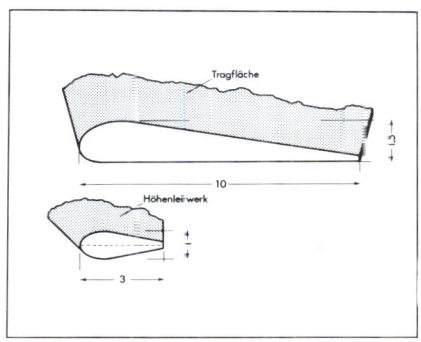

Abb. 3: Tragflächen und Leitwerk haben unterschiedliche Profile!

Abb. 4: Die Tragfläche erhält ihr Profil.

Das Baumaterial

1 Platte Styropor (50 × 100 × 1,5 cm), gibt's in Baugeschäften oder Bastelläden

1 Tube Styroporkleber

1 scharfes Küchenmesser (möglichst lang, ohne Sägeschliff)
Schmirgelpapier (mittelfein)

Der Bau des Seglers

Übertragen Sie die Maße der *Einzelteile* von unserer Zeichnung mit Filzstift auf die Platte. Mit sägender Bewegung schneiden Sie dann die Teile mit dem Messer aus der Platte (wenn dabei das Styropor so kleine Knuddel oder Kügelchen bildet, ist entweder das Messer nicht scharf genug, oder Sie sägen zu wenig).

Tragflächen und *Höhenleitwerk* müssen jetzt ihr richtiges Profil bekommen (vgl. dazu *Abb. 3*). Nicht vergessen,

daß das Profil der Tragflächen anders aussieht als das des Leitwerks. Die Form schneiden Sie mit dem Messer vor; den richtigen Schwung geben Sie dann mit dem Schmirgelpapier.

Beim Zusammenkleben der Teile dürfen Sie nicht vergessen, daß der Styroporkleber ein Kontaktkleber ist, bei dem beide Seiten eingestrichen werden und ca. 10 Minuten trocknen müssen. Beim Zusammendrücken beider Teile sitzt dafür gleich alles ganz fest; verschieben geht also nicht mehr. Benutzen Sie

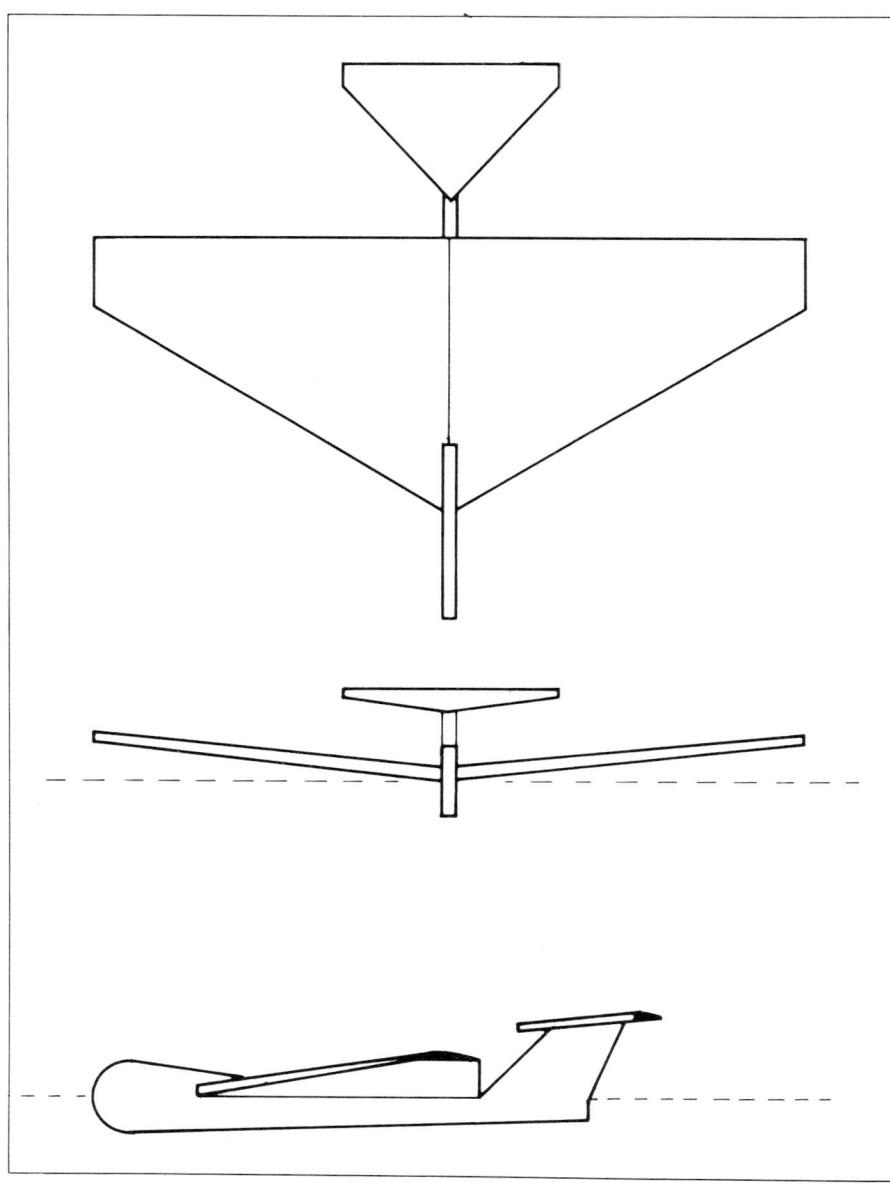

Abb. 5: Der zusammengebaute Jumbo.

bitte nicht Uhuleim, Pattex oder ähnliches, weil sie Styropor lösen, also Löcher machen. Zur Not geht Ponal oder vergleichbarer Leim. Er braucht nur lange Trockenzeit.

Und noch eins: Nicht vergessen, daß die Tragflächen wie auf der *Abbildung 5* einen *Winkel* bilden und das Leitwerk einen sogenannten *Anstellwinkel* von ca. 5 Grad hat.

Damit Ihr Segler nicht allzu bruchempfindlich ist, können Sie den Rumpf beidseitig mit einem Streifen Balsaholz bekleben. Es geht allenfalls auch mit steifem, nicht zu schwerem Karton.

Zum Einfliegen brauchen Sie Fingerspitzengefühl

Jetzt geht's ans Einfliegen. Dafür sollte es möglichst windstill sein. Stecken Sie sich einige Holzschrauben unterschiedlicher Größe in die Tasche, die brauchen wir nämlich, weil das Flugzeug vorn zu leicht sein wird. Das sieht man daran, daß es beim Start sofort nach oben geht und sich dann mit pumpenden Bewegungen bald in den Boden bohren wird. Drehen Sie also vorn in den Rumpf eine Schraube (etwa 6 × 50 mm, geht mit der Hand zu machen). Pumpt der Flieger immer noch, dann die Schraube ein wenig herausdrehen; dadurch bewegt sich der Schwerpunkt weiter nach vorn. Geht der Segler aber zu schnell zu Boden, dann eine leichtere Schraube nehmen. Sie müssen das einfach ausprobieren.

Für Leute, die Abwechslung lieben oder denen unser erster Vorschlag zu einfach ist, haben wir hier noch ein zweites Modell (vgl. *Abb. 7*).

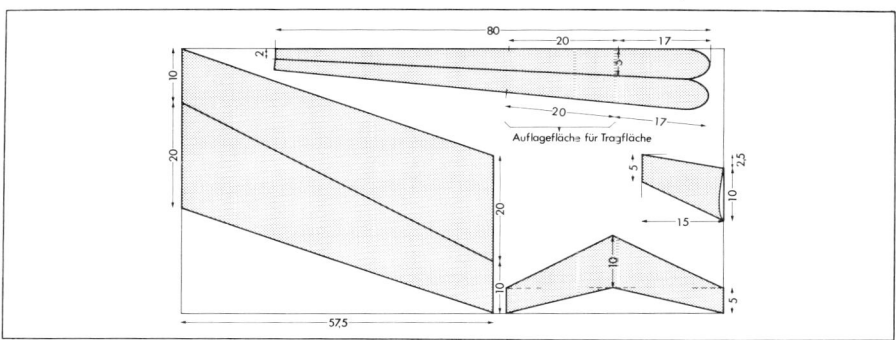

Abb. 6: Teile für die Segelversion. Für die Motorversion braucht man ein Rumpfteil mehr.

Der Segler bekommt einen Motor

Mit dem zweiter Modell läßt sich auch ein *Segler mit Gummimotor* basteln. Er hat einen Rumpf aus drei Plattenteilen, von denen die mittlere eine Aussparung für das *Gummiband* hat, das im nichtaufgedrehten Zustand kaum Spannung haben soll. An der Rumpfspitze wird entsprechend *Abbildung 8* die *Buchse* mit dem *Propeller* eingelassen; beides kann man fertig in Hobbygeschäften kaufen. Achten Sie dabei darauf, daß die Buchse so eingebaut

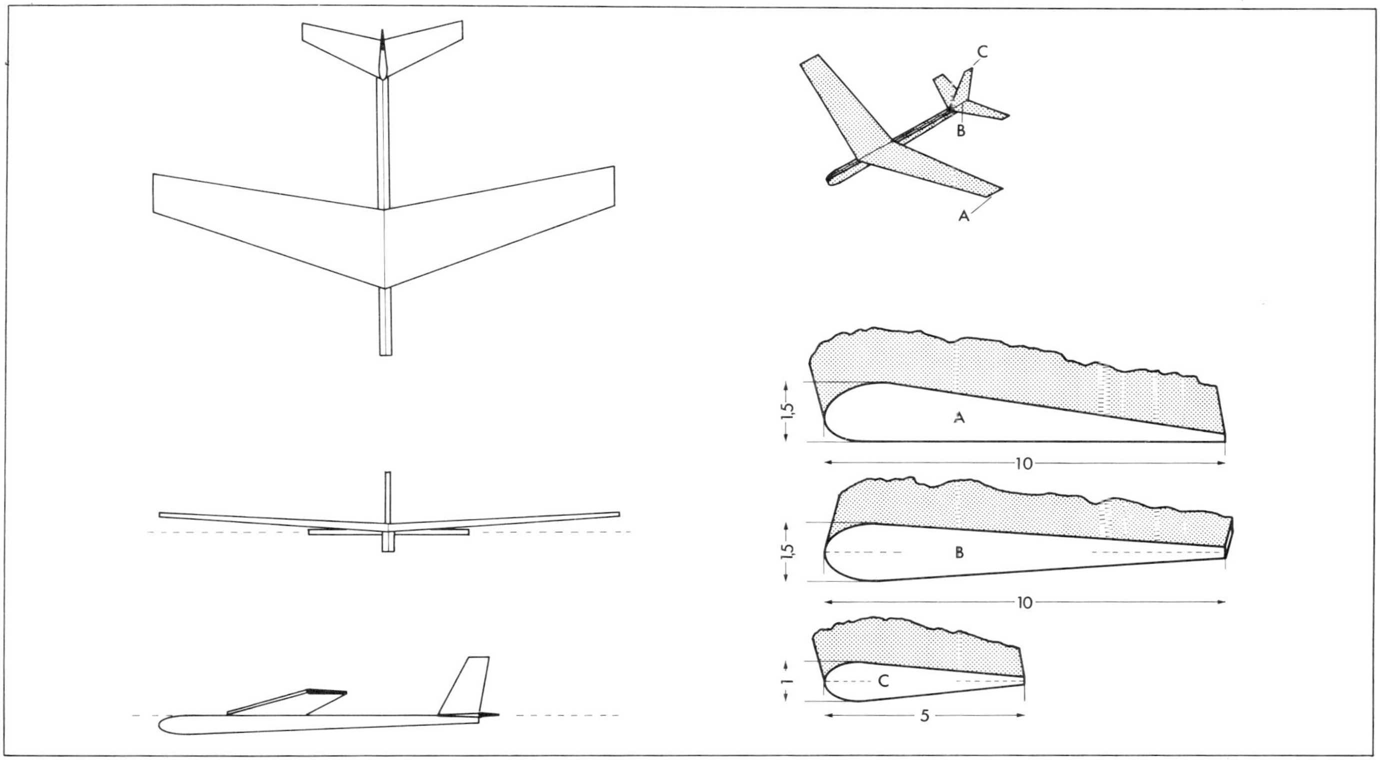

Abb. 7

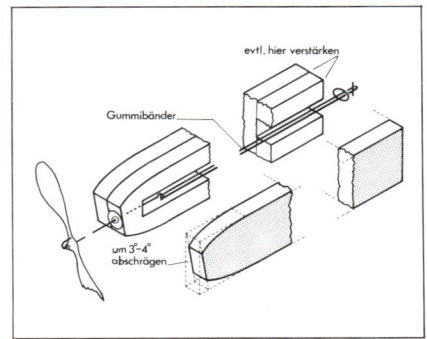

Abb. 8: Einbau des Gummimotors.

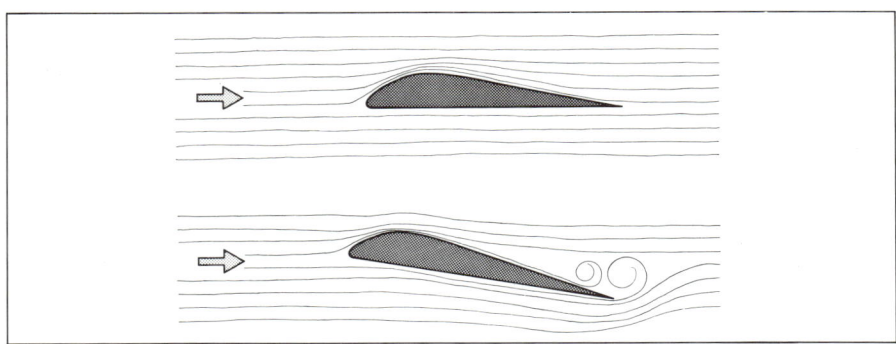

Abb. 9: Nicht „angestellte" Tragfläche (oben) und zu stark „angestellte" Tragfläche (unten).

werden muß, daß die Propellerachse etwa 3 Grad nach unten geneigt ist. Sonst startet der Vogel gleich senkrecht in den Himmel.

Warum fliegt ein Flugzeug eigentlich?

Daß so ein leichtes Styroporflugzeug fliegt — nun ja, denkt vielleicht mancher, es ist eben leicht. Daß aber auch ein schwerer Jumbo fliegt . . . ? Er fliegt aufgrund desselben Prinzips. Das läßt sich sehr vereinfacht so beschreiben:

Auf *Abbildung 9* sehen Sie das gebräuchliche Profil einer Tragfläche mit der in Linien dargestellten darüber- und darunterstreichenden Luft. Wichtig ist, daß diese Luftströmung nicht verwirbelt ist (der Physiker spricht von einer *laminaren Strömung*). Die Tragfläche muß also eine Stromlinienform haben und sie darf nicht zu stark „angestellt" sein, d. h. vorn nicht zu stark angehoben sein. An der Abbildung sehen Sie, daß die *über* die Fläche streichende Luft einen längeren Weg zurücklegen muß als die *unter* der Fläche.

Abb. 10: Versuch zur Darstellung des „Saugeffekts". Nur beim Blasen durch ein eingeschnürtes Rohr (unteres Bild) steigt die Flüssigkeit. Warum? Lesen Sie auf Seite 47.

46

Abb. 11: Massenstart der Styroporsegler.

Wenn am Ende der Tragfläche die Luftteilchen zu gleicher Zeit wieder zusammentreffen sollen, dann müssen die Teilchen auf der Oberseite schneller strömen als die auf der Unterseite.

Nun gibt es ein physikalisches Gesetz (das *Gesetz von Bernoulli*), nach dem der Druck um so geringer wird, je schneller die Strömung ist. Auf die Tragfläche angewendet bedeutet das, daß auf der Oberseite der Fläche ein Unterdruck entsteht, so daß eine Kraft nach oben wirkt. Die Tragfläche „saugt" sich gewissermaßen nach oben. Und wenn beim Jumbo zum Beispiel die Flügelklappen beim Landen und Starten ausgefahren werden, dann tut man das, um bei den geringen Start- und Lande-Geschwindigkeiten den Weg über die Fläche noch länger zu machen und damit den Auftriebseffekt zu erhöhen.

Daß es sich tatsächlich um einen „Saugeffekt" handelt, veranschaulicht der Versuch auf *Abbildung 10*. Hier wird demonstriert, daß in einem eingeschnürten Rohr, durch das ein Luftstrom geht, an der engen Stelle ein Unterdruck entsteht. Deshalb wird die Luft in dem senkrecht nach unten weisenden Rohr beim Durchblasen nicht nach unten gedrückt — wie man eigentlich vermutet —, sondern die Flüssigkeit wird nach oben gesaugt. In dem nicht eingeschnürten Rohr entsteht in dem nach unten weisenden Röhrchen *kein* Unterdruck; die Flüssigkeit wird deshalb auch nicht angesaugt (*Abb. 10, oberes Bild*).

47

Spiele für alle und überall
Schneiden einer Weidenpfeife

Es gibt Tage, da fällt einem nichts ein. Es gibt verschiedene Gründe dafür. Man hat vielleicht zu viel gearbeitet, oder ist vielleicht auch einfach in einer Gammelphase. Wer Kinder hat, weiß, daß es denen manchmal ebenso geht und daß sie einen dann erwartungsvoll ansehen — oder auch anraunzen — man möge doch gefälligst einen Einfall haben. Das passiert zu Hause, im Urlaub, eigentlich überall einmal, und es wäre im Grunde nicht tragisch, wenn wir nicht verlernt hätten, uns auch einmal mit Genuß zu langweilen.

Dabei genügt gerade in solchen Situationen oft ein kleiner Anstoß, um die Aktivität wieder in Gang zu setzen, ohne daß sie gleich in verbissenes Arbeiten ausartet. Der erste Vorschlag, mit dem wir diesen Effekt erzielen wollen, ist zwar in den Sendungen der *Hobbythek* noch nicht vorgekommen (dafür aber in der WDR-Reihe *Mischmasch)*, aber er würde doch gut dort hinpassen, weil er sich — Frühjahr und Sommer vorausgesetzt — ohne großen Aufwand an Zeit und Geld verwirklichen läßt. Es ist ein Vorschlag für Fe-

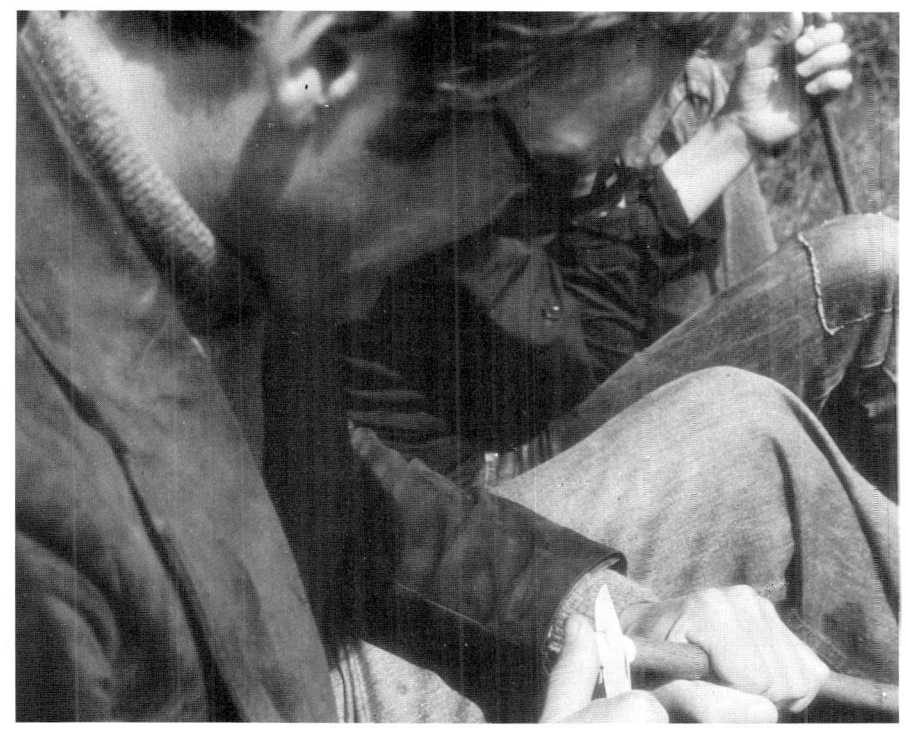

Abb. 1: Wir schneiden eine Weidenpfeife.

rien oder Ausflüge, und er stammt aus
Zeiten, die sehr weit vor unseren Ur-
urgroßeltern lagen.

Schneiden der Pfeife

Das geht — wie gesagt — nur im Frühjahr und frühen Sommer, wenn die
Bäume und Sträucher „im Saft stehen",
ihre Rinde sich also leicht vom Holz
schieben läßt.

Mit dem Pfeifenschneiden geht das so:
Sie suchen sich an einem *Weiden-
strauch* („Kätzchen") oder -baum einen
Zweig aus, der möglichst gerade ist,
nicht allzu eng aneinandersitzende
Knospen und eine glatte Rinde hat und
rund 1 Zentimeter dick ist. Bitte versuchen Sie, aus Gründen des Natur-
schutzes, nicht gleich einen ganzen
Busch zu ramponieren, nur weil Sie
eine nicht einmal 10 Zentimeter lange
Pfeife schneiden wollen.
Dieser Zweig wird nun mit einem scharfen Taschenmesser gerade abgeschnitten; und zwar unmittelbar hinter einer
Knospe, damit wir ein möglichst langes
Stück ohne Knospen erhalten. Das ist

Abb. 3: Lockerklopfen der Rinde.

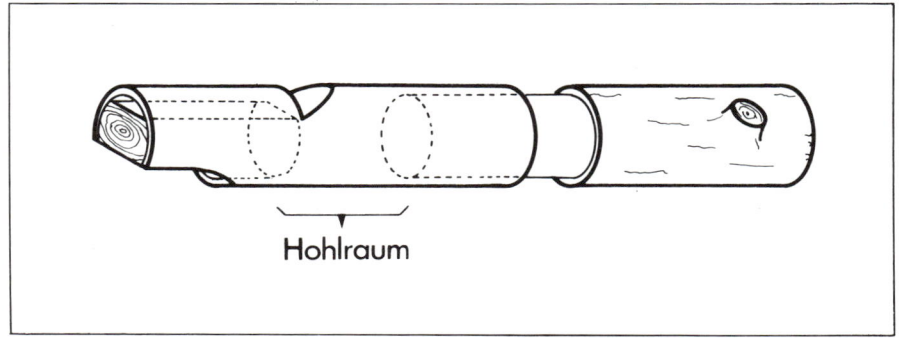

Hohlraum

Abb. 2

wichtig, weil später die Rinde vom Holz
getrennt werden soll, und das geht bei
den Knospen sehr schlecht.

Nun schneiden wir zuerst das *Mundstück* (vgl. *Abb. 1*), darauf die *Kerbe,* an
der später die durchgeblasene Luft
den Pfeifton erzeugt. Diese Kerbe liegt
genau auf der gegenüberliegenden
Seite des Mundstücks und etwa 3 Millimeter weiter nach dem Pfeifenende
versetzt. Sehen Sie sich dazu genau die
Abbildung 2 an. Zum Schluß schneiden
wir die Rinde des späteren Pfeifenendes

Abb. 4: Abziehen der Rinde.

die Konzentration des Saftes zwischen Rinde und Holz, und das wiederum schmiert gewissermaßen den Abziehvorgang.

Nach etwa einer halben Minute können Sie schon einmal vorsichtig probieren, ob die Rinde sich lockert. Nehmen Sie dazu die ganze Pfeife fest in die Faust (Rechtshänder in die rechte) und umschließen Sie sie mit den Fingern so, daß sich beim späteren Drehen möglichst kein Stück der Rinde verschieben kann. Sonst kommt es nämlich zum Reißen.

Mit der anderen Hand drehen Sie jetzt langsam, aber schon ein wenig kräftig den Zweig, von dem die Pfeife ja noch nicht getrennt ist. Ist die Jahreszeit richtig, die Spucke gut und sind die Messergriffschläge nicht zu stark und nicht zu schwach gewesen, dann gibt es jetzt einen kleinen Knacks und das Holz dreht sich in der Rinde wie eine Achse in der Nabe. Sie haben geschafft, was zwar früher jeder Hirtenjunge im Schlaf konnte, heute aber kaum noch jemand zustande bringt.

Ziehen Sie nun die Rinde vorsichtig, damit sie nicht einreißt, vom Holz. Sie muß jetzt einen Moment aufgehoben werden, und das ist sie am sichersten zwischen Ihren Lippen. Vom Holz wird nun, genau am senkrechten Schnitt des Pfeifenloches, das *Holz des Mundstückes* gerade abgeschnitten. Damit Luft durch die Pfeife geht, wird von diesem Holz eine Schicht, die so dick ist wie die Kerbe, abgeschnitten. Danach wird das Holzstückchen wieder so in die Pfeife geschoben, wie es ursprünglich in ihr saß.

Und nun brauchen Sie nur noch das rindenlose Stück des Zweiges, das Sie

zweimal kranzförmig ein, damit wir einen kleinen Ring aus Rinde abheben können. Das erleichtert uns das Abschieben der gesamten Pfeifenrinde vom Holz.

Das Rindeabschieben oder Abziehen ist das Schwierigste bei dieser Bastelei. Die Rinde ist dünn und durch den Saft besonders weich; sie reißt also leicht ein. Die Wahrscheinlichkeit, daß Ihnen dies beim erstenmal passiert, ist sogar groß. Ärgern Sie sich nicht, fangen Sie ruhig noch einmal an. Da ist

es natürlich praktisch, wenn Sie den Zweig noch nicht weggeworfen haben, denn meistens findet sich daran noch ein brauchbares Ende.

Abziehen der Rinde

So, nun geht's ans *Abziehen.* Es wird erleichtert, wenn Sie dabei zwei Tricks anwenden: Die Rinde feucht machen — genieren Sie sich nicht, dazu Spucke zu verwenden — und sie rundherum mit dem Griff des Taschenmessers leicht *beklopfen.* Das fördert vorher abschneiden, hinten ein paar Millimeter tief in die Pfeife zu schieben, und fertig ist sie. Durch Verschieben des Holzes können Sie die Tonhöhe verändern.

Wer musikalisch ist und die Schiebetechnik ein bißchen übt, kann auf der Pfeife Lieder mit den kompliziertesten Tonfolgen pfeifen. Zu mehreren kriegt man sogar ein ganzes Orchester zusammen, dessen Tonumfang mehrere Oktaven umfassen kann. Je dünner nämlich die Pfeife, desto höher der Ton — und umgekehrt. Wir haben da schon Ensembles zusammengestellt mit Pfeifen zwischen 3 Millimeter und 2 Zentimeter Durchmesser. Da staunten die Vögel auf den Zweigen.

Abb. 5: Abschneiden des Luftkanals.

Die Hobby-Pfeife

Ebenfalls um eine Pfeife geht es bei dem folgenden Basteltip. Sie ist allerdings für Musik und Töne absolut ungeeignet, dafür aber ein Gradmesser für Ihre und anderer Leute Geschicklichkeit. Auch hier handelt es sich um ein altes Spielzeug, von dem es heißt, Bergleute hätten es vor langen Zeiten in Amerika erfunden. Wir haben sie *Hobby-Pfeife* getauft.

Der Witz der Sache ist, daß ein kleiner *Kork-* oder *Styroporball* an seinem Drahthaken durch Blasen in eine Drahtöse eingehängt werden muß und auf dieselbe Weise von der Öse wieder auf das Röhrchen der Pfeife zurückpraktiziert werden soll. Das ist gar nicht so einfach, in einer Gruppe aber ein enorm spannendes Spiel.

Wie wird die Pfeife hergestellt?

Das Material

1 Stück Bambusrohr ca. 20 cm lang, 1 cm dick
1 Stück Bambusrohr ca. 3 cm lang, 1/2 cm dick
ca. 20 cm Draht, 1,5 mm Ø
1 Korken

Wie man sie baut

Die Bambusrohre werden, wie auf *Abbildung 6* angegeben, geschnitten. Wichtig dabei ist, daß das dicke Rohr vor dem Ende, in das später die Drahtöse eingesetzt wird, einen Knoten hat. Dort ist es dann luftdicht geschlossen. Bohren Sie knapp 5 Zentimeter vor dem Ende ein *Loch* in das Rohr, in das das dünne Röhrchen so eingeklebt werden muß (vorher das dünne Rohr leicht anspitzen), daß es Luft durchläßt, aber keine „Nebenluft" hat.

Dann die *Drahtöse*, wie auf der *Abbildungen 7* und *8* angegeben, am dicken Rohr befestigen. Die Mitte der Öse — die Sie um einen Hammerstiel biegen können — muß genau über dem dünnen Röhrchen stehen.

Den *Korkball* können Sie aus einem Flaschenkorken verschneiden und mit Schmirgelpapier in eine gleichmäßig runde Form bringen. Er sollte schon einigermaßen glatt und kugelförmig sein, sonst rutscht er später leicht aus dem Luftstrom. Dann den Draht mit dem Haken durchstechen.

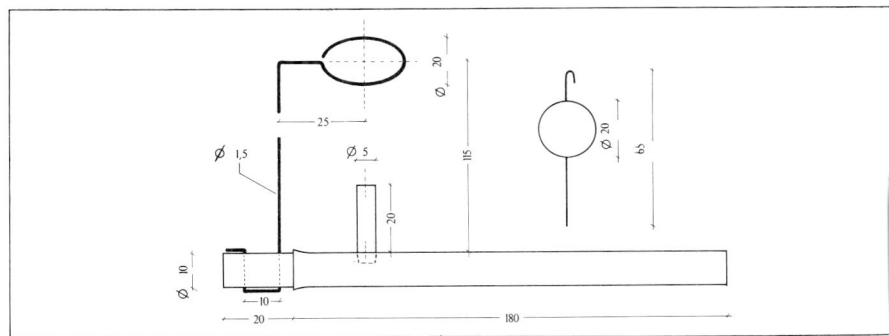

Abb. 6

53

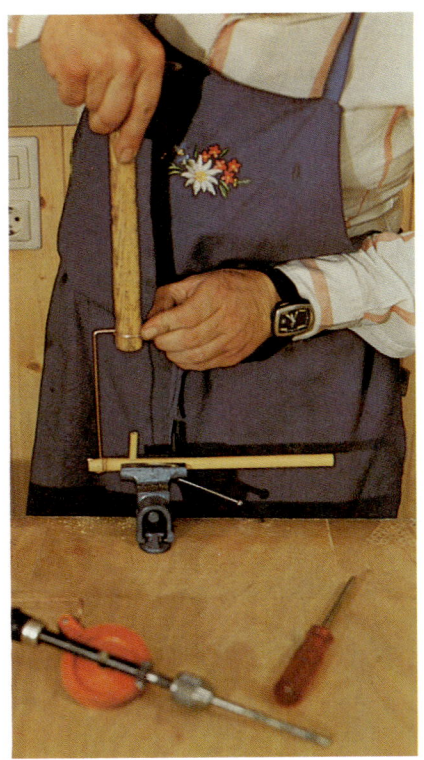

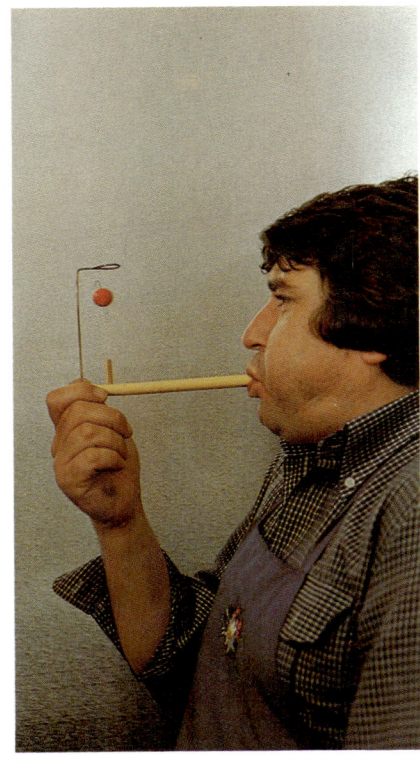

Abb. 7: Biegen des unteren Teils der Drahtöse.

Abb. 8: Der Drahtring wird um einen Hammerstiel gebogen.

Abb. 9

Und nun geht's los. Durch geschicktes Blasen und leichtes Kippen der Pfeife um ihre Längs-, Quer- und was weiß ich welche Achsen, müssen Sie versuchen, den Ball in die Öse zu hängen. Versuchen Sie es zu mehreren und stoppen Sie die Zeit, die jeder braucht. Aber nicht beim Lachen in die Pfeife husten, sonst fliegt der Ball weg.

Das Spiel „Puluc"

Spielzeug, das man aus den einfachsten Dingen zusammenbasteln kann, das also auch dann noch herzustellen ist, wenn man mitten in der Wüste säße oder ganz allein im tiefen Wald (unsere Weidenpfeife auf Seite 49), muß nicht primitiv und schon gar nicht langweilig sein. Spielen ist eine ganz alte Tugend — jawohl Tugend — des Menschen. Wer ein bißchen in der Welt herumkommt, wird wissen, daß die Menschen dort besonders freundlich sind, wo viel gespielt wird.

Zu den ältesten Spielen gehören diejenigen, bei denen mit Steinen auf einem Feld gespielt wird, das nach bestimmten Regeln aufgeteilt ist. Man kann auch heute noch in vielen Ländern die Menschen mit echten Kieseln auf Spielfeldern spielen sehen, die in den Sand gezeichnet sind. Ein solches Spiel, das wir übrigens in der allerersten Sendung der Hobbythek vorgestellt haben, wollen wir hier noch einmal beschreiben.
Damals haben wir mit einem Psychologen gesprochen, den das Spiel vor allem deshalb interessiert, weil sich der

Mensch nirgends so ehrlich und unverstellt verhält wie im Spiel. Auch wer bei dem Namen Friedrich Schiller nur an den Schrecken der Schule denkt: von diesem Manne stammt der Satz: „Der Mensch ist nur da ganz Mensch, wo er spielt." Für Kinder ist das Spielen ganz selbstverständlich. Aber Erwachsene? Viele meinen, daß Spielen zu den unnützen Sachen gehört. Wir finden Spielen sehr, sehr wichtig, und wir glauben das auch von Ihnen, sonst wären Sie kein Freund der *Hobbythek.*

Also spielen Sie mit uns!

Puluc ist ein altes Indianerspiel aus Mittelamerika, das ursprünglich einmal mit Maiskolben und Holzstäbchen gespielt wurde. Es hat den Vorteil, daß man alles, was dazu nötig ist, im Hause hat oder in der Natur finden kann.

Was man dazu braucht

Zunächst brauchen wir ein *Spielfeld,* das Sie auf einen Streifen Pappe oder Papier nach *Abbildung 10* aufmalen.

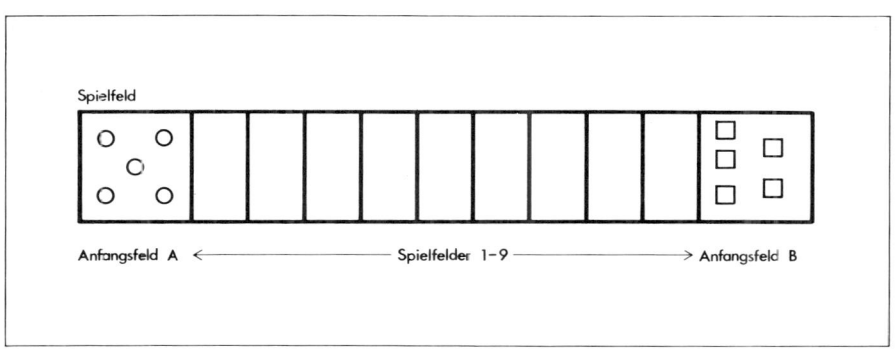

Abb. 10

können: eine Art Leiter mit zehn Sprossen — also neun Feldern dazwischen — und je einem Startfeld *A* und *B* am Anfang und Ende der Leiter.

Dann brauchen wir zweimal fünf *Spielsteine* in zwei Farben oder zwei deutlich voneinander unterscheidbaren Formen. Das können Schraubenmuttern sein oder Geldstücke oder Bierdeckel (dann muß das Feld entsprechend groß sein), oder Kekse oder alles, was stapelbar ist; denn bei diesem Spiel wird *gestapelt,* zum Teil sogar sehr hoch.

Außerdem brauchen wir etwas zum *Würfeln.* Allerdings keinen 6er-Würfel; den kannten die Indianer noch nicht. Sie würfelten mit vier Maiskörnern, die sie auf einer Seite schwarz anmalten. Dabei zählte jeder Wurf so, wie es in *Abbildung 11* gezeigt wird.

Da man Maiskörner nicht immer zur Hand hat und diese runden Dinger sich oft so legen, daß nicht ganz eindeutig ist, ob schwarz oder gelb oben liegt, haben wir in der Hobbythek Mandeln genommen, die wir auf einer Seite weiß gestrichen haben. Es geht aber

Abb. 12: Eine hübsche Version aus Holzbrett und gefärbten Schraubenmuttern.

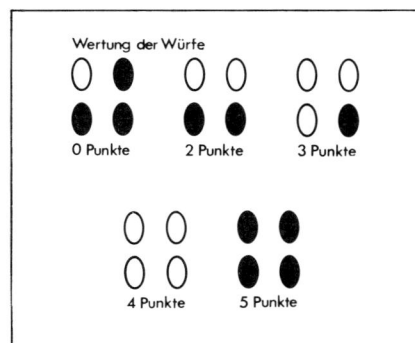

Abb. 11

auch mit Geldstücken (Kopf oder Adler) oder mit angestrichenen Schraubenmuttern.

Und nun die Spielregeln
Bei diesem Spiel kommt es darauf an, dem Gegenspieler möglichst alle Steine wegzunehmen. Und das geht so: Man würfelt und setzt nach Zahl der geworfenen Punkte, wobei man versucht, das Feld des anderen zu erreichen. Das aber versucht der andere — oder man

selbst beim anderen — zu verhindern. Hat man nämlich eine Punktzahl geworfen, die gerade ausreicht, das Feld zu erreichen, auf dem schon ein gegnerischer Stein sitzt, so setzt man sich auf ihn drauf — und man hat ihn. Der gegnerische Stein ist gefangen.

Aber es kommt nicht nur darauf an, Gefangene zu machen; man muß die Gefangenen auch noch aus dem Spiel bringen, indem man sie über das Gegner-Feld bringt. Dabei kann es einem passieren, daß sich ein gegnerischer

Stein auf das Türmchen setzt und Gefangene und den eigenen Stein aus dem Feld bugsiert.

Die so aus dem Spiel gebrachten Steine des Gegners werden vom Brett genommen, der eigene Stein kommt wieder auf das Startfeld und nimmt erneut am Spiel teil.

Gewonnen hat natürlich derjenige, der dem anderen alle Steine genommen hat. Das bleibt oft bis zum letzten Moment offen; und das macht das Spiel so spannend.

Man kann aus *Puluc* sogar ein Spiel machen, bei dem echte Gewinne zu erzielen sind. Als Spielsteine dienen dann Münzen, wobei der eine Spieler Zahl, der andere Wappen nach oben legt. Damit Sie der Spielsucht oder schnöden Raffgier nicht verfallen, sollten Sie mit Groschen und nicht mit Fünfmarkstücken spielen.

Übrigens: man kann dieses Spiel nicht kaufen — jedenfalls zur Zeit noch nicht, in der dieses Buch geschrieben wurde. Es ist deshalb ein schönes Geschenk. Und Ihrer Phantasie stehen alle Möglichkeiten offen bei der Herstellung von Brett, Spiel- und Würfelsteinen. Man kann das Brett zum Beispiel auch aus Ton formen und die Felder einritzen oder draufmalen (lesen Sie dazu das Töpferkapitel auf Seite 121). Als Würfel lassen sich auch Stäbchen oder Muscheln verwenden, bei denen allerdings die Chance, daß die offene oder die geschlossene Seite oben liegen bleibt, etwa gleich groß sein muß.

Abb. 13: Für diese Version braucht man nur ein Stück Kreide und Bierdeckel

Strandspiel „Hobbythek"

Hier kommen alle auf ihre Kosten: die Burgenbauer und leidenschaftlichen Spieler, die Hobbyarchitekten und Sandfetischisten. Und unser Spielvorschlag hat dazu noch den Vorteil, daß man außer viel Sand und einem *Pingpongball* eigentlich kaum etwas dazu braucht. Phantasie braucht man noch; aber die können wir bei Hobbythekern sicher voraussetzen.

Wie geht das Spiel?

Bauen Sie eine möglichst verzwickte *Burganlage* mit Bergen, Tälern, engen Schluchten, Brücken — die man durch Treibholzbrettchen stützen kann —, Sprungschanzen und Galerien. Legen Sie durch diese Anlage eine Bahn, die aus einer Rille besteht, durch die der Pingpongball rollen kann. Diese Bahn soll es dem Ball und seinem Spieler möglichst schwer machen. Kurven und Steigungen und sonstige Hindernisse haben in dem Spiel einen ganz bestimmten Sinn: den Ball über die Bahn vorwärts zu treiben, soll möglichst viel Geschicklichkeit erfordern.

Mitspielen können das Spiel beliebig

Abb. 14: Eine gewagte Brückenkonstruktion, durch Treibholz versteift.

58

Abb. 15

viele Personen. Am *Startpunkt* der Bahn, der durch ein Fähnchen, Zweig oder ähnliches markiert wird, beginnt ein Spieler nach dem andern den Ball durch Fingerschnippen (wie beim Murmel- oder Schusserspiel) möglichst weit zu treiben. Jeder darf nur einmal schnippen, dann kommt der nächste dran. Wenn der Ball aus der Bahn fliegt, muß der betreffende Spieler wieder beim Start beginnen.

Damit jeder weiß, wie weit er gekommen ist — alle spielen ja mit demselben Ball —, markiert er die erreichte Stelle mit einem Zeichen (Fähnchen, Löffel, Stricknadel, Zweig usw.). Gewonnen hat natürlich, wer zuerst am Ziel ist.

Das Spiel „Kalaha"

Kalaha ist der Name eines Taktikspiels, das von Beduinen in der Wüste gespielt wird. In der Originalversion werden in den Sand einfach Mulden gedrückt; gespielt wird mit runden Kieseln.

Unser Spiel basiert auf einem Bastelvorschlag, der im Kapitel über Töpferei auf Seite 125 bis 126 beschrieben ist. Spielbrett und Kugeln sind also aus Ton geformt.

Und hier nun die Spielregeln

Das Grundbrett auf *Abbildung 17* hat insgesamt 14 Vertiefungen: 6 kleinere auf jeder Seite und 2 größere quergelegte in der Mitte. Diese größeren Vertiefungen heißen *Kalahas* — daher der Name des Spieles.

Das Spiel ist für *2 Personen* gedacht, die sich jeweils an den Seiten mit den kleineren Vertiefungen gegenübersitzen. Jeder Spieler verfügt also über 6 kleine Mulden und eine Kalaha: vom Spieler aus gesehen, jeweils die rechte. Jeder Spieler erhält *18 Kugeln,* von denen er je *3* in die kleinen Mulden füllt. Spielrichtung ist für beide Parteien gegen den Uhrzeigersinn.

Abb. 16: Unser Bastelvorschlag aus Ton.

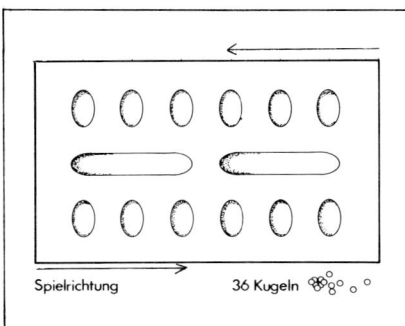

Spielrichtung   36 Kugeln

Abb. 17

Wenn ausgelost ist, wer von beiden Spielern beginnt, werden vom ersten Spieler aus einer beliebigen Mulde *alle* 3 Kugeln herausgenommen und gegen den Uhrzeigersinn in den folgenden Löchern eine nach der anderen abgelegt. Die Kalaha gilt hierbei als normale Mulde; sie wird also ebenfalls beim Ablegen berücksichtigt.

Kommt man mit der Kugel in die eigene Kalaha — was bei Spielbeginn recht einfach ist, weil man den Start entsprechend legen kann —, so darf man noch einmal ziehen.

Falls man im Verlauf des Spiels mit der letzten Kugel in eine eigene *leere* Vertiefung gelangt, darf man die Kugeln des Gegners, die dem leeren Loch gegenüberliegen, einkassieren. Die Kalahas zählen hier nicht mit. Gegenüberliegend heißt also: linke Mulde von Spieler 1 gegenüberliegend rechter Mulde von Spieler 2. Die gewonnenen Kugeln werden dann in der eigenen Kalaha abgelegt.

Gewonnen hat natürlich derjenige, der am Schluß des Spiels die meisten Kugeln in seiner Kalaha liegen hat.

Das Spiel sieht auf den ersten Blick recht einfach aus; Sie werden aber bald merken, daß viel Überlegung und Taktik nötig ist, um einen Gegner zu schlagen.

Tips für Spielekäufer

Hier noch ein paar Tips für den Fall, daß Sie sich *ein Spiel kaufen* wollen:

1. Kaufen Sie kein unbekanntes Spiel, wenn Sie es nicht auspacken dürfen.
2. Lesen Sie die Gebrauchsanweisung aufmerksam durch. Wenn Sie nach 5 bis 10 Minuten immer noch nicht wissen, worum es bei dem Spiel geht, dann lassen Sie lieber die Finger davon. Der Dumme sind nämlich nicht Sie, sondern der Hersteller, der zu dumm war, die Spielregeln verständlich zu erläutern.
3. Schauen Sie sich das Material gut an. Ein Spiel und seine Teile dürfen nicht schon vom Anfassen kaputtgehen.
4. Lassen Sie sich die Garantie geben, daß Sie alle Teile des Spiels einzeln nachbestellen können.
5. Vergleichen Sie Preise. Sie glauben gar nicht, wie viele Spiele es zu Wucherpreisen gibt.

Flaschenpost

Abb. 18: Saftflaschen lassen sich besonders leicht wässerdicht verschließen.

Es ist seltsam: da gibt es Funk und Post und Telefon, und trotzdem kann sich auf einem Schiff oder am Meer kaum jemand verkneifen, eine Flaschenpost auf die Reise zu schicken. Vielleicht spielt dabei eine Rolle, daß man nicht wissen kann, wer die Post findet — oder ob sie überhaupt gefunden wird. In dieser Ungewißheit liegt der Reiz der Flaschenpost; diese Ungewißheit macht sie zum Spiel.

Nun geben sich viele große Mühe mit der Nachricht, die der Flasche anver- traut wird. Die Flasche selbst wird dann nur verkorkt und ins Wasser geworfen. Eine solche Flasche wird kaum jemand finden.

Unsere Flaschenpost bekommt ein *Signalfähnchen* und ein *Gegengewicht* für dieses Fähnchen aus Stein, damit es immer — auch bei Seegang — nach oben weist. Fähnchen und Stein wer- den mit Draht wie auf *Abbildung 18* befestigt. Natürlich sollte die Fahne aus Plastik oder einem anderen wasserfe- sten Material bestehen, damit sie große Entfernungen übersteht. Denn mög- lichst weit soll die Reise ja gehen. Vergessen Sie auf dem Zettel nicht Ihre Adresse und Datum und Ort, an dem Sie die Flasche ins Wasser gesetzt ha- ben.

Und noch ein Tip: Beim Aussetzen an der Küste geht die Flasche nur bei ein- setzender Ebbe nach draußen! Und nun viel Spaß.

Abb. 19: Eine Flaschenpost geht im Rhein auf Rei- sen.

Zauberkunststücke

Auf die Zauberkunststücke kamen wir, als wir den Zauberkünstler Witt in Düsseldorf auf der Straße die Leute begeistern sahen. Witt hatte freilich nicht nur Erfolg bei den Leuten auf der Straße, sondern auch Probleme mit seinen Kollegen. Es gehört zu den Zunftregeln der Zauberer, den Trick nicht zu verraten. Witt rechnet sich nicht zu den professionellen Zauberern; für ihn ist es wichtig, die Leute intelligent zu unterhalten. Deshalb ist ihm der Spaß der Zuschauer wichtiger als die Aura des Geheimnisvollen, mit der sich Zauberer gern umgeben. Das meinten auch wir, und deshalb haben wir uns gefreut, daß seine Tricks in der *Hobbythek* gezeigt werden konnten.

Witt kann natürlich erheblich mehr als hier gezeigt wird; und vor allem hat er sehr viel Mutterwitz. Sollten Sie ihn für ein Fest oder für Ihren Verein engagieren wollen, dann schreiben Sie an den Verlag. Witt wird Sie bestimmt köstlich unterhalten.

Zaubern heißt nicht Hexen!

Das A und O der Zauberkunst ist die Fingerfertigkeit. Dazu heißt es üben und nochmals üben. Aber es kommt nicht nur auf die Geschicklichkeit der *Finger* an. Sie sollte unterstützt werden durch Geschicklichkeit der *Rede,* wobei man es allerdings vermeiden sollte, die Leute „totzuquatschen''. Das merken die Zuschauer nämlich und werden entsprechend mißtrauisch. Kurz: es muß alles ganz natürlich wirken; die Leute müssen das Gefühl haben der Trick sei das Normale und die Normalität in Wahrheit völlig unnormal.

Wir haben hier einige Zauberkunststücke ausgesucht die relativ einfach sind und die deshalb auch von Laien perfekt vorgeführt werden können.

Überprüfen Sie Ihre Wirkung beim Üben vor einem Spiegel.

Abb. 1: Der Zauberkünstler H. G. Witt in der Hobbythek.

Die drei Streichholzschachteln

Sie führen den Zuschauern drei Streichholzschachteln vor, die Sie, je nach Wunsch Ihres Publikums, füllen oder leeren können, ohne sie zu öffnen. So jedenfalls erscheint das Ergebnis Ihres Tricks.

Man braucht dafür drei leere Streichholzschachteln und eine halbgefüllte. Die gefüllte Schachtel tragen Sie mit einem Gummiband befestigt unter Ihrem rechten Ärmel. Sie darf auch beim Hantieren nicht zu sehen sein. Die drei leeren Streichholzschachteln legen Sie vor sich auf den Tisch. Mit der *linken* Hand nehmen Sie die *linke* Schachtel auf und schütteln sie: sie ist leer. Mit der *rechten* Hand nehmen Sie die *mittlere* Schachtel auf und schütteln sie: sie erscheint voll, da beim Schütteln die im Ärmel versteckten Streichhölzer klappern. Der Zuschauer kann nicht unterscheiden, daß das Geräusch aus Ihrem Ärmel kommt.

Mit der *linken* Hand nehmen Sie nun die *dritte* Schachtel auf, schütteln sie und zeigen damit, daß sie, wie die erste, leer ist.

Abb. 2: Die volle Streichholzschachtel wird in den Ärmel geschoben (bei der Vorführung muß sie geschlossen sein).

Das Publikum glaubt nun, daß nur die *mittlere* Schachtel gefüllt ist.
Mischen Sie jetzt die Schachteln schnell und lassen Sie raten, wo die gefüllte liegt. Die Zuschauer werden immer verlieren, da Sie ja selbst bestimmen können, welche Schachtel „leer" ist bzw. „voll". Die Zuschauer dürfen nur nicht dahinterkommen, daß jedesmal die mit der linken Hand aufgenommene Schachtel leer ist und die mit der rechten voll.

Abb. 3: Bei der Vorführung darf man die Schachtel im Ärmel natürlich nicht sehen.

Das springende Streichholz

Dazu benötigen wir

1 4 mm starkes Brettchen 7 × 2,5 cm
1 Streichholz

Mit der Laubsäge sägen wir, wie auf *Abbildung 4* angegeben, ein kleines Paddel. Mit einem 1,5 Millimeter starken Bohrer bohren Sie jetzt *halbtief* in das Brett Loch 1. Loch 2 und 3 werden durch das Brett *hindurch* gebohrt und Loch 4 von der anderen Seite des Brettes wieder *halbtief*.

Gezeigt wird dem Publikum, wie ein Streichholz in dem Zauberbrettchen, wie von Geisterhand bewegt, von Loch zu Loch springt.

Üben der Fingerfertigkeit

Für diesen Trick müssen Sie folgenden Handgriff trainieren:

Halten Sie das Paddel in der linken oder rechten Hand mit Daumen und Zeigefinger wie in *Abbildung 5a*. Zeigen Sie den Zuschauern diese Seite des Paddels. Um die andere Seite zeigen zu können, drehen Sie Ihre Hand im Handgelenk und schieben gleichzeitig den Daumen in Richtung Zeigefingerkuppe. Dadurch wird das Paddel um 180 Grad

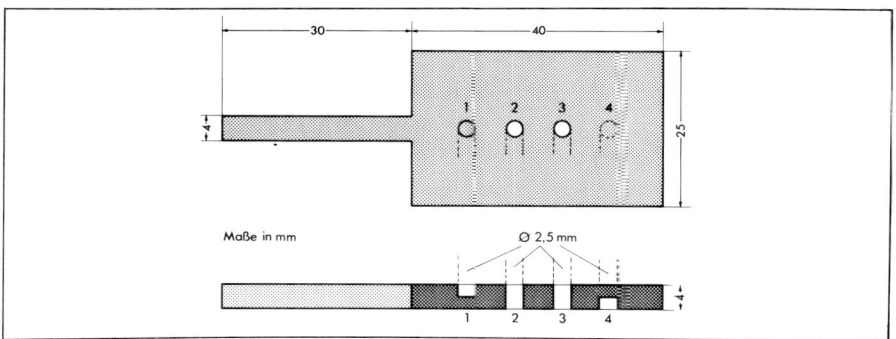

Abb. 4

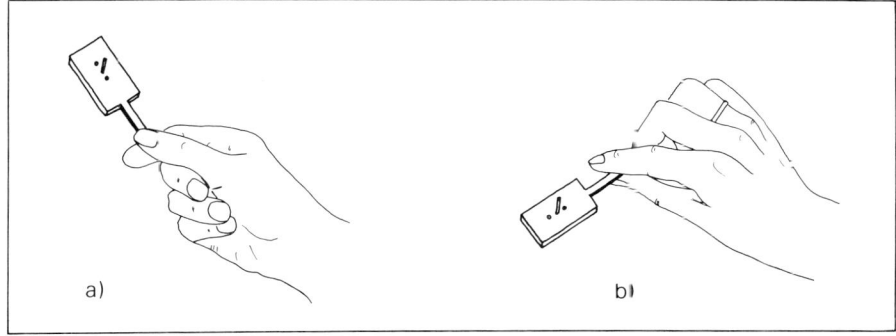

Abb. 5

gedreht. Der Zuschauer sieht also bei der Handstellung, wie auf *Abbildung 5b,* dieselbe Seite des Paddels, obwohl er glaubt, die andere zu sehen. Auf diesem Prinzip beruht die eigentliche Täuschung, denn die Drehung des Paddels fällt, wenn Sie schnell und geschickt genug vorgenommen wird, nicht auf, da Sie ja gleichzeitig die Hand mitdrehen.

Wie führt man den Trick vor?

Zeigen Sie das Paddel, und weisen Sie auf die drei sichtbaren Löcher, die von jeder Seite nur zu sehen sind. Zeigen Sie dann auf die oben beschriebene Weise „beide" Seiten des Paddels, wobei Sie in Wahrheit ja zweimal dieselbe Seite zeigen.

Nehmen Sie nun ein Streichholz und brechen Sie es unten und oben so ab, daß ein etwa 15 Millimeter langes Stück übrig bleibt. Die beiden Bruchstellen sollen einander ähnlich sehen.

Halten Sie nun das Paddel mit der Seite zum Publikum, auf der das oberste Loch „echt", also durchgebohrt, ist. Durch dieses Loch stecken Sie nun das Streichholz und zeigen, daß es auf beiden Seiten herausragt. Dabei darf man die beiden Oberflächen des Brettchens nicht genau sehen. Der Zuschauer blickt also auf die Holzkante. Sie können es aber auch mit dem gelernten Drehgriff vorführen, wobei das Publikum natürlich jedes Mal dieselbe Seite sieht.

Das Springen des Hölzchens muß man ein wenig *dramatisch* vorführen. Stoßen Sie also mit der Hand beim Drehen ruckartig nach vorn, als wollten Sie mit Gewalt das Hölzchen ins nächste Loch zwingen. Tatsächlich scheint es jetzt in

Abb. 7: So klemmt man die Streichhölzer fest.

das *mittlere* Loch gehüpft zu sein, denn nun zeigen Sie dem Zuschauer wirklich die andere Seite des Paddels. Auch hier dient es quasi als Beweis dafür, daß alles mit rechten Dingen zugeht, wenn Sie das kleine Paddel wieder von der Kante her zeigen, so daß man sieht: das Streichholz ragt auf beiden Seiten heraus.

Nehmen Sie dann das Streichholz heraus, drehen Sie heimlich das Paddel um und stecken Sie das Hölzchen in das *mittlere* Loch zurück. Nun lassen Sie

das Streichholz in das *untere* Loch springen. Nachdem Sie das Publikum anschließend davon überzeugt haben, daß das Streichholz wirklich nur an einer Stelle durch das Paddel durchsticht (von der Kante sehen lassen), können Sie das Spiel endlos wiederholen.

Die schwebenden Streichhölzer

Dazu brauchen wir eine volle Streichholzschachtel. Dem Publikum wird gezeigt, daß eine Streichholzschachtel zunächst leer und dann doch voll ist.

Schneiden Sie ein Streichholz so kurz, daß es sich in der Lade der Streichholzschachtel quer einklemmen läßt. Nehmen Sie aus der Schachtel eine Lage Streichhölzer heraus und klemmen Sie den Rest mit dem quergelegten Streichholz so fest, daß nichts herausfallen kann.

Zeigen Sie nun den Zuschauern die geschlossene Schachtel, die Sie mit Daumen und Zeigefinger an den Reibeflächen halten. Dadurch wird verhindert, daß beim leichten Schütteln der Schachtel, das beweisen soll, daß sie leer ist, das Querholz verrutscht.

Drehen Sie nun die Schachtel um, ziehen Sie vorsichtig die Lade bis fast zum Herausrutschen aus der Schachtel; es fällt kein Hölzchen heraus, obwohl die Öffnung nach unten weist. Sie müssen die Schachtel dabei allerdings so halten, daß man nicht von unten in die Lade blicken kann.

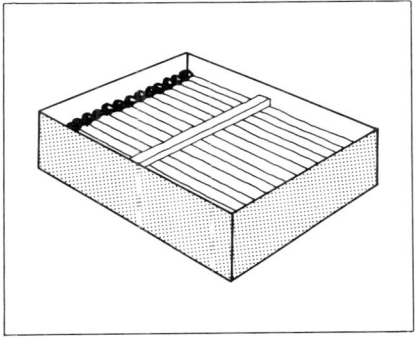

Abb. 6

Jetzt schieben Sie die Lade wieder zurück, drehen die Schachtel wieder um und öffnen sie so, daß Sie mit einem Zeigefinger der Hand, die die Schachtel hält, unauffällig das Querhölzchen lockern. Das überraschte Publikum sieht jetzt aus der „leeren" Schachtel Streichhölzer auf den Tisch fallen. Zwischen den Hölzchen wird man das kürzergeschnittene Streichholz gar nicht bemerken.

Eine Münze durchdringt Glas

Wir brauchen dazu:

1 kleine runde Glasscheibe, in der Größe eines Geldstückes (z. B. aus dem Porzellangehäuse einer alten Sicherungshülse)
1 gleich großes Geldstück (zum Sicherungsglas paßt 2-Pf-Münze)
1 mit Wasser gefülltes Glas
1 Taschentuch

Dem Publikum wird jetzt vorgeführt, daß eine Münze, die verdeckt in ein mit Wasser gefülltes Glas gefallen ist, die Glaswand durchdrungen hat und nun neben dem Glas liegt. Lassen Sie sich von den Zuschauern eine Münze geben (wenn Sie das Sicherungsglas haben, ein 2-Pfennig-Stück). Halten Sie die Münze, wie auf *Abbildung 8a*, und verbergen Sie dabei in dieser Hand zugleich die Glasscheibe.
Bedecken Sie jetzt die Münze mit dem Taschentuch, wobei Sie *Münze* und *Glasscheibe* miteinander *vertauschen*. Gehen Sie mit der verdeckten Hand über das gefüllte Wasserglas, wie in *Abbildung 8b*. Bitten Sie einen Zuschauer, die Münze unter dem Tuch

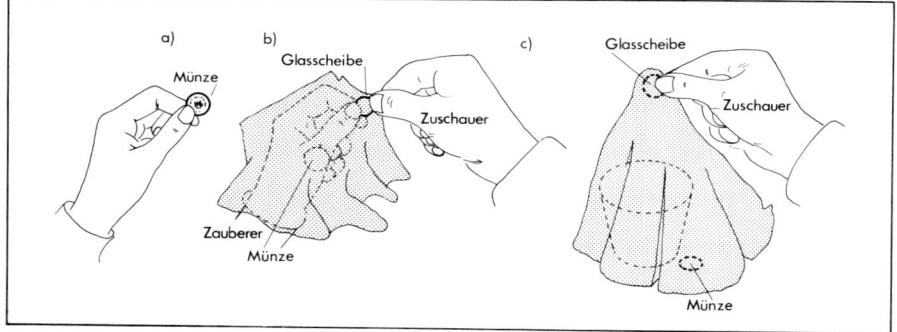

Abb. 8

festzuhalten. Er wird nicht merken, daß er statt der Münze die Glasscheibe hält. Sie legen dabei die Münze leise neben das Glas und ziehen Ihre Hand unter dem Tuch vor. Bitten Sie den Zuschauer, die Münze in das Glas fallenzulassen. Die Zuschauer sollen dabei auf das klingelnde Geräusch der auf den Glasboden fallenden „Münze" achten.

Nimmt man das Taschentuch zur Seite, so ist zu sehen, daß die Münze neben dem Glas liegt. Die Scheibe im Wasser sieht man dagegen nicht.

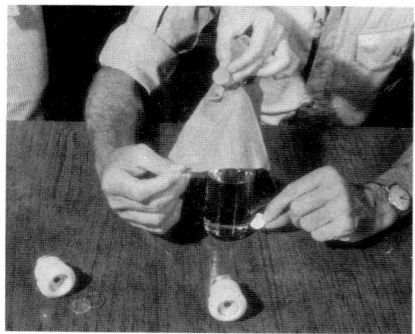

Abb. 9: Hier sehen Sie noch einmal alle Zutaten.

Phantasta — die Zauberkiste

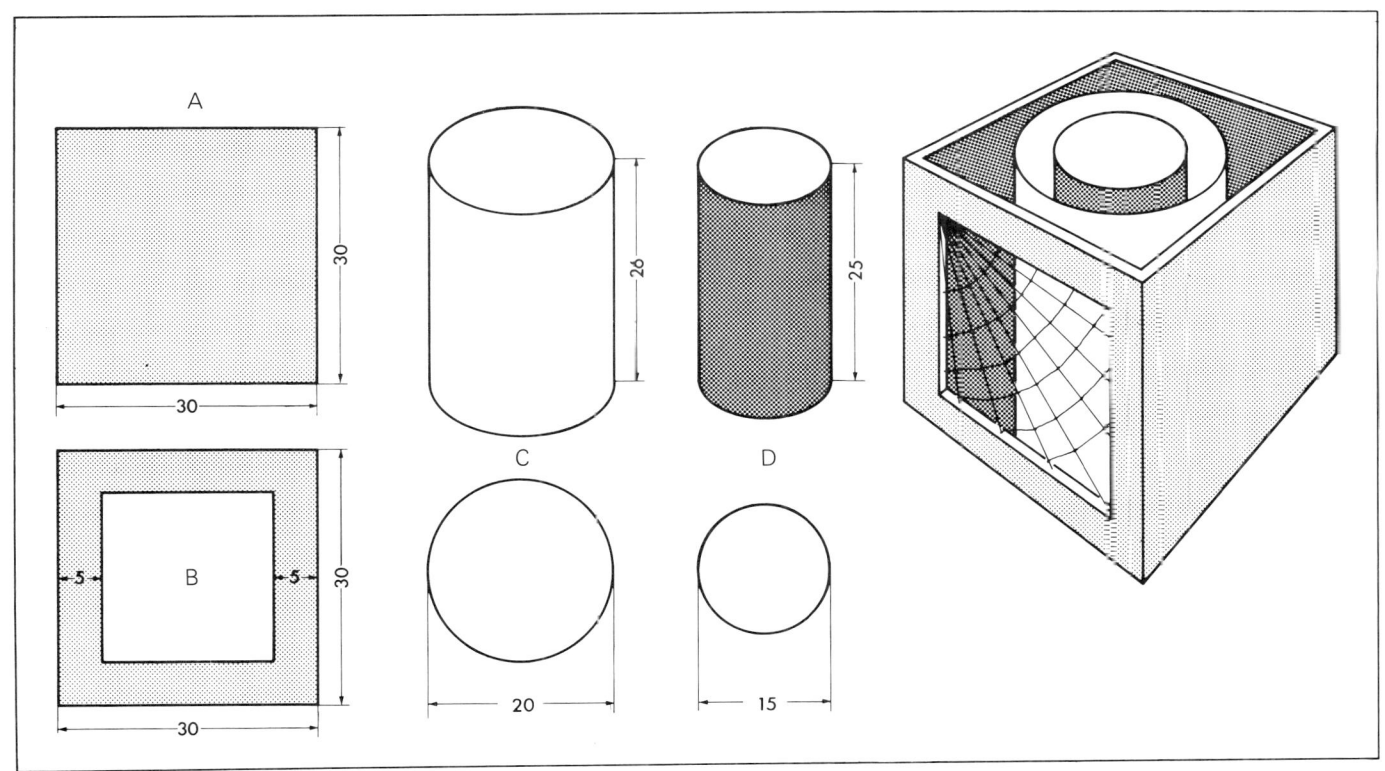

Abb. 10: Bauplan der Zauberkiste Phantasta.

Bei dieser Zauberkiste handelt es sich um einen uralten Trick. Aber er wird heute noch von vielen Zauberern in allen möglichen Variationen benutzt, weil er nicht nur einfach im Aufbau, sondern auch besonders wirkungsvoll ist. Ein wenig *Show* gehört ja zu jeder Zaubernummer, und Show läßt sich natürlich mit einem großen Gerät attraktiver machen als mit einer kleinen Streichholzschachtel.

Aber auch hier kommt es wieder darauf an, daß Sie Ihr Publikum schon durch Ihren Auftritt ein wenig „bezaubern", daß Sie die richtige Beleuchtung wählen und den richtigen Abstand der Zuschauer zu sich selbst und Ihren Gerätschaften. Das alles müssen Sie ausprobieren; Sie werden sicher großen Spaß daran haben.

Bau der Kiste

Aber nun zur Zauberkiste *Phantasta*. Dazu eignet sich im Prinzip jede Kiste in jeder Größe, von der Sie Boden und Deckel entfernen müssen. Bei unserem Vorschlag gehen wir von einer würfelförmigen Kiste, mit einer Kantenlänge von 30 Zentimetern aus. Sie können sie aus Sperrholz herstellen oder auch aus der ausgeschäumten Pappe Depafit (vgl. dazu Seite 160).

Schneiden Sie zunächst viermal das Teil A und einmal den Rahmen B, der zur Verstärkung unten eingeklebt wird, zugleich aber den Boden der Kiste *offen* läßt. In die Vorderwand müssen Sie ein *Gitter* oder auch ein *Ornament* schneiden oder sägen, durch das man in das Innere der Kiste blicken kann.

Das Innenleben der Phantasta besteht aus den beiden *Zylindern C* und *D,*

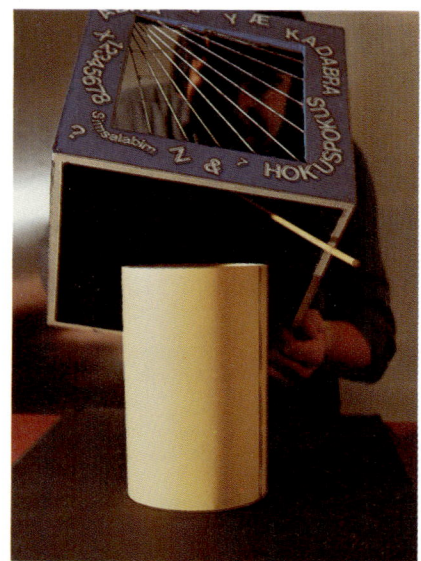

Abb. 11 bis 14: Die hochgehobene Kiste läßt nur den bunten Zylinder sehen. Der stehengebliebene schwarze Zylinder ist nicht zu sehen. Jetzt steht die bunte Röhre wieder in der Kiste. Die Zuschauer glauben, daß Sie die Gegenstände aus der bunten Röhre holen.

die Sie aus Papphülsen herstellen können, die man in einem Zeichenbedarfsgeschäft bekommt.

Nach dem Zusammenbau werden die Innenwände der Kiste mattschwarz mit Plaka-Farbe gestrichen, ebenso der kleinere Zylinder *D*. Wenn Sie es ganz gut machen wollen, können Sie Innenwände und Zylinder *D* auch mit schwarzem Samt bekleben.

Der größere Zylinder *C* wird möglichst hell bemalt und vielleicht mit magischen Zeichen bedeckt. Er muß durch das Gitter oder Ornament, das Sie ebenfalls phantasievoll bemalen können, gut zu sehen sein.

Für den Zaubertrick wird die Kiste nun auf einen Tisch vor dem sitzenden Publikum aufgestellt. Bedecken Sie die Tischplatte vorher mit einem schwarzen Samttuch, damit der gesamte Innenraum der Kiste schwarz erscheint. In die Kiste wird nun zunächst der *größere* und bunte Pappzylinder *C* gestellt. In ihn hinein kommt der *kleinere* schwarze Zylinder *D*. Dieser kleine Zylinder wird nun mit allerlei Requisiten

gefüllt, die um so eindrucksvoller sind, je mehr sie später hermachen. Besonders eignen sich bunte Seidentücher, weil man viele davon in einem relativ kleinen Raum unterbringen kann. Aber auch Uhren, Eier oder — wenn Sie eine größere Kiste haben — auch das berühmte Kaninchen. Das müßte allerdings entsprechend dressiert sein, damit es in der Kiste nicht mit der Pappröhre hin- und herläuft.

Zaubern mit Phantasta

Bei der Vorführung gehen Sie am besten so vor:

Beginnen Sie die Vorführung, indem Sie zunächst die äußere *Kiste hochheben*, so daß nur der bunte Zylinder stehen bleibt (den schwarzen darin sieht man ja nicht), und zeigen Sie damit, daß es sich hier um die allernatürlichste Sache der Welt handelt. Stellen Sie die Kiste wieder an ihren Platz und nehmen Sie nun den bunten *Pappzylinder* heraus (der schwarze gefüllte bleibt stehen). Zeigen Sie dem Publikum, daß es mit der bunten Röhre gar

nichts auf sich habe, daß sie vollkommen leer sei, und beweisen Sie es eventuell dadurch, daß Sie mit der Hand hindurchfahren.

Sagen Sie dem Publikum, daß die Kiste jetzt vollkommen leer sei, wie ja jeder sehen könne (die schwarze Röhre darf tatsächlich nicht zu sehen sein, was Sie bei entsprechender Beleuchtung sicher leicht hinbekommen).

Stecken Sie nun die bunte größere Röhre über die schwarze kleinere wieder in die Kiste, und machen Sie sich an das Geschäft des Zauberns, das Sie mit entsprechenden Sprüchen unterstützen. Nun können Sie aus der schwarzen Röhre die darin versteckten Gegenstände hervorzaubern.

Sie können natürlich die Kiste auch so groß bauen, daß sich in dem schwarzen Zylinder ein ganzer Mensch verstecken läßt. Dann ist allerdings nur noch die Vorführung in einem Saal möglich.

Erproben Sie Ihre Fingerfertigkeit und Überzeugungskraft; und viel Erfolg.

Für Besitzer von Fensterbänken, Balkons und Kleingärten

Es gibt nur wenige Hobbys, die mehr *in* sind als die Gärtnerei. Tausende von Büchern geben gute Ratschläge, wie man Rosen züchtet, Bäume beschneidet, Rasen von der Dichte eines Plüschteppichs zurechtpflegt. Diese Bücher haben trotz ihrer wunderschönen Bilder und vielen guten Ratschläge einen Fehler: Sie setzen voraus, daß Sie einen richtigen Garten haben, oder besser noch einen Park.

Nun hat den ja nicht jeder. Deshalb haben wir uns in der *Hobbythek* Gedanken darüber gemacht, wie Sie trotzdem Ihren gärtnerischen Neigungen nachgeben könnten. Wir suchten also nach einer gärtnerischen Grundlage, die jeder hat, und wir stießen dabei auf die gute alte *Fensterbank*. Die folgenden Tips lassen sich also alle auf der Fensterbank in die Wirklichkeit umsetzen. Und obwohl es da mit dem Platz ja nicht gerade üppig zugeht, treiben wir es von der Nutzgärtnerei bis zur Blumen- und zumindest den Anfängen der Baumzucht.

Sie brauchen dazu übrigens nicht das privilegierte Südfenster, in dem vielleicht schon Ihre Kakteenzucht steht. Die meisten Dinge gedeihen ohnehin besser, wenn sie nicht der prallen Sonne ausgesetzt sind. Hell sollte es allerdings schon sein, denn ohne Licht geht es bei Pflanzen nun einmal nicht.

Abb. 1: So wenig Fensterbank und so viele Kräuter.

Züchten von Kresse

Beginnen wir mit dem *Nützlichen,* das in diesem Falle sogar mit dem Angenehmen verbunden ist, weil es nämlich sehr gut schmeckt. Beginnen wir also mit dem Züchten von Kresse.

Vielleicht mögen Sie die nicht wegen ihres ein wenig strengen Geschmacks? Nun, das kann sich ja ändern. Falls aber in dieser Hinsicht gar nichts zu machen ist, dann züchten Sie die Kresse doch einfach als Geschenk, zum Beispiel in einer besonders originellen Schale.

Wir stellen uns bei unseren Tips in der *Hobbythek* immer vor, daß man all die hier entstehenden Sachen auch sehr gut verschenken kann. Früher tat man das mit den berühmten Laubsägearbeiten, an denen eigentlich das wichtigste war, daß sie selbstgemacht waren. Gerührte Mütter stellten die Staubfänger ihrer Kinder dann wie Heiligtümer auf. Wir meinen, selbstgemacht schließt ja nicht aus, daß die Sache Pfiff hat und außer Nutzen auch Originalität. Oder daß sie sogar etwas ist, was es nicht zu kaufen gibt. Übrigens: das mit den gerührten Müttern hat durchaus eine gute Seite.

Abb. 2: Die Kresse wird eingesät.

74

Auch wir finden, daß ein selbstgemachtes Geschenk in der Regel ein „persönlicheres" Geschenk ist als ein gekauftes.

Nun zur Kressezucht und zur Kresse, die man selbstverständlich kaufen kann, sogar im Kaufhaus oder an der Straßenecke, wo sie in den Autoabgasen ihre Widerstandskraft beweisen konnte. Ein Schälchen kostet etwa 1 Mark. Billiger und frischer bekommen Sie diese vitaminreiche und gut schmeckende Salatart aus Ihrer eigenen Zucht, die Sie das ganze Jahr über in Gang halten können. Und das geht so:

Anlage der Zucht

In eine *flache Schale*, einen Teller, eine leere Quarkpackung aus Plastik oder was auch immer Sie an flachen und wasserdichten Behältnissen finden mögen, legen Sie ein entsprechend gefaltetes *Papiertaschentuch*. Das Papier sollte schon in mehreren Lagen übereinander liegen und den Boden ganz bedecken. Und bitte kein Taschentuch mit Menthol oder Parfüm benutzen; die Kresse hat ja keinen Schnupfen.

Dieses Papier wird nun gut angefeuchtet. *Kressesamen*, den Sie in jeder Samenhandlung bekommen können, wird schön dicht auf das Papier gesät. Unterharken geht hier natürlich nicht ist aber auch nicht nötig.

Jetzt brauchen Sie nur noch zu warten. Und das nicht einmal sehr lange, wenn Sie bedenken, wie lange eine tausendjährige Eiche braucht. Kresse zeigt schon nach einem Tag die ersten Keime und nach drei Tagen sogar winzige Blättchen. Vorausgesetzt Sie haben das *Gießen* nicht vergessen. Einmal am Tag ist das mindeste; das Papiertaschentuch muß immer feucht bleiben. Wenn Sie die Kresse auf reinem *Quarzsand* säen, den Sie immer wieder verwenden können, ist es mit dem Gießen nicht so heikel. Sand hält die Feuchtigkeit länger.

Nach etwa einer Woche können Sie bereits ernten.

Ein Tip für Feinschmecker

Für *Feinschmecker*, die noch nicht alles kennen: Kresse pur ist nur etwas für ganz wenige. Abgesehen davon, daß Sie diese Pflänzchen ja nicht gleich quadratmeterweise anbauen. Sehr gut schmeckt Kresse — möglicherweise zusammen mit Schnittlauch, Zwiebel und einer Spur Knoblauch — zu Quark, den Sie vorher mit etwas Milch und Salz geschmeidig gerührt haben. Wunderbar schmeckt Kresse auch zu gemischtem Salat. Bei Salat nicht vergessen, kräftig Olivenöl dazuzugeben, weil erst Öl das Aroma der einzelnen Salate ganz aufschließt. Aber das wußten Sie sicher schon. Guten Appetit also.

Abb. 3: Es kann geerntet werden.

Kräuter zum Würzen

Aber auf der Fensterbank ist nicht nur Platz für Kresse. Man kann darauf einen ganzen *Gewürzgarten* anlegen, mit Gewürzen, die man auf dem Markt oder im Laden oft nur schwer oder gar nicht bekommt; jedenfalls frisch nicht. Einige Gewürze schmecken aber nur frisch wirklich gut, zum Beispiel *Salbei,* der getrocknet leicht scharf wird. Frisch schmeckt er wunderbar mild, und zwar besonders gut zusammen mit Fleisch. In Italien kann man frische Salbeiblätter zum Beispiel in dem berühmten *Saltim bocca* finden, was soviel heißt wie ,,spring in den Bauch''. Und was in den Bauch springt, sind Schnitzel, mit Salbeiblättern und Schinken bedeckt, die durch einen Zahnstocher zusammengerafft und so gebraten werden.

Anlage der Kräuterzucht auf der Fensterbank
Aber wir gerieten ins Schwärmen, besonders Wolfgang. Und dabei sollte Ihnen nur gesagt werden: frische Kräuter sind oft durch getrocknete, die es in tausend kleinen teuren Gläschen gibt, nicht zu ersetzen. Legen Sie sich also

Abb. 4: Einsetzen der Drahtbügel.

76

Ihren Gewürzgarten selbst an. Am besten in einem ganz gewöhnlichen Blumenkasten, in den Sie mehrere Kräuterarten einsäen können. Für den Anfang tut es aber auch ein Blumentopf.

Nun gedeihen die Pflänzchen in den ersten Tagen nach der Aussaat besser, wenn sie vor *Zugluft* und vor allem trockener Zimmerluft geschützt werden. Es gibt zwar fertige Kästen mit durchsichtiger Plastikhaube zu kaufen; denselben Effekt können Sie aber auf folgende Weise erzielen: Nehmen Sie einen kleineren Blumenkasten oder einen Blumentopf, stecken Sie — wie auf *Abbildung 4 und 5* — zwei gebogene Drähte kreuzweise in die Erde und legen Sie Kunststoffolie darüber, die mit Gummiband festgehalten wird. Sie hält die Luft über den Pflanzen feucht. Allerdings muß ein Austausch mit der umgebenden Luft möglich sein, weshalb es wichtig ist, in die Folie einige Löcher zu stechen.

Als *Erde* eignet sich am besten fertige Blumenerde; sie ist frei von Unkraut und meist schon vorgedüngt. Sie wird nach dem Einfüllen in den Topf oder Kasten leicht festgedrückt. Dann wird gesät, nicht zu dicht, damit sich die Pflanzen nicht gegenseitig behindern. Zum Schluß werden die Samenkörner etwa einen halben Zentimeter dick mit Erde bedeckt.

Das Wichtigste: Gießen

Jetzt fehlt nur noch das *Gießen*. Es genügt, wenn der Boden gut feucht ist; ihn also nicht klatschnaß gießen. Außerdem darf das Wasser (vgl. dazu den Tip auf Seite 92) nur wie ein *feiner Regen* auf den Boden fallen, damit er nicht hart wird oder die Samenkörner wieder nach oben gespült werden. Wenn Sie keinen Zerstäuber oder keine Blumendusche haben, tut es auch eine Plastikflasche, die man zum Einsprengen der Wäsche benutzt. Sie sieht wie ein überdimensionaler Salzstreuer aus.

Karl der Große und die Kräuter

Aus den zahllosen Zuschriften an die *Hobbythek* wissen wir, daß für alles, was mit Pflanzen und Natur zu tun hat, ein besonderes Interesse besteht. Und wir wissen auch, daß dieses Interesse sich nicht auf Tips beschränkt, wie man eine Pflanzenzucht anlegt. Deshalb denken wir, daß auch Sie zum Beispiel in einem Kapitel über Kräuter nicht nur wissen wollen, wie sie wachsen, und vielleicht noch, wozu man sie verwendet, sondern auch, wie sie wirken, welches ihre Geschichte ist. Darüber haben wir in der *Hobbythek* Numero 20 berichtet, in der wir unsere Zuschauer bis zu *Karl dem Großen* zurückgeführt haben.

Abb. 5: Rechts sieht man die Befestigung der Plastikfolie..

Dieser Kaiser, der — gut zu merken — im Jahr 800 gekrönt wurde, war ein großer Kräuterfreund. Kräuter waren unter den Herrschern überhaupt beliebt. Die Stuttgarter Gartenschau 1977 umfaßte mit ein Gelände, auf dem lange Zeit die Herzöge von Württemberg ihren Kräutergarten hatten.

Karl der Große ging sogar noch weiter. Er hatte nicht nur seinen eigenen Kräutergarten, sondern tat auch etwas für seine Untertanen, indem er einfach verordnete, daß in allen Pfalzen seines Reiches solche Gärten angelegt werden sollten. Vielleicht sollten sie als Mustergärten dienen, denn er bestimmte genau, wie diese Gärten anzulegen seien, welche Kräuter angebaut werden sollten. Festgelegt war das im sogenannten *Capitulare de villis,* dessen Faksimile noch heute im Aachener Museum zu besichtigen ist.

Bevor wir Ihnen jetzt mit einem Rezept den Mund wässerig machen wollen, hier zwei Listen von Kräutern, mit denen Sie nicht nur Ihre *Suppenküche,* sondern — wie noch zu sehen sein wird — auch die *Badegewohnheiten, Gesundheitspflege* und den *Schnapsvorrat* bereichern können.

Kleine Kräuterkunde
Hier zunächst eine Liste *bekannter* Kräuter, die gewissermaßen zur Standardausrüstung gehören. Wir sagen jedesmal dazu, wie sie wirken; denn das ist oft weniger bekannt.

Abb. 6

78

Petersilie: wirkt harntreibend und blutreinigend.

Schnittlauch: appetitanregend und verdauungsfördernd.

Dill: wirkt wie Schnittlauch, zusätzlich aber noch beruhigend und „entlüftend" (Blähungen entweichen durch den natürlichen Ausgang).

Bohnenkraut: wirkt auf Magen und Darm beruhigend und entspannend. Ein Tee daraus wurde früher zur Behandlung von Brechreiz und Durchfallerkrankungen verwendet.

Thymian: wirkt harntreibend, schleimlösend, krampf- und schmerzstillend und vor allem antibakteriell.

Estragon: verdauungsfördernd und appetitanregend.

Rosmarin: wirkt insgesamt wohltuend auf den Magen und fördert vor allem die Durchblutung.

Boretsch: soll stärkend auf das Herzsystem einwirken.

Sie sehen also: Kräuter heben nicht nur den Wohlgeschmack von Speisen; sie sind auch alte Heilmittel.

Nun zur zweiten Liste der Kräuter, bei denen vielleicht *weniger bekannt* ist, wie man mit ihnen würzt und überhaupt umgeht:

Mayoran: ist ein Gewürz, das zwar bekannt ist, aber nur in getrocknetem Zustand. Im Süden hingegen wird er sehr häufig frisch verwendet, und er hat dann einen feineren Geschmack. Mayoran ist im Aroma dem Thymian ähnlich. Da er sehr stark würzt, muß man sparsam damit umgehen. Er paßt gut zu Hülsenfrüchten, Kartoffelklößen, Filz-

Abb. 7

79

gerichten, Kalbfleisch, Leberwurst und Geflügel. Besonders gut schmeckt er in Omeletts.

Kerbel: ist ein besonders wichtiges Gewürz der französischen Küche. Es ist dort Bestandteil der *Fines Herbes* (auf deutsch: „feine Kräuter"). Die Kerbelsuppe ist eine französische Spezialität, sie gilt dort als Delikatesse. Außerdem verfeinert das Gewürz Soßen, und es läßt sich gut kombinieren mit *Estragon:* Er eignet sich zu Käse und Tomaten, und er gehört mit in die Kräuter-Butter.

Salbei: — darauf sind wir schon bei einem Rezept auf Seite 76 eingegangen — war früher vor allem als Heilkraut bekannt. Er wirkt vor allem bei Entzündungen des Magens, Darms und der Harnwege entzündungshemmend. Als Tee ist er ein ausgezeichnetes Gurgelwasser bei Mundschleimhaut-Erkrankung, Rachen- und Kehlkopfkatarrh sowie Mandelentzündung.

Darüber hinaus ist Salbei natürlich auch ein wunderbares Gewürz, das man aber auch nur in kleineren Mengen verwenden sollte. In Salbei verbinden sich die beiden Eigenschaften, die der alte Arzt *Paracelsus* (1493 bis 1541), der Begründer der neuzeitlichen Heil- und Arzneimittelkunde so beschrieb: „Unsere Nahrungsmittel müssen Heilmittel und Heilmittel Nahrungsmittel sein."

Lavendel: Lavendel kennen Sie als Parfüm oder Toilettenwasser oder vielleicht auch als Lavendelöl. Man bekommt es heute in Mittelmeerländern in Blütenform oft an der Straße von Kindern angeboten. In kleine Mullsäckchen gebundene Blütenblätter legten unsere Großmütter früher zwischen die Bettwäsche im Schrank. Versuchen Sie dieses alte Mittel einmal; Sie werden dann

in einem wunderbar frisch duftenden Bett schlafen.

Lavendelblätter sind aber auch ein Gewürz, das zu Fisch und vor allem zu Fischsuppen paßt. Außerdem kann man es der Kräuter-Butter beimischen. Lavendelöl, das man heute als Badeöl kaufen kann, wurde bereits von dem berühmten Pfarrer *Kneipp* (1821 bis 1897) gegen Appetitlosigkeit empfohlen, Blähungen, Kopfschmerzen und Übelkeit allgemein. Lavendel soll beruhigend aufs Gemüt wirken.

Portulak: ist ein recht unbekanntes Gewürz. Die dickfleischigen kleinen Blattrosetten schmecken zu Salaten. In der fernöstlichen Küche wird daraus sogar Gemüse bereitet.

Tripmadam: nimmt man in geringen Mengen zu Salaten, Suppen und Soßen. Das ist ein Gewürz mit einem ebenso hübschen wie alten Namen — wie überhaupt die meisten Kräuter ausgesprochen schön klingende Bezeichnungen haben. Fast kapriziös klingt *Pimpinelle,* eine Würzpflanze, die seit dem letzten Jahrhundert in Deutschland in Vergessenheit geraten ist. Früher spielte sie eine wichtige Rolle und wurde in Kräuter-Suppen und Kräuter-Butter verwendet.

Basilikum: ist mit das wichtigste Gewürz der Italiener. Getrocknet findet man es inzwischen auch in allen Gewürzangeboten unseres Landes. Es ist praktisch ein Universalgewürz zu Suppen, Gemüsen, weißen Bohnen, Tomatengerichten, Fleisch, in der Kräuter-Butter zu saftigen Steaks, aber auch zu Geflügel, zu Rohkost und Diätnahrung. Es wirkt appetitanregend und verdauungsfördernd.

Suppa Hobbytheca Exquisita Bombastica

Die Hobbytheksendung über Kräuter begann mit der Speisung — nein, nicht der Armen — der Aachener Bürger mit einer Suppe, bei deren Zubereitung uns der Chefkoch vom Ratskeller am Aachener Markt fachtechnisch und tatkräftig unterstützte.

Zutaten:
(Mengenangaben für 4 bis 6 Personen)

3/4 Liter Rinderboullion
1/4 bis 1/2 Liter süße Sahne
1/8 Pfund Fett (Butter/Margarine)
1 Pfund Röstgemüse (halbierte, bereits leicht angeröstete Zwiebeln, Karotten, Sellerie, Lauch)
2 gehäufte Eßlöffel Mehl
1 Knoblauchzehe
10 Wacholderbeeren
Saft einer Zitrone
1 mit Lorbeerblatt und Nelken gespickte Zwiebel
dazu je 1 gehäufter Teelöffel folgender Kräuter: Selleriekraut, Estragon, Schnittlauch, Basilikum, Petersilie, Rosmarin, Kerbel, Brunnen- oder Gartenkresse, Salbei, Thymian, Mayoran, Pimpinelle, Dill, 1 Prise Muskat

Und so wird die Suppe *zubereitet:*
Sie können die Rinderboullion zwar auch aus Würfeln herstellen; wesentlich besser schmeckt sie natürlich, wenn sie aus Rinder- oder Kalbsknochen oder sogar aus Kochfleisch bereitet wird.

Das Gemüse, die halbierten Zwiebeln und die Knoblauchzehe werden in Butter oder Margarine in einer Pfanne angeröstet; zum Schluß werden die Wacholderbeeren dazugegeben.

Anschließend das heiße, angeröstete Gemüse mit der kalten oder lauwarmen Boullion auffüllen und die kleine gespickte Zwiebel hinzugeben.

In einem Topf wird dieser Grundstock der Suppe unter mehrmaligem Rühren zum Kochen gebracht. Danach etwa eine Stunde langsam weiterkochen lassen.

Die Suppe wird durch ein grobes Sieb passiert.

Während des Kochens können Sie die genannten frischen Kräuter möglichst fein hacken. Haben Sie nur getrocknete Kräuter, dann empfiehlt es sich, sie etwa eine halbe Stunde in Wasser zu kochen und der Suppe anschließend den Sud beizugeben. Aber das ist — wie gesagt — nur ein Notbehelf.

Die feingehackten Kräuter kommen nun in die Suppe; außerdem werden die Sahne und der Zitronensaft daruntergerührt und das ganze mit Salz und Pfeffer abgeschmeckt. Die Petersilie gibt

man am besten erst kurz vor dem Anrichten dazu.

Wem die Suppe zu fettig erscheint, der kann natürlich von der Sahne und der Butter bzw. Margarine weniger nehmen. An sich sollte die Suppe aber doch gehaltvoll sein, getreu der Devise Karls des Großen, die da lautet: „Aus einer Suppe müssen mehr Augen rausschauen als Augen reingucken."
Und nun guten Appetit!

Pesto-Soße — eine ligurische Spezialität

Zum Schluß unserer Listen ein *Kochrezept*, in dem Basilikum-Blätter eine wichtige Rolle spielen. Es stammt aus der Gegend von Genua und ist an der ligurischen Küste Italiens von La Spezia bis westlich zur französischen Grenze sehr verbreitet. Es heißt *Pesto*

Das Rezept
(für 4 bis 6 Personen)

> 1 gute Handvoll frische Basilikum-Blätter
> 1 zerdrückte Knoblauchzehe
> 1 Eßlöffel Schafskäse
> 4 bis 5 Eßlöffel geriebener Parmesankäse
> 50 Gramm grobgehackte Pinienkerne
> 5 bis 6 Eßlöffel Olivenöl
> 1 Prise Salz

Die Basilikum-Blätter fein hacken und mit dem zerdrückten Knoblauch, dem geriebenen oder zerkrümelten Käse, dem Salz und den gehackten Pinienkernen vermischen. Unter eifrigem Rühren wird das Olivenöl langsam unter die Masse gezogen. Sie können dafür auch einen Mixer benutzen.

Abb. 8: Die Speisung der Aachener Bürger mit der *Suppa Hobbytheca Exquisita Bombastica.*

Nach dem Originalrezept wird Pesto-Soße zu Spaghetti gegessen. Man füllt die Teller mit Spaghetti, gibt pro Person 1 großen Löffel Pesto-Soße dazu, auf die man noch einen Stich Butter legen kann, die in der Wärme allmählich zerläuft.

Falls Sie Basilikum-Samen hier nicht bekommen, wenden Sie sich bitte an die auf Seite 185 angegebene Adresse.

Essig, der nur sauer ist, ist langweilig

Die heilenden und duftenden und würzenden Substanzen der Kräuter sind im wesentlichen ätherische Öle, Bitterstoffe, Gerbstoffe, Mineralstoffe usw. Sie lassen sich durch Säure und auch durch Alkohol herauslösen. Auf diese Weise kann man sehr aromatische Essige und auch Schnäpse (davon später) herstellen.

Es gibt zwar schon verschiedene Kräuteressigarten im Geschäft, aber sie sind meistens sehr einseitig auf nur ein Kraut festgelegt. Deshalb hier zwei Rezepte, die Sie nicht überall bekommen und die wir besonders aromatisch fanden.

Stecken Sie alles in eine Flasche — wenn Sie ein Geschenk daraus machen wollen, vielleicht ein besonders hübsches Exemplar. Dann übergießen Sie alles mit 1/2 bis 3/4 Liter normalen Weinessig (5% Säuregehalt) und stellen es einige Tage zum Reifen an einen sonnigen Fensterplatz. Ein mit diesem Essig gewürzter Salat wird Sie begeistern.

Abb. 9: Ein Sortiment von Kräuteressigen.

Kräuteressig à la Hobbythek

1 Zweig Thymian
1 Prise Lavendelblüten (eventuell auch frisches Lavendelkraut)
1 Teelöffel Bohnenkraut
1 Zweig Estragon
1 Teelöffel Sellerie (getrocknet) oder 2 frische Sellerieblätter
1/2 Teelöffel Fenchel
1 Lorbeerblatt

Ein Pfeffer-Essig für Liebhaber scharfer Sachen

1 Eßlöffel Citrusschale
25 Wacholderbeeren
2 ganze Schoten Chili-Pfeffer rot (scharf)
1 Zweig Thymian oder Wermutkraut

Abb. 10: Unser Kräutergarten im Studio.

Kräuter für die Gesundheit

Zu Zeiten, als es noch nicht die abertausend Pillensorten gab, spielten Kräuter als Heilmittel eine ganz wichtige Rolle. Die alten Kräuterweiblein waren durchaus geachtete Personen; und auch heute noch gibt es Leute, die in Wissenschaft und Kräuterkunde keine Gegensätze sehen. Die folgenden beiden Rezepte, die wir aus alten Quellen ausgekramt haben, wurden von einem Apotheker begutachtet, der bis vor kurzem noch in der Arzneimittelforschung tätig war. Er hat sie uneingeschränkt für gut befunden. Sie können sich die Tees in der Apotheke oder Drogerie mischen lassen, dies aber auch selbst tun. Hier die Bestandteile und ihre jeweilige Wirkung:

Abb. 11: Die Kräuterapotheke im Studio.

Brust- und Hustentee

> 5 Gramm Primelwurz
>   (schleimlösend)
> 10 Gramm zerstoßener Fenchel
>   (entkrampfend)
> 10 Gramm zerstoßener Anis
>   (durchblutungsfördernd)
> 10 Gramm Malvenblüten
>   (Schleimdrogen)
> 20 Gramm Eibischwurzeln
>   (dto.)
> 20 Gramm Huflattichblätter
>   (bilden eine Schutz-
>   schicht auf der Schleim-
>   haut)

Die Zubereitung ist ganz einfach: 6 Teelöffel Kräuter mit 3 Tassen kochendem Wasser übergießen, 10 Minuten in bedecktem Gefäß ziehen lassen, durchsieben und nach Belieben mit Zucker oder Kandis süßen.

Trinken Sie davon 3mal täglich eine Tasse.

Ein Tee für Entschlackung und Blutreinigung und den Frühjahrsputz von innen

Früher gab es im Winter kaum frisches Obst und schon gar keine Vitaminpräparate. Deshalb war die Blutreinigungskur im Frühjahr eine Selbstverständlichkeit. Sie hat aber auch heute noch ihren Sinn. Probieren Sie es einmal mit diesem Tee, der dazu noch ganz gut schmeckt. Man trinkt ihn zum Abendessen oder Frühstück, und zwar jeweils 1 bis 2 Tassen.

Abb. 12: Herstellen des Kräutersuds.

Die Zutaten:

> 5 Gramm zerstoßener Anis
>   (entkrampfend)
> 5 Gramm Kümmel
>   (dto.)
> 10 Gramm Hauhechelwurz
>   (urintreibend)
> 10 Gramm Birkenblätter
>   (dto.)
> 10 Gramm Pfefferminzblätter
>   (verbessern Magensaftproduktion)
>
> 10 Gramm Sennesblätter
>   (abführend durch Anregung des Dickdarms)
> 10 Gramm Sennesschoten (dto.)
> 20 Gramm Brombeerblätter
>   (entzündungshemmend beim Magen)
> 20 Gramm Kamillenblüten (dto.)
> Brühen Sie 2 Teelöffel Kräuter pro Tasse auf. Alles andere siehe oben.

Ein Kräuterbad nach Großmutters Art

Wer die Schaumbaderei mit den vielen Mitteln leid ist, die mehr oder weniger doch recht künstlich duften, soll es einmal mit dem folgenden Badezusatz versuchen. Er wirkt belebend, durchblutungsfördernd und ist ein ausgezeichnetes Mittel, eine schöne Haut zu behalten.

Hier die Zutaten, die uns ein 80jähriger ehemaliger Drogist, der aus der Oberlausitz stammt, empfohlen hat:

> 1 Beutel voll junge Brombeer-, Himbeer- und Birkenblätter, von denen besonders der Maiwuchs gut ist.
>
> 1 Handvoll Kamilleblüten
>
> Eventuell auch Fichtentriebe, bei denen Sie bitte die kleinen Bäume nicht verstümmeln sollten.

In einen 2 Liter großen Topf füllt man zu etwa gleichen Teilen die Brombeer-, Himbeer- und Birkenblätter, fügt die Kamille hinzu und gießt kochendes Wasser darüber, bis die Blätter vollständig bedeckt sind. Etwa 20 bis 30 Minuten ziehen lassen und alles durch ein großes Küchensieb seihen. Dieser frischduftende Sud wird dann ins Badewasser gegossen.

Ein Bad mit Heublume

Als Heublume bezeichnet man das, was in der Scheune durch das Heu zu Boden rieselt. Das sind Reste von Blüten, zerbrochene Gräser und Kräuter, die oft eine mehrere Zentimeter dicke und für den Bauern wertlose Schicht bilden. Sie werden Heublume sicher, wenn Sie ein wenig nett sind, auf einem Bauernhof bekommen.

Etwa 2 Hände voll Heublume werden mit einem Liter kochendem Wasser übergossen, man läßt 15 bis 20 Minuten ziehen, gießt ab und hinein damit ins Bad.

Früher wurden Heublumebäder auch medizinisch verordnet bei eiternden Wunden, Unterleibsbeschwerden der Frauen, Rheumatismus, Hautausschlägen, Nervenentzündungen usw. Außerdem wurden mit Heublume Kompressen (Umschläge mit Auflage) gemacht.

Abb. 13: Susanne im Kräuterbad.

Kräuterschnäpse

Schnäpse à la Hobbythek

Nach unserer Kräutersendung meinten einige Zuschauer skeptisch, ob wir denn die ganze Nation zu Säufern machen wollten. Die so gefragt haben, sind Alkohol gegenüber wohl grundsätzlich skeptisch eingestellt, wogegen ja gar nichts zu sagen ist. Natürlich ist mit Alkohol nicht zu spaßen, denn er gehört zu den Drogen, von denen ein süchtig Gewordener nur überaus schwer wieder abzubringen ist.

Mit unseren Vorschlägen wollen wir aber gerade vom Saufen ohne Sinn und Verstand wegführen zur Kunst der Zubereitung von Schnäpsen, die — mäßig genossen — durchaus erfreuliche Wirkungen haben.

Sie wirken nicht nur entkrampfend und entspannend, sondern auch auflockernd und vielleicht sogar verbindend. Und man bekommt durch sie keinen Kater. Wir haben diese erstaunliche Wirkung zwar noch nicht wissenschaftlich untersuchen lassen, vermuten aber, daß diese Kräuterschnäpse ohne Zuckerzusatz wegen der Kräuter und Gewürzsubstanzen ausgesprochen

Abb. 14: Kräuterschnaps-Fachmann Kelt Bjórn (zweiter von rechts).

magenfreundlich sind. Es handelt sich ja um sogenannte „Bitter-Schnäpse", was nicht unbedingt heißt, daß sie auch bitter schmecken. Man meint damit nur, daß sie im Gegensatz zu Likören nicht durch Fruchtsäfte oder Zucker gesüßt sind, also keinen unvergorenen Zucker enthalten.
Eine alte Kräuterschnapstradition hat die dänische Insel Fanø. Wir haben uns deshalb die folgenden Schnäpse auch von einem Bewohner dieser Insel komponieren oder begutachten lassen, von Kelt Bjørn.

Wie man Kräuterschnäpse ansetzt

Aber hier zunächst das *Verfahren der Kräuterschnaps-Bereitung*.
Auf die Kräuter wird 38prozentiger Korn (den man auch Doppelkorn nennt) gegossen. Es geht auch mit 40prozentigem Wodka, der allerdings einen leichten Eigengeschmack haben kann, der hier stört. Der Alkohol holt die Wirksubstanzen der Kräuter heraus und man erhält ein *Kräuter-Konzentrat*. Ein niedrigerer Alkoholgehalt würde die Aromasubstanzen nicht herauslösen; ein höherer Gehalt würde sie „verbrennen". Deshalb bitte auf den Prozentgehalt achten.
Die Kräutermischung wird nach dem Ziehen durch ein Kaffeefilterpapier filtriert. Anschließend muß das Konzentrat *verdünnt* werden, um trinkbar zu werden. Das können Sie als Gastgeber richtig „zelebrieren", indem Sie das Konzentrat tropfenweise in ein Glas geben und mit klarem Korn auffüllen. Probieren Sie selbst aus, wie die richtige Mischung für Ihren Geschmack ist; Sie sollten aber wenigstens 1:5 verdünnen.

Sein Aroma entfaltet Kräuterschnaps nicht in Eisklötzen, weshalb Sie hier nicht dem Rat des „kühlen Klaren aus dem Norden" folgen dürfen. 15 bis 18 Grad sind gerade richtig. Trinken Sie den Schnaps in kleinen Schlückchen — also nicht kippen.
Kräuterschnaps verbessert, wie viele gute Sachen, seinen Geschmack, wenn er gelagert wird. Zum Lagern eignet sich übrigens besser der verdünnte Schnaps.

Und hier einige Rezepte.

Bedstefars: der Schnaps aus Dänemarks Großvaterszeiten

```
20 Gramm trockner, zerkleinerter
   Ingwer
 3 ganze getrocknete Bitterorangen
   (unreife Pomeranzen)
10 Gramm Süßholz (Lakritzwurzel)
```

Ein kräftiger und magenfreundlicher Kräuterbitter. Er sollte 14 Tage ziehen. Man kann dieselben Kräuter 2- bis 3mal aufgießen.

Hobbythekbrandy: der Schnaps für treue Hobbytheker

```
15 Mandeln (süß und geschält)
 1 Stange Vanille
 3 ganze Kardamon
 6 Nelken
 1 Muskatnuß
10 schwarze Pfefferkörner
15 Pimentkörner
```

Er muß 5 bis 6 Tage ziehen; die angegebenen Kräutermengen reichen für bis zu 10 Flaschen Kräuterschnaps.

Ein milder, freundlicher und besonders aromatischer Schnaps, der eine Spezialkomposition von Kelt Bjørn für die Hobbytheker ist.

Sønderho: der Schnaps, der Männer stark macht

Dieser Schnaps soll nicht nur die Körperstärke, sondern auch die Manneskraft der alten Fischer auf Fanø gestärkt haben. Ob's stimmt, müßten Sie am besten selbst einmal ausprobieren, wobei das, was traditionellerweise nur die Manneskraft stärken soll, eigentlich auch die Frauenkraft kräftigen müßte.
Die Zutaten, die alle getrocknet verwendet werden:

```
15 Gramm Orangenschalen
1/2 Teelöffel grüne Minze
1/2 Teelöffel Kalmuswurzel
1/2 Teelöffel Süßholz (Lakritzwurzel)
1/2 Teelöffel Fenchel
 5 ganze Nelken
```

Das Ganze 14 Tage ziehen lassen.

Frühlingserwachen: ein Löwenzahnbitter

Nehmen Sie 20 bis 30 Blumen von gerade aufgeblühtem gelbem Löwenzahn. Die Blütenblätter müssen vorsichtig abgezogen werden (die grünen Kranzblätter dürfen nicht mitverwendet werden, da sie Bitterstoffe enthalten).
Die Blütenblätter werden mit 1/2 Liter Schnaps übergossen; 2 bis 3 Tage ziehen lassen.
Mit diesem Schnaps wird es Ihnen leichtfallen, die Wintermüdigkeit aus dem Körper zu vertreiben.
Die Zutaten können Sie natürlich auch in Apotheken und Drogerien kaufen.

(Wenn Sie noch mehr Informationen haben wollen, dann vergleichen Sie bitte die Hinweise auf Seite 185.)

Und was tut nun ein Hobbytheker, der Kräuter weder kocht, verbadet, in Essig oder Schnaps tut? Nun, er trocknet sie.

Dazu müssen Sie die Kräuter möglichst lose auf sauberem Packpapier (kein Zeitungspapier wegen der Drukkerschwärze!) an einem trockenen Ort ausbreiten. Dazu eignet sich zum Beispiel die Oberseite eines Schrankes. Bitte nicht auf die Heizung legen, damit sich die ätherischen Öle nicht verflüchtigen. Ab und zu die Blätter wenden, bis sie nach 3 bis 5 Tagen völlig durchgetrocknet sind. Aufbewahren kann man sie in einem Leinensäckchen

Wir legen einen Flaschengarten an

Vor rund 100 Jahren suchte der englische Arzt *Dr. Ward* nach einem Verfahren, empfindliche Pflanzen über weite Strekken und, bei den damaligen Verkehrsverhältnissen, weite Zeiträume unbeschädigt zu transportieren. Er erfand den Flaschengarten, den man auch *Wardschen Kasten* nannte.

Richtig angelegt, blüht und gedeiht dieser Garten zwei bis drei Jahre völlig ohne Pflege, Gießen oder Düngen. Er würde also auch den längsten Urlaub überstehen. Wie schafft er das?

Wie er funktioniert

In der Flasche entsteht ein sog. geschlossenes Ökosystem, eine kleine Welt, die sich selbst reguliert. Voraussetzung ist eine dicht verschlossene bauchige Flasche, aus der keine Feuchtigkeit entweichen kann. Was die Pflanzen verdunsten, schlägt sich an der Flaschenwand nieder und rinnt in die Erde zurück. Außer diesem *Wasserkreislauf* funktioniert in der Flasche auch der *Gashaushalt* wie in der Natur. Tagsüber erzeugt die Pflanze unter dem Einfluß des Sonnenlichts mit Hilfe des Chlorophylls — des Blattgrüns — aus dem *Kohlen-*

Abb. 1: Beispiele zur Anregung.

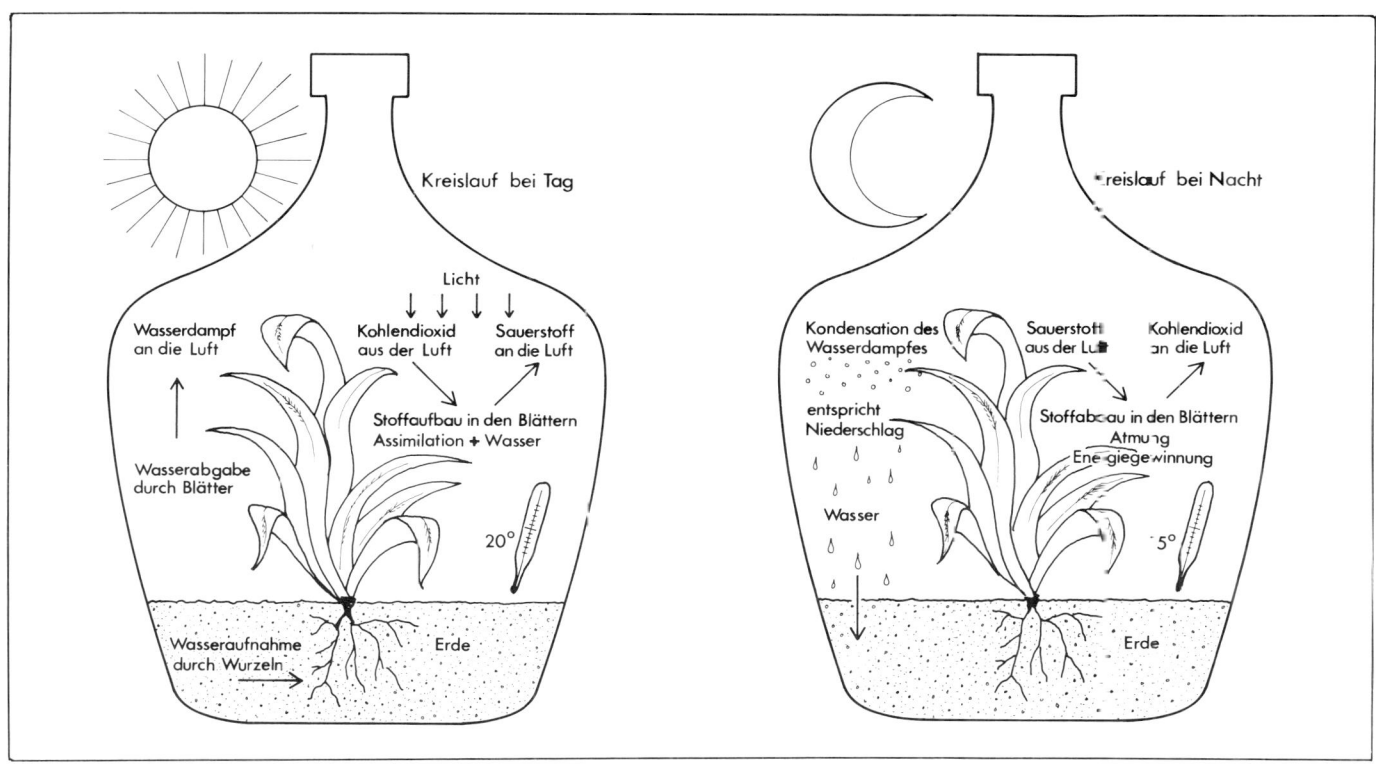

Abb. 2: Der Kreislauf des Wassers und der Gase bei Tag und bei Nacht.

dioxid der umgebenden Luft und Wasser aus dem Boden den für sie wichtigen Nährstoff Traubenzucker, wobei sie *Sauerstoff* abgibt. Nachts überwiegt die Atmung der Pflanze, wobei sie einen Teil des Sauerstoffs wieder aufnimmt und Kohlendioxid abgibt. Der Gasaustausch erfolgt also im umgekehrten Sinne. Den Sauerstoffüberschuß in der Flasche verbrauchen Bakterien und andere Mikro-Organismen im Boden, so daß das Gleichgewicht immer hergestellt ist (vgl. *Abb. 2*).

Anlage des Flaschengartens

Dazu brauchen Sie eine ruhige Hand, besonders wenn Sie eine Ballonflasche mit engem Hals nehmen, die bepflanzt später sehr hübsch aussieht. Außerdem sollten Sie sich einen *Löffel* und eine *Gabel* so verlängern, daß sie bis zum Boden der Flasche reichen. Bei kleineren Gläsern lassen sich die Pflanzen auch mit einer Gurkenzange einsetzen.

Zuerst wird zur Dränage des Gartens der Boden mit grobkörnigem Kies bedeckt, auf den dann *Erdsubstrat,* das Sie im Gartenfachgeschäft steril verpackt kaufen können, aufgeschüttet wird. Dabei die Flaschenwände möglichst sauber halten; denn einfach abwaschen kann man die Wände später nicht. Vielleicht benutzen Sie zum Einfüllen ein Papier- oder Papprohr, das gerade in die Flaschenöffnung paßt und bis fast auf den Boden führt. (vgl. *Abb. 3*).

Mit Löffel und Gabel streichen Sie jetzt den Boden vorsichtig glatt.

Bepflanzung

Und nun kommt das Schwierigste, das *Einsetzen der Pflanzen*. Dazu eignen sich verschiedene Arten von kleinwüchsigen Farnen, von Efeu und kleinblütigen Orchideen. Zur Bodenbedekkung kann man auch Moose verwenden. Am besten lassen Sie sich in einem Gartengeschäft beraten. Achten Sie aber darauf, je nach Flaschengröße passende Pflanzengrößen zu bekommen. Lieber kleinere als zu große, denn Sie können Ihren Garten mit der Pflan-

Abb. 4: Die nötigen Zutaten und Werkzeuge.

ze nur über den Flaschenhals „betreten".

Mit den verlängerten Löffel- und Gabelwerkzeugen fassen Sie die Pflanzensetzlinge unten am Wurzelballen und führen sie durch den Flaschenhals ein. Dann drücken Sie die Pflanzen in vorbereitete Mulden im Boden.

Bei der Anordnung folgen Sie Ihrer Phantasie. Eine *Grundregel* ist nur, daß die Pflanzen sich nicht gegenseitig behindern oder verdecken sollen. Sie können also abstufen, indem Sie von hohen Pflanzen in der Mitte zu niedrigen am Rand übergehen oder indem Sie vor einen hohen Hintergrund einen niedrigen Vordergrund stellen.

Das Angießen

Nach dem Pflanzen kommt der kritischste Teil: das *Angießen*. Die kleine Welt in der Flasche funktioniert nämlich nur, wenn es in der Flasche weder zu feucht noch zu trocken ist. Der richtige Feuchtigkeitsgrad läßt sich durch eine im Grunde ganz einfache Beobachtung feststellen.

Wenn Sie die Pflanzen vorsichtig angegossen haben (vgl. *Abb. 6*), kon-

trollieren Sie einige Tage lang, wie es mit dem *Niederschlag von Feuchtigkeit an der Flaschen-Innenwand* ist. Ist die Flasche ständig beschlagen, und trocknet sie auch bis zum Abend nicht ab, dann haben Sie leider zu viel gegossen. Ist aber die Flaschenwand ständig trocken, dann waren Sie mit dem Wasser zu sparsam. Ist die Flasche aber nur morgens beschlagen und trocknet die Feuchtigkeit gegen Mittag ab, dann hat das System sein Gleichgewicht gefunden. Wir können

Abb. 3: Einfüllen der Erde durch ein Papierrohr.

Abb. 5: Einführen einer Pflanze, wobei der Wurzelballen mit Löffel und Gabel festgehalten wird.

die Flasche jetzt verkorken und sich selbst überlassen.

Stellen Sie den kleinen Garten aber nicht in die Sonne, weil die Flasche wie ein Brennglas wirken kann. Auch in unmittelbare Nähe der Heizung sollte man ihn nicht bringen; dort wird es den Pflanzen einfach zu warm.

Und schließlich noch ein Tip, der Ihnen nicht nur beim Flaschengarten hilft, sondern bei der Pflanzenpflege überhaupt.

Das *Wasser* in den meisten Gegenden ist für Pflanzen zu hart. Da Regenwasser nicht immer zu haben ist, müssen wir uns das Gießwasser zubereiten. Das geht ganz einfach, indem wir Wasser abkochen und einige Zeit zum Abkühlen stehen lassen und in einem Eimer sammeln. Die Kalkstoffe setzen sich dann unten ab. Das Wasser daher möglichst von oben abschöpfen. In diesen Eimer kann man auch das Wasser gießen, das beim Eier- oder Kaffeekochen übrigbleibt. Bevor wir es

zum Gießen verwenden, muß es natürlich ganz abgekühlt sein.

Als stolzer Besitzer eines Flaschengartens können Sie in den Urlaub fahren, ohne jemand fürs Gießen suchen zu müssen. Aber das geht nicht nur mit einem Flaschengarten. Sie können auch andere Topfpflanzen davon unabhängig machen, täglich oder doch zumindest alle paar Tage gegossen werden zu müssen. Mehr dazu auf den folgenden Seiten.

Abb. 6: Damit das Gießwasser nicht in starkem Strahl auf die Erde fällt, wird es mit den Fingern an die Flaschenwand geleitet.

Abb. 7: Die Flasche wird verschlossen.

Wir stellen um auf Hydrokultur

An der Hydrokultur scheiden sich die Geister mitunter. Viele schwören auf sie, andere lehnen sie rundweg ab. Einen unbestreitbaren Vorteil hat aber die Hydrokultur: man muß nur etwa alle vier Wochen gießen.

Blumen gedeihen ohne Erde

Bei der Hydrokultur wurzeln die Pflanzen nicht in der *Erde,* sondern im *Wasser* mit einer Nährflüssigkeit. Daher auch der Name, der von dem griechischen Wort „hydro" = Wasser kommt. Auf die Idee, daß Pflanzen auch ohne Erde gedeihen können, ist bereits *Justus Liebig* gekommen, den man gemeinhin nur als den Erfinder des Fleischextrakts kennt. Liebig hatte erkannt, daß Pflanzen Erde nicht „essen", wie man bis dahin glaubte, sondern ihr nur die zum Wachstum nötigen Nährstoffe entnehmen. Das sind im wesentlichen *Kali, Phosphor, Stickstoff.*

Diese Stoffe kann man den Pflanzen aber auch in Wasser gelöst zuführen. Und nichts anderes geschieht in der Hydrokultur.

Abb. 1: Blähton ersetzt die Erde.

94

Abb. 2: Ein Pflanzbeispiel zur Anregung.

Nun bezieht die Pflanze allerdings aus der Erde nicht nur Nährstoffe, sondern auch ihren Halt. Wenn die Erde fehlt, müssen wir eben den Pflanzen auf andere Weise eine Grundlage geben, in der sich die Wurzeln festsetzen können und die Pflanze vor dem Umkippen bewahren.

Dazu eignen sich kleine Kieselsteine, die man in Zoohandlungen kaufen, aber auch selbst suchen kann, wobei die Selbstgesuchten gründlich gewaschen werden müssen. Besser noch geht es mit sogenanntem *Blähton* (vgl. *Abb. 1),* den es in Blumenfachgeschäften gibt. Diese Kügelchen sind wie Kiesel chemisch neutral; sie geben also an die Pflanze keinerlei Nährstoffe ab, sondern verschaffen ihr nur Halt. Und sie schützen die Wurzeln vor direktem Sonnenlicht, was sehr wichtig ist. Blähton ist überdies leichter als Kiesel oder Sand; er erleichtert damit den Wurzeln das Wachsen.

Der Hydrotopf

Das Ganze kommt in einen sogenannten *Hydrotopf,* den man in Blumenfachgeschäften kaufen kann. Er hat unten Löcher oder Schlitze, durch die später der Wasseraustausch stattfinden kann. Dieser Topf wird nämlich in einen Übertopf gestellt, in den die Wasser-Nährstofflösung kommt.

Nun aber zu den Pflanzen. Wir haben gesagt, man könne auf Hydrokultur umstellen, also auch Pflanzen verwenden, die ganz konventionell in Erde gewachsen sind. Sicher haben Sie ein paar schöne Gewächse, die Sie auf diese Weise weitergedeihen lassen wollen und – wie gesagt – ohne Sorgen in der Urlaubszeit. Vor dem

Einsetzen dieser Pflanzen in den Hydrotopf müssen Sie die Wurzeln in einer großen Schüssel oder unter fließendem Wasser gründlich von allen Erdkrümeln säubern, sonst fangen Wasser und Wurzeln später an zu faulen. Vielleicht beginnen Sie nicht gleich mit Ihren kostbarsten Exemplaren, denn es kann am Anfang immer einmal etwas schiefgehen. In der Redaktion haben wir es schließlich so weit gebracht, daß eine Orchidee — genauer: ein Frauenschuh — zu blühen begann.

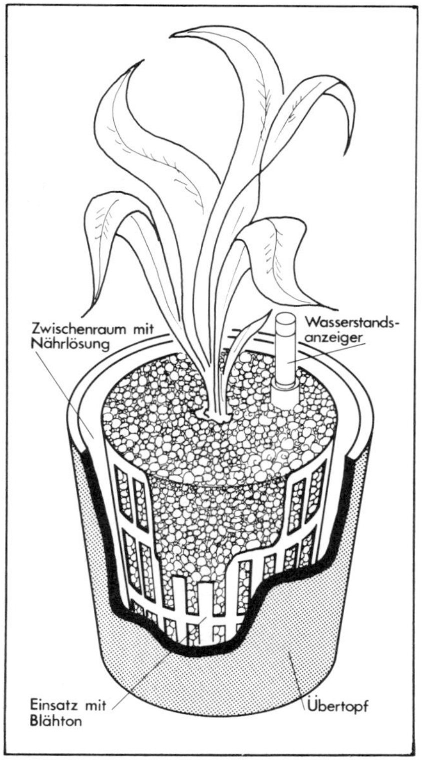

Der bepflanzte Innentopf kommt also in den Übertopf, der undurchsichtig ist, damit das Licht von der Nährlösung ferngehalten wird. Sie würde sonst sehr schnell völlig mit Algen durchsetzt sein. Wie aber sieht man nun, ob noch genügend Nährlösung im Topf ist?

Die Hydrotöpfe, die man im Laden kaufen kann, haben eine Art *Wasserstandsanzeiger*, den man aber auch einzeln kaufen kann. Daran können Sie ganz einfach ablesen, wie es um die Lebensgrundlage Ihrer Pflanzen steht. Diese Lebensgrundlage ist ein Gemisch aus Wasser und einer Nährlösung, die aus ganz gewöhnlichem Blumendünger bestehen kann, besser aber aus einem flüssigen *Spezialdünger*. Das Mischungsverhältnis steht auf der Packung. Diese Dünger haben aber den Nachteil, daß man sie alle halbe Jahr zusammen mit dem Wasser völlig auswechseln muß.

Das braucht man nicht mit einem neuen sogenannten *Ionenaustauschdünger*, bei dem der Wechsel überflüssig wird und nur noch alle halbe Jahr nachgedüngt werden muß. Wasser muß natürlich häufiger ergänzt werden.

Abb. 3: Ein Hydrotopf im Schnitt.

Zwischenraum mit Nährlösung

Wasserstandsanzeiger

Einsatz mit Blähton

Übertopf

Abb. 4: Automatischer Wasserstandsanzeiger.

Wir züchten unsere Pilze selbst

Abb. 1: Prachtexemplare des Austernpilzes.

Die nächsten Vorschläge sind zwar nicht mehr auf der Fensterbank zu verwirklichen; aber einen Garten braucht man trotzdem noch nicht. Ein Balkon tut es auch.

Wie man Radieschen, Möhren oder auch Erdbeeren zieht, kann man in vielen Büchern nachlesen. Deshalb haben wir uns für die *Hobbythek* einen Vorschlag ausgedacht, der noch ziemlich unbekannt ist. Ohne große Mühe kommen Sie hier zu einer Ernte, mit der man viele noch überraschen kann. Mit anderen Worten: Züchten Sie Ihre Pilze doch einmal selbst.

Und zwar nicht die ewigen Champignons, die man frisch im Kaufhaus oder als dritte Wahl in Büchsen aus Hongkong kaufen kann und die die deutsche Küche schon so einförmig gemacht haben, sondern sogenannte *Austernpilze*. Sie schmecken ausgezeichnet. Kenner behaupten, der Geschmack erinnere an Kalbfleisch. Austernpilze enthalten viel Eiweiß, Kohlehydrate, lebenswichtige Salze und eine Menge Vitamine.

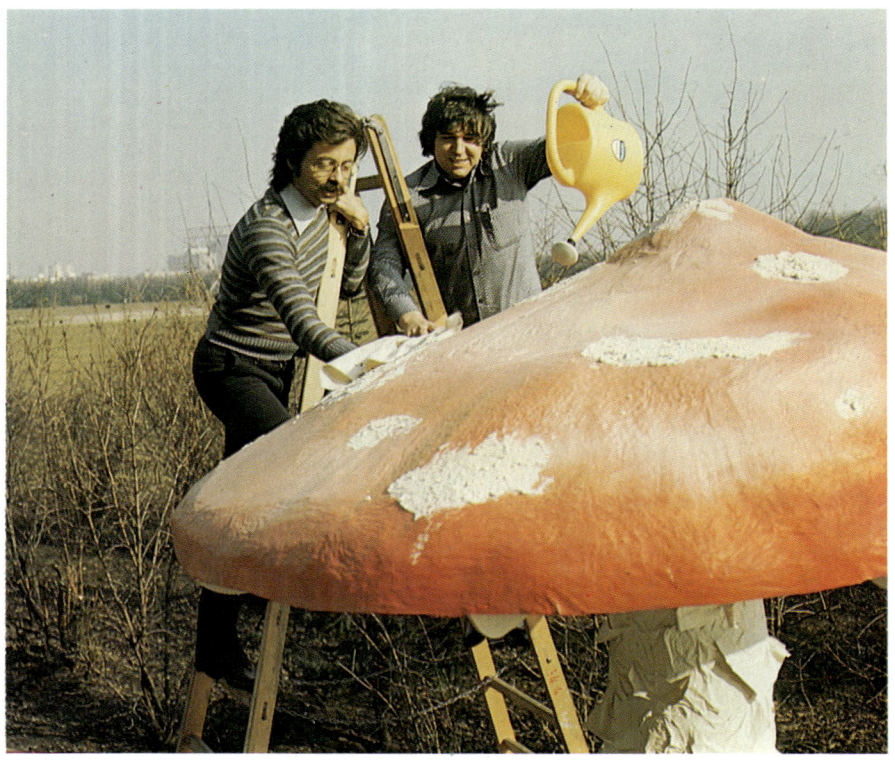

Abb. 2: Zum guten Gedeihen brauchen Pilze viel Pflege.

vorsichtig durchwühlen, können Sie dieses weiße Geflecht oft sehen.

Jetzt werden Sie vielleicht auch verstehen, warum man beim Pilzesammeln den Fruchtkörper am besten mit einem Messer über dem Boden abschneidet, damit das Myzel beim Herausreißen nicht zerstört wird. Da dies die meisten Menschen doch tun, ist in vielen Pilzgebieten Deutschlands — zum Beispiel im Schwarzwald — jetzt schon eine Sperre für Pilzsammler angeordnet worden.

Pilze, von denen es ungefähr 100 000 Arten gibt, sind aber noch in anderer Hinsicht eigenartige Gewächse. Sie haben *kein Blattgrün* und sind deshalb auch nicht in der Lage, mit Hilfe des Sonnenlichtes aus Wasser und Salzen im Boden und dem Kohlendioxid in der Luft Kohlehydrate aufzubauen, wie das Pflanzen mit Hilfe des Chlorophylls normalerweise tun. Deshalb brauchen sie auch nicht viel Licht. Ihre Nährstoffe beziehen Pilze aus abgestorbenen und vermodernden Pflanzen. Pilze spielen in der Natur eine wichtige Rolle; und zwar auch die giftigen. Zu

Schließlich haben 100 Gramm von diesem Pilz nur 30 bis 40 Kalorien. Da er auch noch leicht verdaulich ist, kann man fast fragen, warum er nicht längst verbreiteter ist.

Wie fängt man es an, Austernpilze zu züchten?

Pilze sind ganz besondere Pflanzen

Bei der Pilzzucht können Sie nicht einfach in einen Laden gehen, eine Tüte Samen kaufen, ihn einsäen und warten bis es sprießt. Pilze sind nämlich ganz besondere Pflanzen.

Wenn wir sagen, dieser Champignon ist die Pilzpflanze, dann ist das etwa so, als wenn wir zu einem Apfel sagen, dies ist der Apfelbaum. Der Pilz, den wir essen können, ist nämlich nur der *Fruchtkörper*. Die eigentliche Pflanze wächst unterirdisch und besteht aus einem Geflecht von Millionen kleinster Fäden, die sich im Boden weit verzweigen. Diese Fäden heißen *Hyphen*, die in ihrer Gesamtheit das sogenannte *Myzel* bilden — den eigentlichen Pilz. Wenn Sie den Waldboden

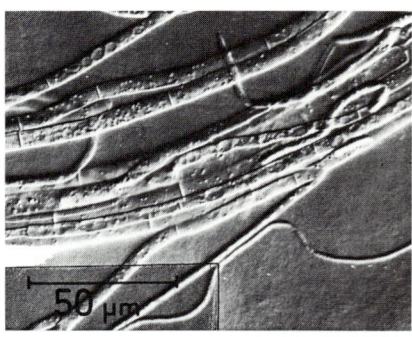

Abb. 3: Hyphen und Myzel bilden den eigentlichen Pilz.

den Pilzen gehören nämlich nicht nur die im Walde, sondern auch der *Schimmelpilz*, durch den erst die Käseherstellung möglich wird und bei dem man das ganz feine Pilzgeflecht noch gut erkennen kann. Vielleicht schauen Sie sich Ihren Camembert einmal durch eine Lupe an. Schimmelpilze sind also nicht immer schädlich. Um das Produkt eines Schimmelpilzes handelt es sich nämlich auch beim *Penicillin*, für das sein Entdecker Alexander Fleming 1945 den Nobelpreis verliehen bekam. Aus dem Penicillin wurden dann die verschiedenen *Antibiotika* abgeleitet, ohne die sich die moderne Medizin gar nicht mehr vorstellen läßt.

Auch die *Hefe* zum Backen ist, wie die Hefe, die bei der Wein- und Bierherstellung unentbehrlich ist, eine Pilzart. Schließlich gäbe es *Joghurt* oder auch den außerordentlich gesunden *Kefir* nicht ohne Pilze. Nun könnten wir natürlich noch lange auch von den weniger appetitlichen Pilzarten sprechen, die es beispielsweise als Fuß- oder Hautpilz gibt Aber das würde zu weit führen.

Der bei den Speisepilzen so begehrte Fruchtkörper ist das eigentliche Fortpflanzungsorgan der Pflanze. An seinen Lamellen oder in den Röhren bilden sich Sporen, die nur wenige tausendstel Millimeter groß sind. Jeder Fruchtkörper verstreut davon in der Reifezeit viele Millionen um sich herum, oder er läßt sie von Insekten forttragen. Dieser Sporenüberfluß ist nötig, weil die seltsame Pflanze Pilz nur unter idealen Bedingungen wachsen kann; und die findet nicht jede Spore.

Wir züchten Austernpilze

Diese winzigen und daher empfindlichen Sporen sind zugleich das Problem unseres Pilzzucht-Vorschlages. Man kann sie nämlich nicht einfach einsäen wie Grassamen. Wir müssen uns deshalb Pilzgeflecht beschaffen, das in Speziallabors unter absolut sterilen Bedingungen auf einem speziellen Nährboden gezüchtet wird. Das Myzel unseres Austernpilzes wird zum Beispiel auf Weizen- oder Roggenkörnern gezüchtet, die mit Gips- und Schlämmkreide aufbereitet sind. Hat das Myzel die Körner voll durchdrungen, wird es in Beutel abgepackt; und so kann man es auch kaufen.

Am Anfang steht die Pilzbrut

Das ist nun die sogenannte *Pilzbrut*. Sie ist das Ausgangsmaterial für unsere Zucht. Das Kilo kostet zur Zeit etwa 10 bis 12 Mark. Daraus lassen sich ungefähr 5 Kilo Pilze pro Ernte gewinnen. Da 1 Kilo der Pilze etwa 10 bis 14 Mark

Abb. 4: Brut des Austernpilzes.

kostet, und sie überdies nur in wenigen Delikateßgeschäften zu bekommen sind, haben Sie immerhin 4/5 gespart. Die Sache lohnt sich also (Bezugsquellen für die Pilzbrut siehe Seite 185).

Für unsere Zucht empfehlen wir unter den verschiedenen Austernpilzarten die sogenannte *Floridasorte (Pleurotus)*, weil sie für das Wachstum einen relativ großen Temperaturspielraum zuläßt.

Und nun zur eigentlichen *Zucht*. Dazu besorgen Sie sich zunächst einmal *Pilzbrut*, die Sie im Gemüsefach des Kühlschranks bis zu 6 Wochen aufbewahren können. Danach können Sie sich für eines der beiden folgenden Verfahren entscheiden. Zunächst zur

Pilzzucht auf Baumstämmen

Dies ist eine sogenannte *Extensivkultur*, im Gegensatz zur *Intensivkultur*, die auf Stroh angelegt wird und über die weiter unten zu lesen ist.

Zum Weiterwachsen muß für die Pilzbrut eine neue Nährgrundlage geschaffen werden. Dazu eignet sich das *Holz von Laubbäumen*; also etwa von Buchen, Eichen oder auch Pappeln. Je weicher das Holz ist, um so schneller wächst die Kultur. Pappelholz ist ein weiches Holz.

Vorbereitung der Baumstämme

Versuchen Sie, sich bei einem Forstamt von ganz normalem Meterholz einen Stamm zu besorgen, der mindestens 15 Zentimeter dick sein muß. Wichtig ist auch, daß das Holz möglichst frisch ist. Trockenes Holz kann man zwar wieder etwas aufmöbeln, indem man es 2 oder 3 Tage in sauberes Wasser legt; aber das ist eigentlich nur eine Notlösung.

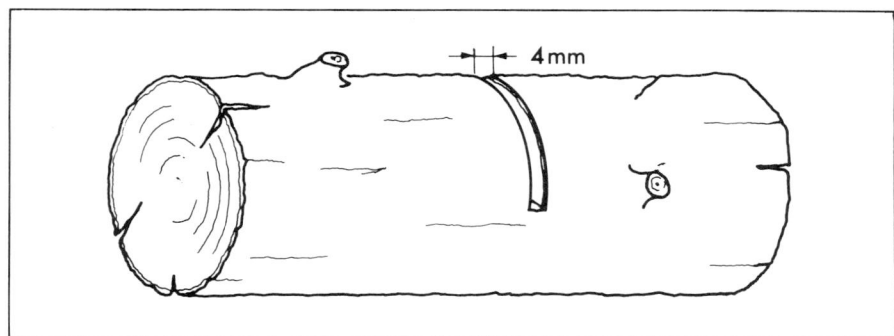

Abb. 5: So wird der Stamm eingesägt.

Zersägen Sie den meterlangen Stamm in drei gleiche Teile von etwa 30 Zentimeter Länge. Diese Klötze werden nun, wie auf *Abbildung 5* gezeigt, in der Mitte mit einem Schnitt versehen, in den später die Pilzbrut gedrückt wird. Legen Sie den Stamm also auf die Seite und sägen Sie mit einer möglichst groben Säge 2/3 bis 3/4 tief in den Stamm. Je gröber die Säge um so weiter der Einschnitt (etwa 5 Millimeter sind optimal).

In diesen Einschnitt wird nun die Pilzbrut eingedrückt. Zum Schluß verschließen Sie den Schnitt mit einem Streifen Plastik-Folie, den Sie mit Reißzwecken oder Heftklammern am Holz befestigen.

Die Durchwachsphase

Der Stamm ist nun fertig geimpft; und die Brut kann reifen. Dazu wird der Stamm in einen *Plastiksack* gesteckt (Müllsack oder ähnliches), den wir mit Kordel zubinden und in den mit einem Nagel 4 bis 5 Löcher gestochen werden, damit der Stamm atmen kann. Dazu stellen Sie den Stamm an einen möglichst ruhigen und nicht zu hellen Ort.

Für die Pilzzucht ist jetzt eine Temperatur zwischen 15 und 20 Grad Celsius am günstigsten. Geeignet ist also der Heizungskeller, eine Vorratskammer oder auch eine abgelegene Ecke der Küche. Keine Angst, die Zucht ist völlig geruchlos.

Sie brauchen sich jetzt um den eingepackten und geimpften Stamm etwa 3 bis 4 Monate nicht zu kümmern. Nach dieser Zeit ist, wenn alles gutgegangen ist, das Holz und vor allem die Schicht zwischen Holz und Rinde vom Myzel durchzogen. Sie können dies prüfen, indem Sie an irgendeiner Stelle die Rinde ein wenig entfernen. Damit ist die sogenannte *Durchwachsphase* beendet.

Der Stamm wird nun aus dem Plastiksack herausgenommen und ins *Freie* gestellt. Wenn Sie einen Garten haben, bitte an eine schattige, kühle Stelle oder unter einen Busch. Wenn Sie nur einen Balkon haben, der ja meistens auf der Südseite liegt, dann müssen Sie eventuell mit Hilfe von Kartons oder ähnlichem einen schattigen Platz schaffen.

Abb. 6: Der Stamm in der Bildmitte ist bereits von Myzel durchsetzt (Plastikfolie wurde abgenommen). Bei dem Stamm am rechten Bildrand schützt die Plastikfolie noch den Einschnitt mit Brut.

Im Garten wird ein etwa 10 Zentimeter tiefes Loch gebuddelt, in das der Stamm hineingestellt wird. Die Erde bitte rundherum gut wieder festdrükken, damit der Stamm durch seine Kapillarröhren die Bodenfeuchtigkeit aufnehmen kann.

Die Pilzkultur auf dem Balkon setzen Sie entweder in einen großen Blumentopf oder in eine etwa 10 Zentimeter hoch mit Erde gefüllte Holzkiste. Der Stamm und die Pilzkultur brauchen nämlich ein Feuchtigkeitsreservoir.

Deshalb müssen Sie das ganze auch von Zeit zu Zeit mit einer Gießkanne gießen; in den heißeren Sommermonaten sogar täglich. Allzu genau müssen Sie es mit der Wassermenge nicht nehmen, denn der Pilz nimmt gerade soviel auf, wie er für sein Wachstum braucht. Also lieber zuviel als zuwenig.

Die Erntephase

Nun heißt es leider wieder warten. Haben Sie die Kultur im Frühjahr angesetzt — das ist auf jeden Fall die beste Zeit —, dann können Sie im ersten Jahr etwa ab Ende Oktober die ersten Fruchtkörper des Pilzes erkennen. Sie sehen zuerst wie kleine weiße Stecknadelköpfe aus, die mit erstaunlicher Geschwindigkeit — nämlich innerhalb von nur 10 bis 20 Tagen — zu ihrer vollen Größe wachsen.

Ist die Zucht erst einmal richtig in Gang gekommen, dann kann man 2- bis 3mal im Jahr ernten. Die gesamte Kultur hält sich, ohne besondere Pflege 3 bis 4 Jahre, wobei man den Stamm auch im Winter dort stehen lassen kann, wo er eingepflanzt wurde.

Nach spätestens 4 Jahren ist der Stamm dann aber völlig ausgelaugt, und er beginnt zu verrotten. Bis dahin hat er aber auch 10 bis 12 Ernten gebracht und seine Schuldigkeit getan. Übrigens kann man mit einem Kilo Pilzbrut etwa 15 bis 20 Stämme impfen. Wenn Sie einen Garten haben, sollten Sie ruhig großzügig sein. Eine Pilzparty mit Freunden ist eine herrliche Sache, aber dafür brauchen Sie auch eine ganze Menge. Ein paar Rezepttips finden Sie auf Seite 103/104.

In bester Ernteverfassung ist der Pilz, wenn sein Hut aus der ursprünglichen Halbkugelform zu einem etwa waagerechten Schirm geworden ist.

Pilzzucht auf Stroh

Schneller geht es mit der Pilzzucht, wenn Sie eine sogenannte Intensivkultur auf *Stroh* anlegen. Dazu gibt es bei besonderen Firmen oder vielleicht auch einem Garten-Center bereits fertig präpariertes Stroh, das mit Myzel vollkommen durchsetzt ist. Auf einem der üblichen Strohballen kann man etwa 5 Kilo Pilze züchten; er kostet allerdings

25 bis 30 Mark inclusive Versandkosten (Adresse siehe Seite 185). Ein solches Substrat kann man sich aber auch selbst herstellen.

Herstellen des Strohsubstrats

Dazu müssen Sie sich zunächst beim Bauern Stroh besorgen, oder besser noch gehäckseltes Stroh; das ist kleingeschnittenes Stroh. Häcksel kann man sich zwar auch selbst herstellen, indem man einfach von einem Strohballen „Scheiben" absägt. Das ist aber recht mühsam. Häcksel braucht man übrigens für die Fütterung der Pferde, und Pferde gibt es ja nun fast wieder überall, also auch Häcksel.

Für unsere Kultur brauchen wir 5 bis 10 Kilo Stroh.

Dieses Stroh muß zunächst *steril* gemacht werden. Das geht am einfachsten in einem großen Topf (z. B. dem guten alten Einmachtopf), in dem man das Stroh etwa eine Stunde kochen läßt. Lassen Sie dann das Stroh auf einem Tuch abtropfen (nehmen Sie dazu vielleicht ein altes Laken). Ist das Stroh ausgekühlt, dann wird es mit der Pilzbrut gemischt. Und zwar kommen auf 1 Kilo *trockenes* Stroh 100 Gramm Pilzbrut. Sie müssen also vor dem Kochen wissen, wie viele Kilo Stroh Sie hatten, denn jetzt, wo es feucht ist, wiegen ursprüngliche 10 Kilo etwa 30 Kilo.

Mischen Sie Stroh und Brut jetzt mit möglichst sauberen Händen gut durch. Das Ganze wird anschließend in einen festen *Plastikmüllsack* gefüllt, der oben zugebunden und außerdem wieder mit vier bis fünf Löchern versehen wird.

Weiter geht es ähnlich wie mit dem Holzstamm: Der Sack kommt an einen

Abb. 7: Es kann geerntet werden.

Abb. 8: Herstellen des Strohsubstrates.

ruhigen dämmrigen Ort mit 15 bis 20 Grad Wärme.

Bei Stroh geht alles schneller

Beim Stroh geht nun alles wesentlich schneller. Bereits nach 3 bis 4 Wochen ist es vollkommen von weißem Myzel durchwachsen.

Jetzt ist der Zeitpunkt gekommen, den Sack an eine schattige Stelle im Garten, auf dem Balkon oder in eine Waschküche mit einem Fenster zu legen. Die Folie wird nun *seitlich aufgeschnitten,* wobei Sie darauf achten müssen, daß — vielleicht mit entsprechender Unterstützung durch ein paar Hölzer — unten eine Art Folienwanne erhalten bleibt. Denn jetzt muß das Stroh fleißig begossen werden und unten ein Feuchtigkeitsreservoir behalten. Gießen Sie nicht mit scharfem Strahl, sonst geht das zarte Pilzgeflecht kaputt. Nehmen Sie eine Gießkanne mit Brausekopf dazu.

Bereits nach 3 Wochen erscheinen die ersten kleinen Pilzköpfe, die nach weiteren 10 bis 14 Tagen reif zur Ernte sind.

Bei der Strohkultur können Sie nur 3- bis 4mal ernten. Dann sind die Nährstoffe des Substrats aufgebraucht. Beim Stroh geht eben alles schneller: die Reifezeit ist kürzer, dafür aber auch die gesamte Erntezeit.

Pilze — einmal nicht wie üblich

Zum Pilzspezialisten, der auf so unkonventionelle Weise zu seinen Pilzen kommt, gehören auch ein paar Rezepte, die der Besonderheit dieses Hobbys entgegenkommen. Wir haben hier ein paar für Sie ausgegraben:

Pilze kann man nicht nur schmoren, sondern auch regelrecht *braten.* Dazu müssen sie allerdings trocken sein. Also möglichst nicht waschen. Bitte die Pilze auch nicht zerkleinern; bei größeren Exemplaren allenfalls den Hut vom Stiel trennen. Die Pilze werden nun in eine Pfanne mit heißer Butter gelegt und schön braun gebraten. Abschmecken wie es beliebt.

Um ein richtiges Rezept handelt es sich beim

Austernpilzschnitzel Wiener Art

Dazu werden die Pilze nach dem Waschen gut getrocknet, ganz vorsichtig gesalzen und anschließend in geschlagenem Ei gewendet. Dann das Ganze noch einmal in einer Mischung aus Mehl und Paniermehl wenden und in einer Pfanne goldbraun backen. Für dieses Rezept brauchen Sie (für 4 bis 6 Personen):

500 g Austernpilze
2 Eier
50 g Mehl
100 g Paniermehl
Butter oder Öl

So zubereitet schmecken die Pilze ausgezeichnet zu Reis.

Abb. 9: Beginn der Erntephase: aus dem Stroh der aufgeschnittenen Plastiksäcke sprießen die Pilze.

Hier noch ein anderes Rezept:

Austernpilze holländisch
Dazu müssen Sie die Pilzhüte in dünne Scheiben schneiden. Dann werden Zwiebeln glasig gedünstet, die Pilze dazugegeben und mit Salz, Pfeffer und kleingehackter Petersilie abgeschmeckt. Dünsten Sie alles so lange, bis das Wasser verdampft ist. Dann werden gequirlte Eier dazugegeben, und das Ganze wird wie ein Omelett gebacken.

Hier die Zutaten:

> Pro Ei brauchen Sie etwa 20 g Austernpilze und 5 g Butter.
> Zwiebeln nach Ihrem eigenen Geschmack.
> Für vier Personen geht man von etwa 6 Eiern aus.

Ein Neuling unter den Zuchtpilzen: der Kulturträuschling

Zur Zucht eignen sich nicht nur Austernpilze, sondern auch noch eine Art, die sich *Kulturträuschling* nennt. Er ist im Geschmack dem Champignon etwas ähnlicher, und er hat vor allem den Vorteil, zur Not auch in einem ganz normalen Gartenbeet zu wachsen. Besser gedeiht er freilich in einem Strohkasten. Zur Züchtung eignet sich dieser Pilz erst seit wenigen Jahren, nachdem ein Forschungsinstitut in der DDR die Grundlagen dafür entwickelt hat. Inzwischen hat sich die Landwirtschaftskammer Rheinland (Endenicher Allee 60, 5300 Bonn 1) derart für den Kulturträuschling begeistert, daß sie darüber eine Broschüre herausgegeben hat.

Abb. 10: Geerntete Kulturträuschlinge.

Man züchtet diesen Pilz so:

Zucht im Strohkasten

Aus einfachen Schalbrettern wird ein *Kasten* gezimmert, dessen Größe Sie frei wählen können. Allerdings müssen die Wände etwa 35 Zentimeter hoch sein. Er wird, wie auch bei den anderen Verfahren, an einen schattigen und gut temperierten Ort gestellt.

Nährungsgrundlage ist auch hier wieder *Stroh,* das allerdings nicht unbedingt gehäckselt sein muß.

Ein Ballen aus frischem Stroh wird ein paar Tage lang in klares Wasser gelegt; dann beträgt die Strohfeuchtigkeit etwa 70 Prozent. Sie können die Feuchtigkeit prüfen, indem Sie das Stroh in der Hand kräftig drücken. Es muß dann Wasser durch die Finger tropfen.

Ansetzen der Pilzkultur

Nachdem das Stroh abgetropft ist, wird es etwa 10 Zentimeter hoch im Kasten ausgebreitet. Die Pilzkultur wird jetzt nicht unter das Stroh gemischt, sondern in etwa kastaniengroße

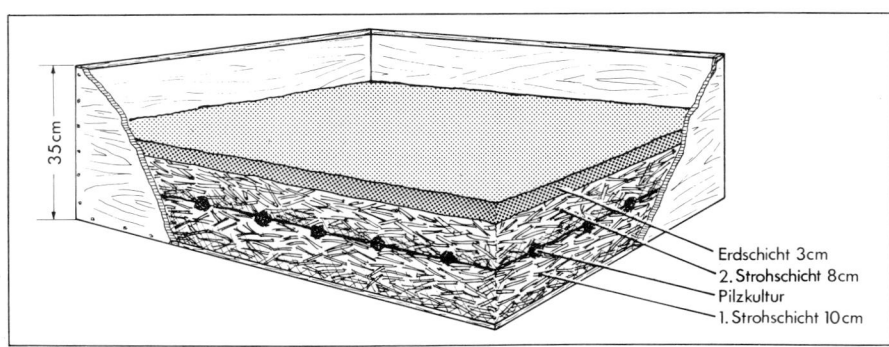

Erdschicht 3cm
2. Strohschicht 8cm
Pilzkultur
1. Strohschicht 10cm

Abb. 11: Die Stroh- und Erdschichten, aus denen unser Pilz wächst.

Abb. 12: Pilzkulturkasten zur Erntezeit.

Stücke zerbröckelt und im Abstand 20 × 20 Zentimeter auf die Strohoberfläche gelegt.

Darüber kommt eine etwa 6 bis 8 Zentimeter hohe weitere Strohschicht. Anschließend wird der Kasten mit einer *Plastikfolie* oder auch Strohmatten oder Brettern zugedeckt. Dann überläßt man die Kultur sich selbst, allerdings braucht sie eine Temperatur zwischen 23 und 26 Grad. Keinesfalls aber dürfen 30 Grad überschritten werden. Bei niedrigen Temperaturen braucht die Kultur entsprechend mehr Zeit zur Entwicklung. Wenn Sie ganz sicher gehen wollen, stecken Sie ein einfaches Thermometer in das Stroh, das oben aus der Folie herausschaut.

Am einfachsten sind diese Temperaturen im späten Frühjahr oder Frühsommer einzuhalten.

Nach etwa 4 Wochen können Sie das weiße Myzel erkennen. Jetzt ist der richtige Zeitpunkt gekommen, den Kasten mit einer 3 bis 5 Zentimeter dicken *Erdschicht* abzudecken (vgl. Abb. 11). Dazu eignet sich Gartenerde, die im Verhältnis 1:1 mit Torf vermischt wird. Auf jeden Fall sollte die Erde weder Kalk enthalten noch sauer sein, weil das den Pilzen schadet. Feuchten Sie das Ganze nun wieder an, und decken Sie die Plastikfolie darüber.

Nach weiteren 2 bis 3 Wochen hat das Myzel die Erdschicht durchstoßen. Die *Erntephase* kann nun schon nach wenigen Tagen beginnen. Dazu wird die Plastikfolie angehoben und mit Hilfe von Maschendraht, Leisten oder ähnlichem als Regenschutzdach über dem Kasten befestigt. Bis zum Einbruch der kalten Jahreszeit können Sie mehrmals ernten.

Nützlicher Müll: die Komposttonne

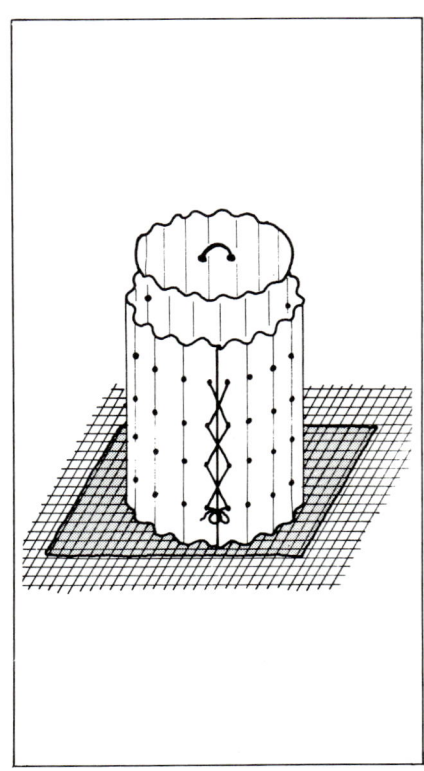

Abb. 1: Links das Plastikmaterial mit Löchern und als fertig zugebundene Tonne; rechts das Schema der Tonne auf Maschendrahtgrundlage.

Wenn man sieht, wieviel Müll die Müll-abfuhr wöchentlich allein aus dem eigenen Haushalt abtransportiert, könnte man meinen, daß sich im Laufe eines Jahres ein Berg anhäuft, der einen ganzen Müllwagen für sich allein füllt. Um so erstaunter werden Sie sein, wenn wir Ihnen verraten, daß unsere *Komposttonne* von nur 1 Meter Höhe und 50 Zentimeter Durchmesser den Abfall einer mittleren Familie und eines Jahres aufnehmen kann, sofern dieser Abfall verrottbar ist. Bierflaschen, Spraydosen, Kunststoffteile usw. fallen also nicht darunter. Aber: Küchen-abfälle, Essensreste, geschnittenes Gras, Eierschalen, verwelkte Blumen, Zeitungspapier, Kaffeesatz usw.

Und diese Komposttonne hat nicht nur den Vorteil, das ständig größer werdende Müllproblem zu verkleinern, sondern auch noch eine hervorragende *Komposterde* zu erzeugen, die Ihre Blumen im Garten und auf dem Balkon wunderbar blühen lassen wird. Solche Komposttonnen kann man sich kaufen; sie kosten 70 bis 80 Mark. Selbstgebaut sind sie natürlich erheblich billiger. Den Tip, wie man sie am besten baut, erhielten wir von dem alten Benediktiner-pater Augustin Hessing aus der Abtei Gerleve, der mittlerweile leider verstorben ist.

Und so geht es:

Das Material

Besorgen Sie sich in einem Gartencenter, einem Baubedarfsgeschäft oder einem großen Hobbyladen den hellen *Kunststoff Scobalit,* der lichtdurchlässig ist und wie buntes Wellblech aussieht. Hier noch einmal die Liste aller benötigten Materialien:

Abb. 2: Die Tonne in Funktion.

1 Meter × 2,10 Meter Scobalit

1 × 1 Meter mittelfeinen Maschendraht oder Plastikgitter (Mäuse dürfen nicht hindurchpassen).

1 Paket Kunststoffwäscheleine

lebende Regenwürmer (falls Sie sie nicht selbst im Garten graben).

Bau der Tonne

Von dem Scobalit von 1 Meter Breite (in Wellenrichtung gemessen) sägen Sie ein Stück von 1,60 Meter Länge ab und versehen es mit etwa 50 Bohrungen von 10 Millimeter Durchmesser. Durch diese Löcher findet später der notwendige Luftaustausch statt. Die Bohrungen können Sie jeweils auf den Wellenoberkanten plazieren.

Am linken und rechten Rand — den Seiten also, die später beim Zusammenbiegen der Tonne aneinanderstoßen —

werden jeweils in gleicher Höhe dichtere Löcher gesetzt. Hier wird die Tonne wie das Korsett unserer Großmütter mit Kunststoffwäscheleine *zusammengebunden*. Damit ist die Hauptsache schon geschafft.

Jetzt brauchen wir noch einen *Deckel* aus demselben Material, der im Durchmesser etwas kleiner sein muß als die Tonne, damit er möglichst eng an die Wellenwände anliegend hineinpaßt. Am Anfang füllen die Abfälle bzw. die Komposterde ja die Tonne noch nicht. An den Deckel befestigen Sie, ebenfalls aus Kunststoffwäscheleine, einen geflochtenen Henkel.

Aufstellen der Tonne

Nun brauchen Sie für die Tonne einen günstigen Platz, der möglichst nicht allzuweit von der Küche entfernt sein sollte, aber schattig und auch nicht zu warm sein soll. Die Tonne muß überdies auf Erde stehen, also nicht auf Beton oder Steinplatten.

Auf den Boden legen Sie nun den *Maschendraht* oder das *Plastikgitter* und darauf die unten offene Tonne. Das Gitter schützt sie vor Maulwürfen und Mäusen, die in Abfällen gern auf Nahrungssuche gehen und sich dazu lange Gänge bis zum Ziel bohren. Von oben ist die Tonne den Attacken von Vögeln und Katzen ausgesetzt; aber dafür haben wir ja den Deckel.

Wenn Sie außerdem noch ein paar *Regenwürmer* in der Tonne aussetzen, wird der Müll schneller zu Humus. Sie werden staunen, wie schnell die Abfälle in der Tonne zusammensinken und verrotten.

Ist die Tonne voll oder benötigen Sie schon vorher Humus für Ihren Garten oder Balkon, so hören Sie einige Zeit vorher damit auf, Abfälle hineinzuwerfen. Ist alles gut durchgerottet, dann wird die Tonne einfach nach oben abgezogen. Wenn Sie den Kompost auf eine Plastikfolie ziehen und einige Male mit einer Gabel oder einem Spaten auf den Humus schlagen, dann verziehen sich die Regenwürmer sofort nach unten. Sie können nun den Humus abnehmen, den Rest mit den Regenwürmern einsammeln und in die Tonne zurücktun — und alles beginnt von vorn.

Man kann diese Tonne auch fertig kaufen. Wo — das lesen Sie auf Seite 185.

Ein Kunstkopf zum Selbermachen

Abb. 1: Unser Maskottchen Hobbes beim Abhören einer Kunstkopfaufnahme.

Man kann sich heute kaum noch vorstellen, daß es die Stereophonie einmal nicht gab. Dabei ist sie *so* alt nun auch wieder nicht. Zu allgemeiner Verbreitung kam sie aber erst in den 70er Jahren. Nun hat die Stereophonie bei allen Vorteilen, die sie zur Verbesserung des Raumklanges leistet, den Nachteil, daß sie im Grunde nur ein Hören gestattet, bei dem man unterscheiden kann, ob ein Geräusch von links, rechts oder der Mitte kommt.

Die Kunstkopftechnik

Inzwischen hat man Aufnahme- und Wiedergabetechniken gefunden, die eine Wiedergabe von verblüffender Naturtreue gestatten. Man kann jetzt nicht mehr nur links und rechts unterscheiden, sondern wirklich *räumlich* hören; das heißt unterscheiden, ob Musik, Sprache oder Geräusche von 5 Meter schräg hinter oder 20 Zentimeter seitlich links, von oben oder unten kommen. Die Technik, die dies gestattet, ist die sogenannte *Kunstkopftechnik* oder genauer: die *kopfbezogene Stereophonie.*

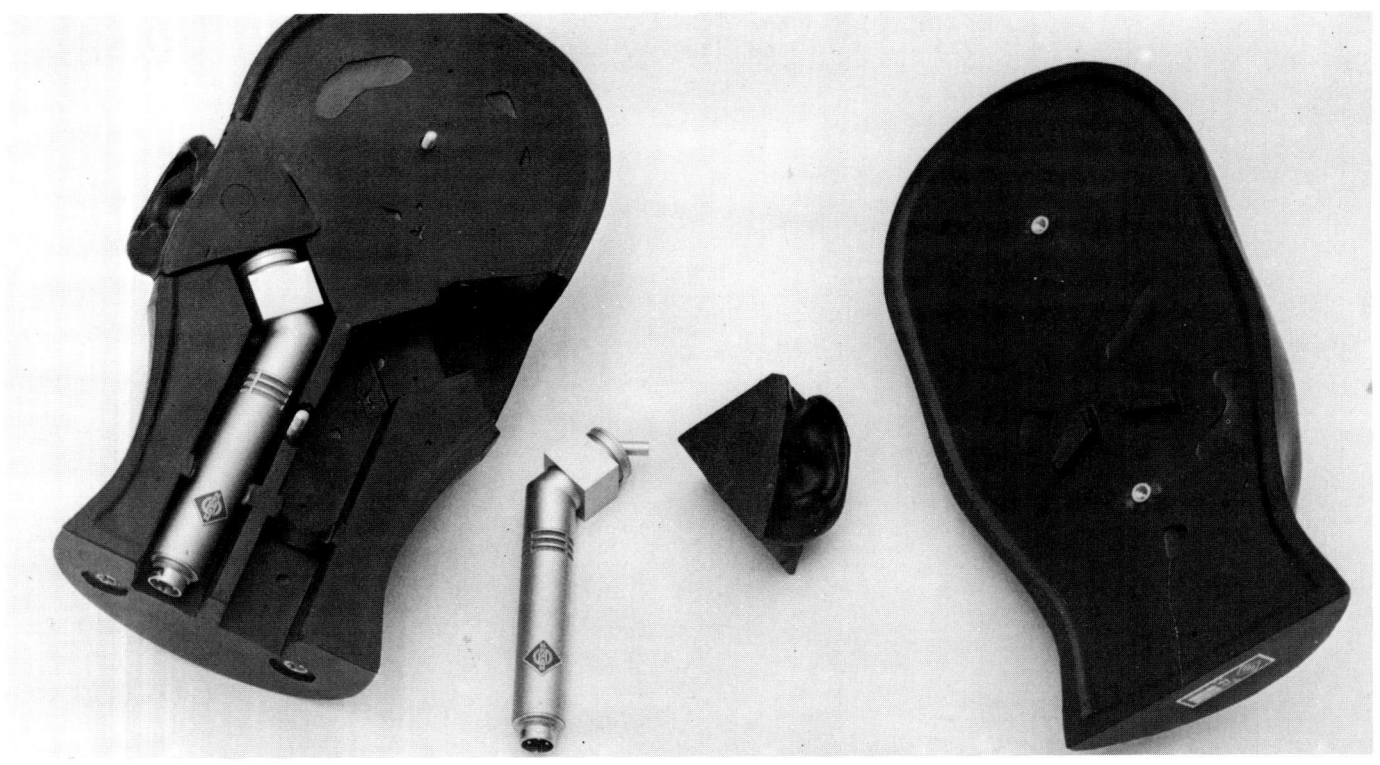

Abb. 2: Der Neumann-Kunstkopf KV 80, genannt Felix, aufgeklappt. Man sieht deutlich die beiden Mikrophone, die in den Gehörgängen enden.

Im Grunde handelt es sich um eine alte Idee. Denn schon in den zwanziger Jahren und dann wieder ab 1945 tüftelte man an verschiedenen Verfahren, die der Kunstkopfstereophonie recht nahe kamen. Allerdings waren damals die Übertragungs- und Wiedergabesysteme noch derart primitiv, daß die Idee vom räumlichen Hören an der mangelhaften Technik scheiterte. Erst die Möglichkeiten der Stereophonie, bei der über zwei getrennte Kanäle übertragen werden kann, gab es für die kopfbezogene Stereophonie eine Chance, über das Experimentierstadium hinauszukommen.

Das Grundprinzip der Idee besteht darin, daß man die Aufnahme über einen *künstlichen Kopf* vornimmt, der den physikalisch-akustischen Eigenschaften des menschlichen Kopfes möglichst nahe kommt. In die künstlichen Gehörgänge dieses Kopfes, der mit zwei naturgetreu nachgebildeten Ohrmuscheln ausgestattet ist, werden zwei Mikrophone plaziert.

Der Nachteil dieses Verfahrens besteht darin, daß über Kopfhörer abgehört werden soll.

Trotzdem wird von den Rundfunkanstalten mit dem Kunstkopf experimentiert, und es werden sogar hin und wieder Sendungen ausgestrahlt. Auch Schallplatten mit solchen Aufnahmen gibt es bereits. Für den Amateur hat das Verfahren allerdings den Nachteil, daß es relativ teuer ist.

Der erste, nach wissenschaftlichen Erkenntnissen konstruierte Kunstkopf ist

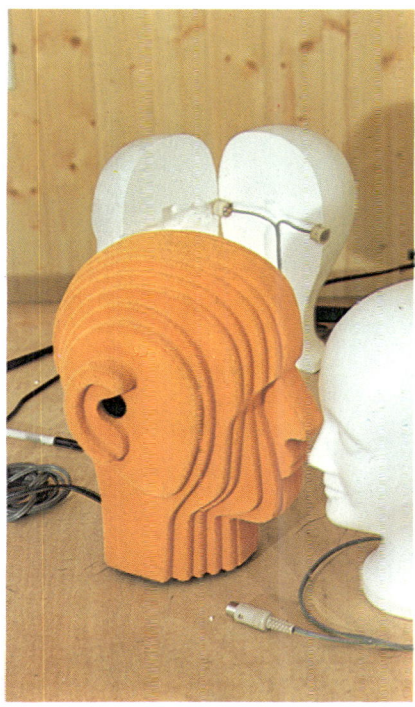

Abb. 4: Der orangefarbene Kunstkopf Harry der Firma AKG.

der sogenannte *Neumann-Kopf,* der auf den Namen *Felix* getauft wurde. Er kostet rund 4250 Mark. Erschwinglicher ist da schon der Kopf der Firma Sennheiser mit dem Namen *Freddy,* der knapp 500 Mark kostet. Vor der Firma AKG gibt es einen *Harry* für etwa 300 Mark.

Wir haben *Freddy* und *Harry* ausprobiert und meinen, daß der Tonbandamateur damit schon einigermaßen zufriedenstellende Ergebnisse erzielen kann. Trotzdem sind diese Beträge

Abb. 3: Der Kunstkopf MKE 2002 der Firma Sennheiser, genannt Freddy. Bei ihm sind die Mikrophone von außen in die Ohren gehängt.

immer noch recht hoch. Wir haben deshalb für erste Kunstkopfversuche zwei Vorschläge, die wir Ihnen hier beschreiben wollen.

Beginnen Sie mit dem KuKuKo

Für den Anfang reicht unser *Kunstkunstkopf,* den wir der Einfachheit halber *KuKuKo* genannt haben. Er besteht aus einem Grundbrett, auf das wir senkrecht eine Trennwand von 25 × 30 cm montiert haben, zu der zwei Klappen von jeweils 20 × 25 cm links und

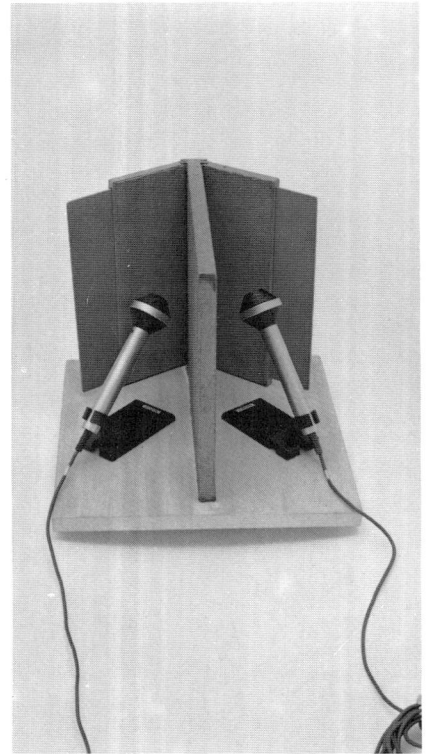

Abb. 5: Der Kunstkopf KuKuKo.

rechts hinzukommen, die drehbar an der Trennwand befestigt werden. Links und rechts von der Trennwand werden zwei normale Monomikrophone so aufgestellt, daß sie jeweils schräg nach hinten zu den drehbaren Klappen weisen (vgl. dazu *Abbildung 5).* Mit diesem *KuKuKo* müssen Sie jetzt einfach einmal experimentieren. Dabei werden Sie schnell feststellen, daß die Klappen in der Stellung „offen" Aufnahmen ergeben, die beim Abhören über Kopfhörer keine räumliche Ortung gestatten. Sind die Klappen jedoch geschlossen, dann ist schon mit diesem einfachen *KuKuKo* ein räumliches Hören möglich.

Natürlich ist dieser *KuKuKo* noch recht primitiv, und die drehbaren Klappen ahmen die Wirkung der menschlichen Ohrmuscheln nur sehr unvollkommen nach. Aber Sie können an Freunden schon einmal testen, ob Ihre Aufnahmen tatsächlich räumliches Hören gestatten. Dazu befestigen Sie den *KuKuKo* am besten in Ohrhöhe eines sitzenden Menschen auf ein Stativ. Jetzt gehen Sie um den *KuKuKo* herum und sprechen ihn von allen Seiten an und nehmen das Ganze mit einem Stereotonbandgerät auf. Lassen Sie Freunde diese Aufnahmen hören und sagen, von wo Sie gesprochen haben.

Die WDRna

Wir haben beim Experimentieren mit dem *KuKuKo* derart viel Spaß an der Sache bekommen, daß wir uns an eine elegantere Lösung des Kunstkopfproblems wagten. Das Ergebnis nannten wir *WDRna* (sprich WD-Erna). Dieses nette Wesen läßt sich auf sehr einfache Weise bauen.

Bau der WDRna

WDRna besteht aus einem *Perückenkopf aus Styropor,* den man für 2 bis 3 Mark in jedem Kaufhaus bekommen kann. Dort, wo nun normalerweise die Ohren sitzen, werden in entsprechende Löcher, die man in den Kopf schneiden oder mit dem Lötkolben hineinschmelzen kann, zwei *Mikrophone* eingesetzt.

Wir haben für unsere Versuche zwei billige Mikrophonkapseln für je 7,50 DM genommen, wobei uns klar war, daß man dann von den Aufnahmen keine

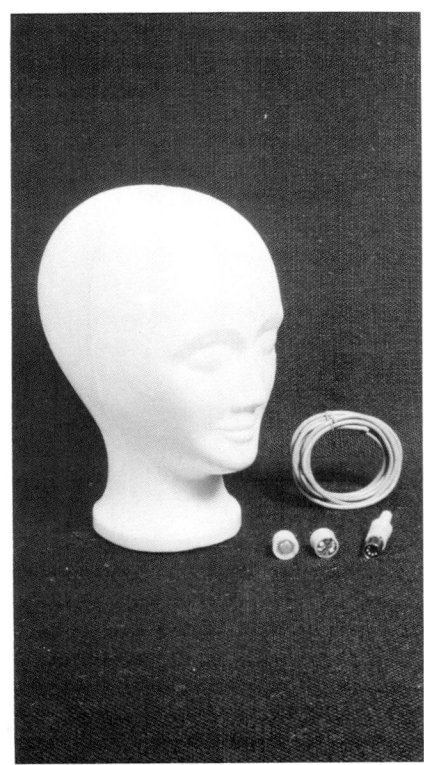

Abb. 6: Aus diesen Teilen besteht WDRna.

Abb. 7: Aushöhlen der Gänge für Mikrophone und Kabel.

113

Qualität erwarten kann, die Mikrophone für 300 Mark das Stück erbringen.

Wer geschickt ist, kann die Mikrophone auch nach einer anderen Methode einbauen. Dazu muß der Kopf mit einem langen, scharfen Messer (kein Sägemesser) quer durchgeschnitten werden (vgl. *Abb 7*). Die Höhlungen für die beiden Mikrophone werden nun herausgeschnitten oder geschmolzen; ebenso ein Kanal für die Ableitung des Kabels nach unten, falls er nicht schon sowieso vorhanden ist. Passen die Mikrophone in die Höhlungen hinein, so daß beide Kopfhälften fugenlos wieder aneinandergedrückt werden können, so kann der Kopf zusammengeklebt werden (dazu bitte Spezialkleber und nicht Uhu, Patex oder ähnliches verwenden, da diese Kleber Styropor auflösen).

Wichtig ist nun, daß die *WDRna Ohrmuscheln* erhält, die den natürlichen möglichst ähnlich sind. Wir haben sie aus Styroporabfällen von Verpackungsmaterial geschnitten und ebenfalls mit Spezialkleber angeklebt. Sie dürfen ruhig etwas größer sein als in der Natur und abstehen. Es kommt ja hier nicht so sehr auf Schönheit an.

Versehen Sie zum Schluß den Kopf mit einer Grundplatte aus Holz, in die man ein *Stativgewinde* einläßt, wobei ein Loch für die Mikrophonkabel nicht vergessen werden darf. Und damit wäre Ihre *WDRna* fertig.

Zum Schluß noch ein Hinweis, wie die elektrische Verbindung zu Ihrem Tonbandgerät vorgenommen wird. Sie verwenden dafür zweiadriges abgeschirmtes *Mikrophonkabel* und einen 5poligen *Diodenstecker*. Die einzelnen An-

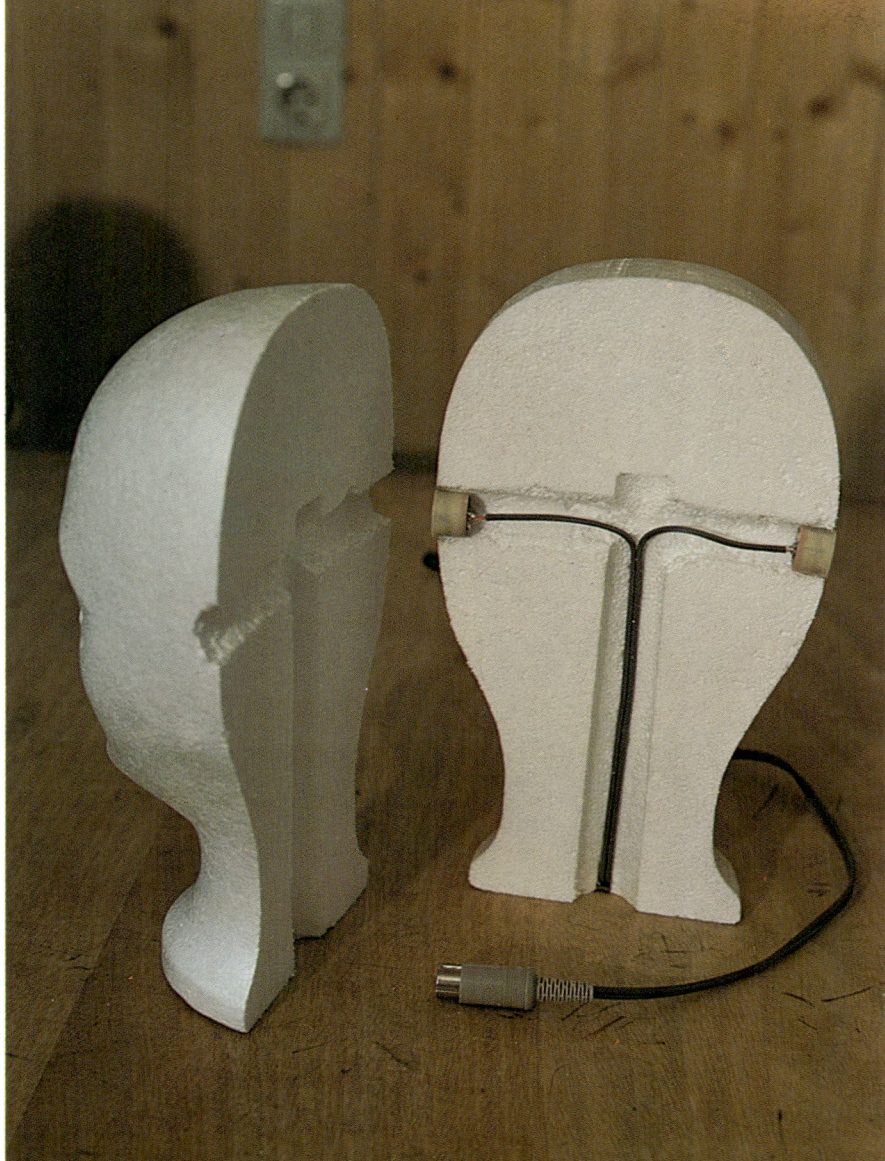

Abb. 8: So müssen links und rechts die Mikrophone sitzen.

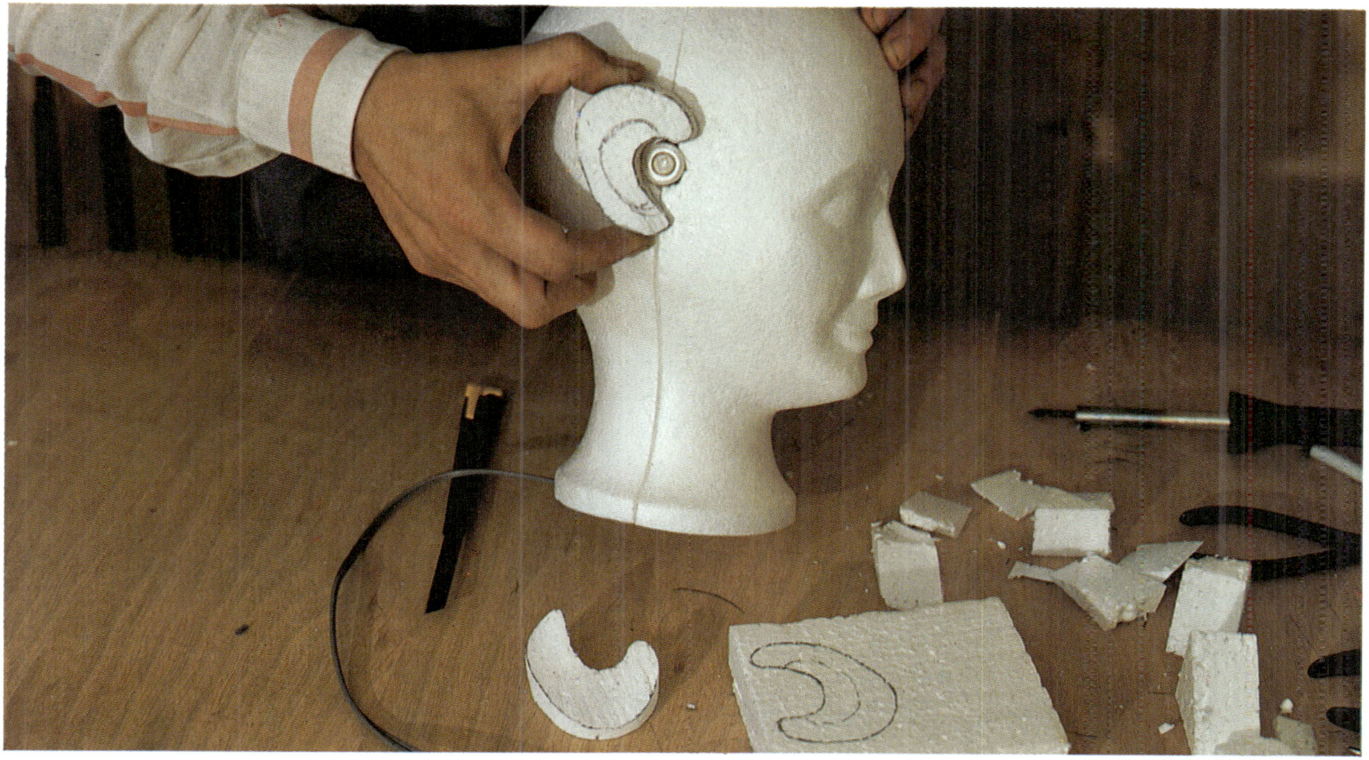

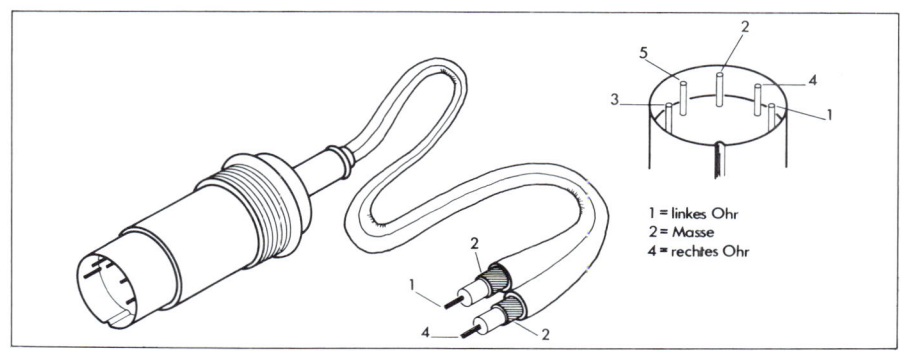

Abb. 9: Anfertigung der Ohrmuscheln.

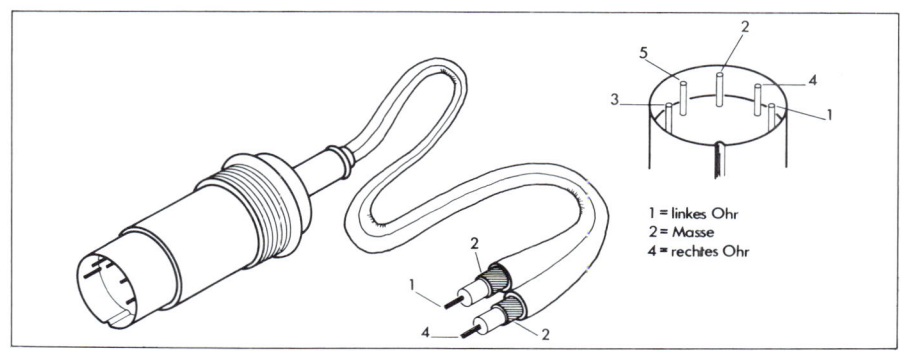

5 2 4 3 1

1 = linkes Ohr
2 = Masse
4 = rechtes Ohr

Abb. 10: Anschlußbelegung für den Diodenstecker.

schlüsse werden wie auf *Abbildung 10* belegt.

Aufnahme- und Wiedergabetechnik

Wenn Sie jetzt mit diesem Kunstkopf experimentieren, werden Sie auf ein Phänomen stoßen, das auch bei teuren professionellen Kunstköpfen auftritt. Es besteht darin, daß Schallquellen die vor dem Kopf lagen, vom Zuhörer nicht wirklich als Schall von vorne geortet werden können. Sprache, Musik oder Geräusche aus dieser Richtung werden beim Abhören mit Kopfhörer *oben innerhalb des Kopfes* geortet. Diese Erscheinung gibt es in ähnlicher Weise beim stereophonen Hören mit Kopfhörer, bei dem man eigentlich immer das Gefühl hat, man höre durch den Nacken.

Es ist bis heute nicht einwandfrei gelungen, dieses falsche Hören von vorn (bzw. hinten) wirklichkeitsgetreuer zu machen, obwohl man inzwischen bereits Kunstkopfaufnahmen ohne eigentlichen Kunstkopf macht und damit schon bessere Ergebnisse erzielt. *Abbildung 11* zeigt, daß dabei mit Mikrophonen gearbeitet wird, die man vor den Ohren aufhängt. Sollte Ihnen ein Trick einfallen, wie man diesen Mangel des immer noch nicht exakten Raumhörens beheben kann, dann würden wir das nicht nur liebend gern in der *Hobbythek* vorstellen; Sie wären damit auch für die Hersteller von Kunstköpfen eine begehrte Person. Und nun viel Spaß bei Ihren Kunstkopfexperimenten.

Abb. 11: Aufnahmen in kopfbezogener Stereophonie werden heute teilweise schon ohne Kunstkopf gemacht. Man benutzt dazu zwei Mikrophone, die vor den Ohren eines menschlichen Kopfes plaziert werden.

Schallplattenpflege

Abb. 1: Vom Nachbau dieses robusten Modells wird wegen des hohen Materialaufwandes abgeraten.

Wenn Sie mit einem Kunstkopf experimentieren, haben Sie sicher auch Schallplatten. Und ebenso, wie es einen sicher niemals endenden Streit darüber gibt, ob man HiFi nun HiFi oder HeiFei oder HeiFi ausspricht — die Abkürzung kommt ja von dem englischen Wort *High fidelity*, was wörtlich übersetzt etwa hohe (Wiedergabe-)Treue bedeutet —, gibt es sehr unterschiedliche Meinungen darüber, wie man Platten eigentlich zu behandeln habe. Bei den Zuschauern der *Hobbythek* fanden unsere Vorschläge, wie man Platten nicht nur wirkungsvoll, sondern auch billig pflegen kann, so großen Zuspruch, daß wir Ihnen diese Tips auch hier nicht vorenthalten möchten.

Zunächst zur
Plattenpflege beim Abspielen

Es gibt 4 Methoden eine Platte abzuspielen:

1. sie aus der Hülle zu nehmen und einfach aufzulegen. Dieses Verfahren empfiehlt sich nicht. Die Platte besteht aus einem Kunststoff, der sich elektrostatisch auflädt und dadurch Staub aus

117

der Luft anzieht. Dieser Staub setzt sich in den Rillen fest, er wird zum Teil vom Saphir regelrecht zusammengeharkt und bildet dort ein Fusselpolster, das natürlich eine einwandfreie Wiedergabe verhindert.

2. Können Sie die Platte vor dem Abspielen mit einem sogenannten *Antistatictuch* abwischen. Auch das ist nicht empfehlenswert. Dieses Tuch soll zwar vorhandenen Staub beseitigen und der Platte ihre elektrostatischen Eigenschaften nehmen. Dafür ist das Tuch mit einer Flüssigkeit getränkt, die auf der Platte einen feinen Schmierfilm hinterläßt. Dieser Film bindet feinste Staubpartikel, die sich damit ein für allemal in den Rillen der Platte festsetzen.

3. Gibt es die Möglichkeit, auf der Platte ein tonarmähnliches Gerät mitlaufen zu lassen, das mit Hilfe einer kleinen Plüschbürste und eines Pinsels die Rillen vor der Abspielnadel vom Staub säubert und zugleich elektrostatische Aufladungen entlädt. Diese Methode ist schon besser. Schließlich gibt es

4. ein der dritten Methode ähnliches Verfahren, bei dem ein mitlaufender Arm auf die Platte eine spezielle Flüssigkeit bringt, die den Staub in den Rillen mit Hilfe einer kleinen ,Bürste zum großen Teil aufnimmt. Zusätzlich wird der Saphir wie in einem Wasserbett geführt. Dadurch vermindert sich die Reibung; eine erheblich längere Lebensdauer des Saphirs ist der Lohn für diese Methode.

Naß oder trocken?

Naß- oder Trockenspielen — das ist die Frage aller HiFi-Hobbyisten. Die Meinungen darüber gehen weit auseinander.

Abb. 2: Gebräuchliches Naßabspielgerät.

Nun haben beide Methoden zwar ihre Vor- und Nachteile; nicht zu übersehen ist aber, daß beim Naßabspielen die beste Tonqualität erreicht wird. Ein Nachteil ist allerdings, daß eine einmal naßabgespielte Platte immer wieder naß gespielt werden muß, weil geringe Rückstände der Flüssigkeit (meist Salzkristalle) beim erneuten Trockenabspielen die bekannten Knackgeräusche erzeugen. Beim weiteren Naßabspielen werden die Rückstände aber wieder aufgelöst.

Wir haben in der Hobbytheksendung anhand von Geräten mit sehr empfindlichen Meßeinrichtungen demonstriert, daß das Naßabspielen eindeutig die besten Wiedergabeergebnisse bringt.

Reinigungsflüssigkeit kann man selbst machen

Nun ist das ja nicht ganz billig. Die Kosten für das entsprechende Gerät können wir Ihnen nicht ersparen, aber sie sind ja einmalig. Die Kosten für die *Flüs-*

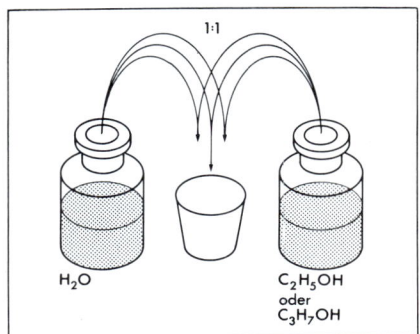

1·1

H_2O C_2H_5OH oder C_3H_7OH

Abb. 3

Große Wäsche für Schallplatten

Haben Sie Ihre Platten bisher immer trocken abgespielt oder sind Sie auf andere Weise verschmutzt worden, so haben wir auch dafür einen sehr einfachen Vorschlag. Man kann Platten nämlich *waschen*. Die Rundfunkanstalten besitzen dafür sogar richtige Waschmaschinen — dies zur Beruhigung für alle, die glauben, ihre teuren Plattenschätze würden das nicht durchstehen.

Wie macht man es?

Sie brauchen eine *Plastikschüssel*, die groß genug für die Platten ist. Dann müssen Sie mehrere Liter Leitungswasser *abkochen*. Dadurch verliert das Wasser den größten Teil seiner schädlichen mineralischen Stoffe, die sich beim Abkühlen am Boden absetzen. Nach dem Abkühlen wird es vorsichtig von oben mit einer Kelle in die Plastikschüssel geschöpft. Vorsichtig deshalb, damit die am Boden gelagerten Stoffe nicht mit in die Plastikschüssel geraten. Es darf also nicht alles abgeschöpft werden.

sigkeit können Sie aber mit unserem Tip auf ein Zwölftel senken. Eine Flasche mit 0,2 Litern Inhalt kostet im Geschäft nämlich zwischen 8 und 9 Mark. Dieselbe Menge einer ähnlich wirkenden Flüssigkeit läßt sich aber für etwa 70 Pfennig mischen.

Hier das *Rezept:*

Für 1 Liter Reinigungsflüssigkeit benötigen Sie 500 Kubikzentimeter reinen, das heißt 100prozentigen *Isopropyl-Alkohol* und 500 Kubikzentimeter *destilliertes Wasser*. Sie bekommen beides in der Apotheke. Wasser und Alkohol brauchen Sie jetzt nur noch zu mischen, und fertig ist die Reinigungsflüssigkeit.

Für Freunde des Alkohols eine Warnung. Trinken Sie diesen Isopropyl-Alkohol auf keinen Fall, er ist nämlich giftig.

Der Isopropyl-Alkohol riecht etwas nach Krankenhaus, was manche sehr stört. In diesem Fall empfiehlt sich *Äthyl-Alkohol,* den es bereits in 50%iger Verdünnung gibt. Er ist allerdings wesentlich teurer.

Abb. 4: Keine Angst beim Plattenwaschen.

Wenn Sie es ganz ohne Risiko machen wollen, können Sie sich in der Apotheke auch *demineralisiertes Wasser* holen; es kostet pro Liter etwa 1 Mark.

In dieses Wasser kommt nun ein Tropfen — aber wirklich auch nur *einer* — eines klaren *Haushaltsspülmittels*. Bitte kein Haushaltsspülmittel mit Hautpflegesubstanz wie Öl, Lanolin usw. verwenden.

Mit einem weichen Schwamm werden nun die Platten immer in Richtung der Rillen vorsichtig abgewaschen. Hartnäckige Fingerabdrücke können Sie mit einem Tropfen *Isopropyl-Alkohol,* den wir gerade vorgestellt haben, ablösen. Sie erkennen die Stellen daran, daß dort das Wasser immer auseinanderperlt.

Bitte haben Sie keine Angst, daß sich bei dieser Prozedur das Plattenetikett in der Mitte löst; denn es wird normalerweise ohne Klebstoff bei der Herstellung der Platte in das Plastikmaterial gepreßt.

Lassen Sie dann die Platte abtropfen. Die Restflüssigkeit können Sie mit einem sauberen Fensterleder oder einem nicht fusselnden Papiertaschentuch abwischen (vorher probieren).

Sie werden staunen, was auf alten Platten oft noch alles drauf ist.

Für Freunde der Töpferkunst

Abb. 1: Rauhwandiges römisches Tongefäß aus dem 1. Jahrhundert n. Chr., gefunden bei Köln.

Ton gehört zu den besonderen Stoffen, die in den Frühzeiten der Menschheit eine mythische Rolle spielten. Vielleicht erinnern Sie sich an die Schöpfungsszene im Alten Testament, in der Gott sein Ebenbild — den Menschen — aus Lehm bzw. Ton formte, um ihm anschließend das Leben einzuhauchen. Im Altertum sah man im Ton die Verkörperung der vier Urelemente *Erde, Wasser, Luft* und *Feuer,* weil bei der Umwandlung des Tons in Schöpfungen des Menschen diese Elemente beteiligt sind: Die Tonerde wird mit Wasser gemischt und dadurch formbar, das Feuer brennt den Ton und braucht dazu Luft. Ton war aber nicht nur ein mythischer Stoff, sondern auch einer, aus dem die ersten Gebrauchsgegenstände hergestellt wurden. Lange bevor man Metall bearbeiten konnte gab es bereits die Töpferei. Sie gehört zu den ältesten Handwerkstätigkeiten des Menschen. Auffallend ist, daß hier das Material sehr stark die Form bestimmt hat; denn Tongefäße früherer Zeiten unterscheiden sich bis auf bestimmte Ornamente von den heute hergestellten im Prinzip kaum.

Etwas von der mythischen Rolle des Tons hat sich vielleicht in dem Brauch erhalten, am Polterabend Geschirr zu zerschmettern. Scherben sollen ja Glück bringen.

Der gute Ton des Tons entsteht beim Brennen

Wir wollen uns hier nun mit der *praktischen* Seite der Töpferei beschäftigen und Ihnen zuvor ein paar Tips geben, die Sie mit einigen Eigenschaften dieses Materials vertraut machen.

Die *Qualität* von gebranntem Ton oder Keramik läßt sich am Klang feststellen. Ein glockenartiger Klang weist darauf hin, daß der Gegenstand gut gebrannt ist und vor allem, daß er keinen Riß hat. Ein dumpfer Klang läßt auf schlechtgebranntes Material, das nicht sehr haltbar ist, schließen, ein schepperndes trockenes Geräusch auf Risse. Fassen Sie dazu den Gegenstand möglichst locker am Rand an, oder legen Sie ihn auf die Faust, und schnippen Sie mit dem Daumennagel dagegen.

Der im wahrsten Sinne gute Ton des Tons wird beim *Brennvorgang* beeinflußt. Bei Temperaturen zwischen 900 und 1300 Grad Celsius, die dazu nötig sind, wird der Ton — wie der Fachmann sagt — *gesintert*. Dabei werden die einzelnen mikroskopisch kleinen Tonteilchen regelrecht miteinander verschweißt.

Die nötige Hitze erzielt man in den Brennöfen heute durch elektrische Beheizung. Früher gab es die aber nicht, und so mußte man diese Temperaturen mit Holzfeuer zustandebringen (vgl. *Abb. 4*). Das haben wir versucht, waren mit dem Erfolg aber nicht zufrieden.

Ein Brennofen wie in Urzeiten

Obwohl wir selbst die Idee mit dem *Brennofen* nicht weiterverfolgt haben, hat uns der Gedanke nicht ruhen lassen, daß im 20. Jahrhundert doch zu schaffen sein müßte, was die alten Römer und noch viel früher lebende Menschen zustande gebracht haben und wovon bis heute erhaltene wunderschöne Töpferarbeiten zeugen. So hat uns unsere Suche nach einer Lösung schließlich eine freundliche Frau finden lassen, die selbst töpfert und folgendes Verfahren von ihrem alten Professor, der inzwischen gestorben ist, überliefert bekam, das dem römischen sehr ähnlich ist.

Wie man ihn baut

In möglichst feste Erde wird ein *zylindrisches Loch* gegraben, dessen Durchmesser und Tiefe soviel größer sein müssen, daß unter und um Ihr Tongefäß, das Sie brennen wollen — das sogenannte *Brenngut* — genügend Platz für die Aufschichtung eines Holzfeuers bleibt (vgl. *Abb. 5, S. 125*).

Abb. 2: So macht man die Klangprobe: mit dem Daumennagel leicht gegen den Rand schnippen.

Abb. 3: Im Studio haben wir einen Brennofen aus der Römerzeit nachgebaut. Ein genaues Modell eines historischen Ofens finden Sie auf der folgenden Seite.

In die Seite dieses Erdzylinders wird eine *Öffnung* geschnitten, die groß genug sein muß, damit Sie von dort aus Holz nachlegen können.

In dieser zylindrischen Grube wird nun ein *Holzfeuer* entzündet, auf das, noch bevor es ganz durchgebrannt ist, das Brenngut gestellt wird. Ganz wichtig ist, daß der *Ton völlig durchgetrocknet* ist, da er sonst sofort reißen würde.

Um das Brenngut wird nun allmählich Holz geschichtet, das gut und möglichst rauchlos brennen muß. Ist das

nicht der Fall, dann ist die seitliche Öffnung vielleicht zu klein, durch die das Feuer den nötigen Sauerstoff erhält.

Auf diesen Erdzylinder wird nun bei niedrig brennendem Feuer eine *Kuppel* gebaut, die einem alten Bienenkorb ähnlich sieht. Sie besteht aus Lehm, der mit Wasser knetbar gemacht worden ist, und etwa faustgroßen, möglichst platten Feldsteinen. Mauern Sie nun allmählich, auf dem Rand der Grube beginnend, diese Kuppel auf, wobei Sie

über die seitliche Öffnung der Grube einen flacher langen Stein legen müssen, damit dort die Kuppel nicht zusammenfällt.

Fürs Brennen braucht man Zeit

Nehmen Sie sich mit dem Aufmauern ruhig Zeit und verbrennen Sie sich nicht die Finger. Es kommt hier nicht auf Geschwindigkeit an, sondern im Gegenteil: der Ton muß *langsam* heißer werden. Inzwischen kann das Feuer auch zur Glut zusammensinken und

Abb. 4: Modell eines römischen Töpferofens.

das Brenngut bedecken. Sonst stören die hochgehenden Flammen sehr.

Bei der Hitze trocknet der Lehm so schnell an, daß Sie keine Angst haben müssen, daß die Kuppel zusammenfällt. Sie muß nicht höher im Verhältnis zum Brenngut sein, als auf *Abbildung 5* gezeigt wird.

Oben in der Kuppel wird ein *Loch* gelassen, das nicht zu groß sein soll, damit möglichst wenig Hitze entweicht. Das Loch dient als Schornstein.

Der ganze Vorgang dauert etwa 6 bis 8 Stunden. Sie brauchen also etwas Geduld, können dann aber zum Schluß sagen, daß Sie mit Mitteln, die man bereits in vorgeschichtlicher Zeit zur Verfügung hatte, etwas erreicht haben, was uns die Technik heute so bequem macht.

Lassen Sie nach dieser Zeit die Glut abkühlen. Da der Ofen sehr feuersicher ist, können Sie ihn ruhig über Nacht stehen lassen.

Kleine Tongegenstände könnte man jetzt durch die Feueröffnung ans Licht ziehen, um die Kuppel nicht zerstören zu müssen. Das hilft freilich nur wenig, denn dieser Ofen ist leider ein *Einmal-Ofen.* Einen zweiten Brand kann man darin nicht machen, weil das allmähliche Hochmauern während des Brennens für das *langsame* Erhitzen wichtig ist.

Aber vielleicht haben Sie eine Idee, wie man diesen Ofen wieder verwendbar machen kann. Dann schreiben Sie uns doch einfach.

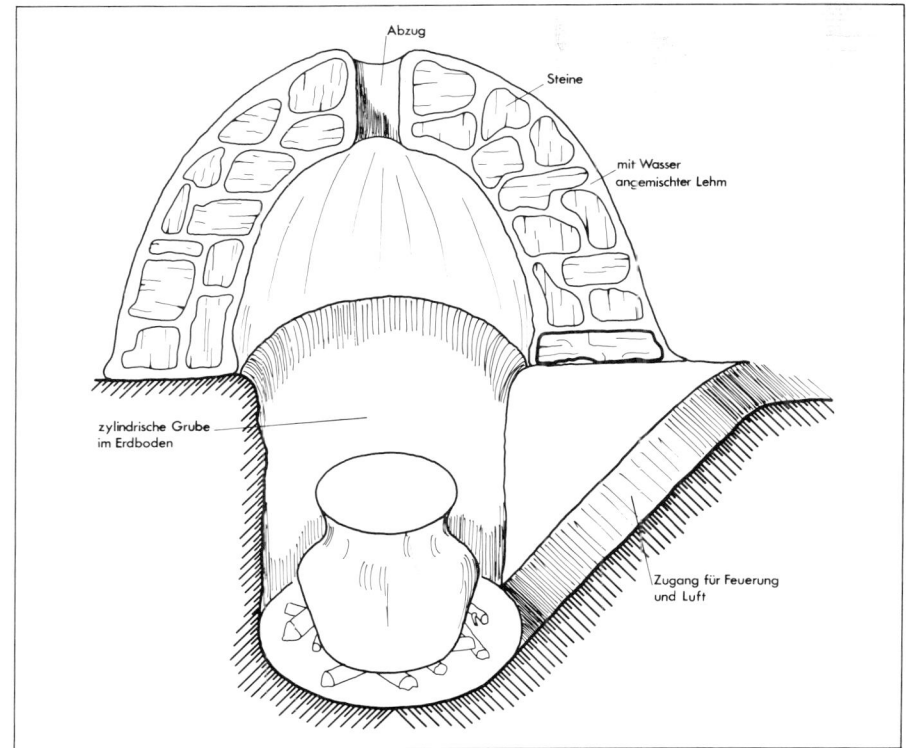

Abzug

Steine

mit Wasser
angemischter Lehm

zylindrische Grube
im Erdboden

Zugang für Feuerung
und Luft

Abb. 5: Schnitt durch einen Töpferofen, den Sie nachbauen können. Er entspricht im Prinzip dem Töpferofen auf *Abb. 4* links.

Ton, den man nicht zu brennen braucht

Da es mit dem Brennen keine ganz einfache Sache ist, haben wir ein Verfahren ausgetüftelt, bei dem man auch ohne Brennen feste Tongegenstände bekommt. Ein Chemiker hat uns dabei geholfen. Man erzielt nämlich, wenn man normalen Töpferton mit Kunststoffdispersionsbinder mischt, eine gut formbare Masse, die nach 1 bis 2 Tagen sehr hart wird und gegen Feuchtigkeit

weitgehend beständig ist.

Das Rezept

10 Teile Töpferton (z. B. 1 Kilo) werden gemischt mit 1 Teil Kunststoffdispersionsbinder (z. B. 100 Gramm; dieser Binder wird normalerweise zum Streichen von Wänden und Binden von Farben benutzt. Man bekommt ihn in Farbengeschäften). Alles gut mit den Händen durchmischen. Aber bitte nicht zu viel ansetzen, da die Masse bereits nach 1 bis 2 Stunden anzutrocknen beginnt und schwer formbar wird.

Abb. 6: Wichtig ist das gute Durchkneten der Mischung aus Ton und Binder.

Wir fangen an mit einem Brettspiel

Für den Anfang empfehlen wir den Bau des Brettspieles „Kalaha", das sich fürs Einüben besonders gut eignet. Denn Ton läßt sich wie ein Hefeteig ausrollen, es ist einfach, Mulden hineinzudrücken, und man kann Ton leicht zu Kügelchen drehen. Außerdem hat dieser Vorschlag den Vorteil, daß Sie Ihr Werk nach kurzer Trockenzeit gleich benutzen können. Einzelheiten über das Spiel Kalaha erfahren sie auf den Seiten 60 und 61.

Das Grundbrett walzen Sie am besten mit einer Teigrolle oder auch mit einer glattwandigen Flasche aus, die immer wieder mit Wasser befeuchtet werden müssen, damit der Ton nicht anklebt. Bei einer Brettgröße von etwa 20 × 30 Zentimeter können Sie mit einem Teelöffel langgezogene Mulden in den Ton drücken, die so wie auf *Abbildung 8* angeordnet sind.

Ist der Ton fertig ausgeschnitten und sind die Mulden eingedrückt, dann müssen Sie dafür sorgen, daß die Platte gleichmäßig trocknet, sonst wellt sie sich. Denn am Rand trocknet der

Abb. 7: Formen des Kalaha-Spielbrettes.

nern Sie die Flächen und Mulden mit verschiedenfarbiger *Schuhcreme*, die Sie vorsichtig mit einem Lappen auftragen und dann glänzend bürsten.

Sie können zum Anmalen allerdings auch ganz normale *Wasserfarben* aus einem Malkasten verwenden. Die Farbe sinkt in den Ton ein und ist dann einigermaßen griffest.

Schließlich können Sie aber alles auch mit einer Glasur aus sogenanntem *Wasserglas* versehen; das ist eine Flüssigkeit, die Sie für wenig Geld in der Drogerie kaufen können.

Es wird mit dem Pinsel aufgetragen und trocknet sehr schnell. Und es sieht wie eine richtige gebrannte Glasur aus. Wie man das Spiel „Kalaha" spielt, lesen Sie auf Seite 60 und 61.

Natürlich kann man aus Ton auch Schachfiguren oder andere Spielgegenstände formen. Lassen Sie durch den Ton Ihre Phantasie anregen.

Es geht auch ohne Töpferscheibe

In der nächsten Stufe wollen wir *Hohlgefäße* herstellen. Daran denkt man eigentlich zuerst, wenn von Töpfer-

Ton schneller als in der Mitte. Belegen Sie also die Kanten mit einem nassen Papierstreifen oder lassen Sie die gesamte Platte unter einer lose aufgelegten Klarsichtfolie (Cellophan). Das dauert allerdings länger.

Außerdem brauchen Sie für das Spiel insgesamt 36 gleich große Kügelchen, die nicht größer sein sollen als kleine Murmeln (formen Sie sich eine größere Platte, die geräumigere Mulden hat, dann können die Kügelchen natürlich auch größer sein. Es müssen immer

mindestens drei Kugeln in eine kleine Mulde passen). Zur Sicherheit können Sie ja gleich ein paar Ersatzkugeln mitformen. Dann muß das Ganze ein bis zwei Tage trocknen.

Verschönern des Tons

Schließlich geht es an das Verschönern. Kanten und Flächen können Sie mit mittelfeinem Schmirgelpapier glattschleifen.

Für das *Verschönern* und *Färben* hier zunächst einen ganz einfachen Tip — kompliziertere kommen später: Wie-

Abb. 8: Das fertige Kalaha-Spiel mit den nötigen Kugeln.

Abb. 9: Rollen der „Würstchen".

kunst die Rede ist. Vielleicht haben Sie irgendwo schon einmal gesehen, wie scheinbar leicht ein Töpfer Vasen, Krüge, Tassen, Schüsseln oder andere Hohlgefäße aus einem Klumpen Ton auf der Drehscheibe modelliert. Dabei ist dies eine wahrhaftig nicht leichte Kunst. Wir gehen deshalb hier auf eine einfachere und ebenfalls uralte Technik zurück, bei der ein Tongefäß Ring für Ring oder Streifen für Streifen allmählich aufgebaut wird. Und das geht so:

Die „Würstchenmethode"

Bei der *Würstchenmethode* wird aus einer kleinen Menge von unserem Spezialton eine Wurst mit der Hand auf den Tisch gerollt, die so lang ist, wie etwa der Umfang unseres Gefäßes werden soll und so dick wie die spätere Wand.

Der Strang wird dann zu einem Kreis gebogen, und die beiden Enden werden miteinander verklebt.

Nun kommt der nächste Ring dran, der bei einem zylindrischen Gefäß den gleichen Durchmesser haben muß, bei einem Gefäß, das bauchig sein soll, etwas größer ist. Bitte keine zu ausladenden Bäuche versuchen, weil der Ton durch sein Eigengewicht sonst leicht in sich zusammensinkt.

Wenn Sie eine *glatte* Wandung haben wollen, werden die Tonringe vorsichtig miteinander von innen und außen verschmiert. Machen Sie dazu Ihre Finger naß; dann werden die Oberflächen glatter. Wer sorgfältig vorgeht, kann Gefäße formen, die von gedrehten kaum zu unterscheiden sind.

Abb. 10: Die Würstchenringe werden aufeinandergesetzt.

Abb. 11: Verstreichen der Wände.

Abb. 12: Zu Ringen gefügte Streifen.

Für den *Boden* des Gefäßes kann man wieder ein Stück Ton nehmen, das mit der Rolle oder Flasche ausgewalzt worden ist und das Sie mit dem Messer in die richtige Form geschnitten haben. Auch der Boden wird mit Wasser und vorsichtigem Fingerdruck mit der Wandung des Gefäßes verbunden.

Die „Streifenmethode"
Ähnlich geht man bei der *Streifenmethode* vor. Allerdings lassen sich mit ihr nur zylindrische Gefäße herstellen.

Walzen Sie dazu wieder eine Tonplatte aus, die Sie mit Hilfe eines Messers und eines Lineals in Streifen schneiden. Diese Streifen werden zu Ringen gebogen und beide Enden wieder miteinander verbunden. Auf diese Weise lassen sich zum Beispiel Tassen herstellen.

Vorsicht bei Henkeln
Nun brauchen Tassen auch *Henkel,* und damit ist es nicht ganz einfach. Ton schrumpft nämlich beim Trocknen, und zwar — wie Fachleute das nennen

— um ein $1/10$ linear. Das heißt, er schrumpft $1/10$ in Längsrichtung, $1/10$ in der Breite und $1/10$ in der Höhe. Aus einem Litergefäß im feuchten Zustand wird nach dem Trocknen also ein 0,7 Liter Topf.

Trocknen nun zwei miteinander verbundene Tonteile unterschiedlich schnell, so kommt es unweigerlich zum Bruch. Ein dünner Henkel an einer Tasse würde während des Trocknens abbrechen, da aus ihm die Feuchtigkeit schneller entweicht. Daher „hen-

128

kelt" ein Töpfer Gefäße erst dann, wenn sie schon weitgehend getrocknet sind. Dort, wo der Henkel angeklebt wird, muß man den Ton dann noch einmal etwas anfeuchten. Auch hier kann man den Trocknungsvorgang wieder verzögern, indem man den Ton mit einer durchlöcherten Folie abdeckt oder nasses Papier darüber legt.

„Glasieren" mit Kunststoff

Ton ist ungebrannt ein empfindlicher Stoff, weil er bei Feuchtigkeit wieder aufweicht und zerfällt. Bei unserer Methode erzielen Sie immerhin eine etwa 5mal größere Festigkeit auch ohne Brennen und eine weitgehende Beständigkeit gegen Feuchte. Damit aber auch diese Gefäße für Flüssigkeiten verwendet werden können, muß unser Ton-Binder-Gemisch noch behandelt werden. Ein Glasieren scheidet hier aus, weil dabei Temperaturen von mindestens 1020 Grad Celsius, besser aber 1200 Grad Celsius erreicht werden müssen.

Die Sache mit der Schuhwichse scheidet als Ausweg hier natürlich aus. Deshalb empfehlen wir eine „Glasur" mit *Kunststoff*, die ganz ohne Hitze durchhärtet und überdies lebensmitteltauglich ist. Das gilt ja für die meisten Lacke und Farben nicht, weil sie Stoffe abgeben, die gesundheitsschädlich sind.

Ein Überzug mit 1-Komponenten-Kunststoff

Der erste Kunststoff, den wir empfehlen, besteht aus nur einer Komponente, und man kann ihn in Baubedarfsgeschäften beziehen (z. B. G 4 der Fa. Voss-Chemie). Solche Kunststoffe kosten zwar pro halbes Kilo etwa 10

Mark, aber mit dieser Menge kommt man schon sehr weit.

Der Kunststoff wird mit einem Pinsel aufgetragen, und er härtet bei normaler Zimmertemperatur nach etwa 4 bis 5 Tagen von selbst aus. Bevor Sie dann Ihre Tasse oder Ihren Becher zum Trinken benutzen, sollten Sie diese allerdings zweimal mit kochendem Wasser ausspülen, damit sie geschmacksneutral werden.

Der Kunststoff, der normalerweise zum Isolieren feuchter Räume benutzt wird, härtet aus, indem er Feuchtigkeit aufnimmt. Das ist für unsere Zwecke sogar ein Vorteil, weil dadurch die Restfeuchtigkeit, die sich lange im Ton hält, dem Material entzogen wird.

Ein Überzug mit 2-Komponenten-Kunststoff

Ein anderer Kunststoff, der aus zwei Komponenten besteht, wird auch *De-De-Lack* genannt (nach den beiden Komponenten *Desmoplan* und *Desmodur*). Man verwendet ihn normalerweise zur Lackierung von Booten, zur Parkett- oder Möbelversiegelung. Die Verarbeitungszeit dieses Kunststoffs — man nennt sie fachmännisch die Topfzeit — ist nach dem Vermischen der beiden Komponenten relativ lang, nämlich 4 bis 6 Stunden. Ist er jedoch einmal aufgetragen, dann härtet der De-De-Lack relativ schnell aus. Es empfiehlt sich, ihn in mehreren dünnen Schichten aufzutragen. Wirklich grifffest und mechanisch belastbar ist er aber erst nach 24 Stunden.

Den De-De-Lack gibt es in verschiedenen Farben. Er kostet pro halbes Kilo etwa 15 Mark. Auch hier muß vor Gebrauch das Gefäß mehrmals mit heißem Wasser ausgespült werden.

Beim Umgang mit flüssigen Kunststoffen müssen Sie ganz besonders vorsichtig sein. Man kann sie nämlich nicht wie normalen Lack mit einem Lösungsmittel entfernen. Gehärteter Kunststoff auf der Kleidung ist nicht wieder zu beseitigen; sogar auf der Haut bleibt er tagelang fest sitzen. Deshalb beim Basteln mit Kunststoff Plastikhandschuhe tragen und Spritzer sofort im feuchten Zustand abwischen.

Will man das Tongefäß *bemalen*, dann empfiehlt es sich, den 1-Komponenten-Kunststoff zu nehmen, der zwar eine leicht hellbräunliche Farbe hat, im übrigen aber transparent ist. Zum Bemalen kann man normale Wasserfarben nehmen oder ein Verfahren anwenden, das sehr alt ist und heute noch zum Beispiel bei der Bauerntöpferei im Elsaß verwendet wird.

Färben mit Engoben

Dort verwendet man zum Färben und Bemalen sogenannte *Engoben*. Das sind flüssige, mit Oxiden gefärbte Tone, die so stark mit Wasser verdünnt werden, daß man damit malen kann. Die Farben sind nicht grell, sondern erdig, was auf Ton besonders schön aussieht. Die Engobe (man spricht das übrigens französisch aus, mit einer Anfangssilbe, wie bei Engagement) wird auf den „lederharten" Ton, der also schon weitgehend angetrocknet ist, aufgebracht. Im Gegensatz zu normalen Tonfarben ist hier der spätere Farbton sofort erkennbar.

Leuchtender werden diese Farben wenn man sie glasiert oder — wie in unserem Falle — mit dem 1-Komponenten-Kunststoff überzieht. Engoben gibt es übrigens in der Natur

Abb. 13: Mit Engoben bemaltes Tonzeug. Links glasiert; rechts unglasiert (am Boden der Schale ein grüner Flaschenboden, der beim Brennen mit eingeschmolzen ist).

Wenn Sie Glück haben, finden Sie vielleicht irgendwo einen roten Ton, in dem Eisenoxid enthalten ist, den man sehr schön auf weißen Ton aufbringen kann, den Sie in Hobbygeschäften bekommen. Selbstgegrabener Ton ist übrigens meistens zu „fett". Das heißt, er reißt beim Trocknen oder gar beim Brennen leicht ein.

Daher müssen ihm sogenannte *Magerungsmittel* zugesetzt werden. Das sind zum Beispiel Sand oder Schamotte oder auch Torf, mit dem Sie besondere Effekte erzielen können. Beim Brennen wird der Ton nämlich porös, da der Torf herausglüht. Denselben Effekt können Sie mit Sägemehl erzielen. Diese Techniken, den Ton in seiner Struktur zu verändern, lassen sich natürlich auch bei gekauftem Ton anwenden.

Töne aus Ton: lustige Vogelpfeifen

Wir gehen jetzt noch einen Schritt weiter und formen aus Ton eine Flöte, die wie ein Vogel aussieht. Wie bei den meisten Dingen, die mit Ton zu tun haben, ist es auch hier: diese flötenden Tonvögel sind ein sehr altes Spielzeug, das früher auf Jahrmärkten neben Süßigkeiten und anderen einfachen Dingen feilgeboten wurde. Diese Tierchen sehen hübsch aus, besonders wenn man sie phantasievoll anmalt.

Die Tonflöte besteht im wesentlichen aus einem Hohlraum, dem sogenannten Resonanzkörper. Seine Größe bestimmt die Höhe des Tons. Ein kleiner

Abb. 14: Beispiele für fertige Tonpfeifen und eine Okarina (unten links).

zwei gleichgeformte Hälften des Vogels herstellen, die sie leicht antrocknen lassen und später vorsichtig aneinanderfügen. Die Nähte werden dann mit nassen Fingern zusammengerieben. Aber aufpassen, damit Sie den Hohlkörper nicht zusammendrücken.

In den noch feuchten Ton müssen Sie nun vorsichtig den *Windkanal* eindrücken, der bis in die Höhlung reichen muß. Stechen Sie ihn am besten mit einem dickeren Nagel oder einer Kugelschreibermine vor, und erweitern Sie

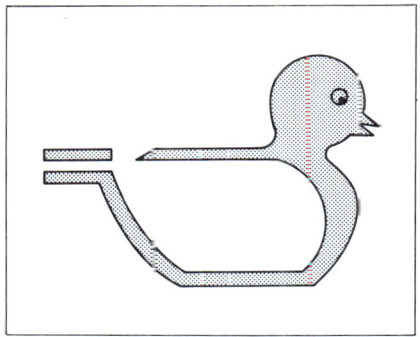

Abb. 15: Schnitt durch eine Vogelpfeife.

Hohlraum ergibt einen hohen Ton, ein großer einen tiefen. Aber wie entsteht nun der Ton?

Durch das Mundstück wird Luft eingeblasen. Sie streicht zunächst durch den geraden Gang und wird dabei geglättet. Dann stößt sie an die Kante des eingekerbten Aufschnittes (vgl. dazu *Abbildung 16*), der genau in Höhe des Kanals liegt, durch den die Luft eingeblasen wird. An dieser Kante verwirbelt die Luft und erzeugt dadurch die Schwingung im Hohlraum der Flöte.

Diese Schwingung hören wir als Ton. Wichtig ist dabei, daß die Kante genau in Fortsetzung des Einblaskanals liegt, damit sich der Luftstrom aufteilt. Ein Teil entweicht durch die Kerbe nach außen, der andere in den Hohlraum der Flöte. Das Prinzip gleicht dem der Weidenpfeife auf Seite 50.

Sie können eine solche Vogelflöte auf zweierlei Weise herstellen.
Einmal, indem Sie den Tonvogel *von unten aushöhlen* und später mit einer Tonplatte verschließen, oder indem Sie

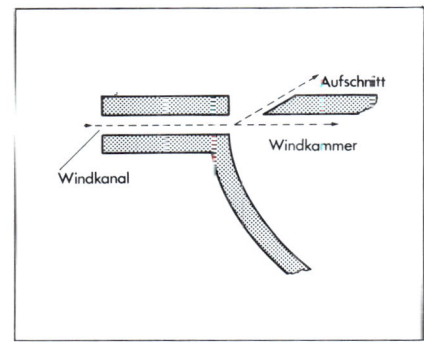

Abb. 16: Der eigentliche Pfeifenteil.

ihn dann später mit dem Stiel eines möglichst geraden Kaffeelöffels.

Wenn Sie den *Aufschnitt* (die „Kerbe" der Flöte) mit einem Messer anbringen, dann geschieht das am besten, solange noch der Kaffeelöffel im Windkanal steckt. Dann ist nämlich sichergestellt, daß der Windkanal nicht zugequetscht wird und der Aufschnitt die richtige Lage behält.

Sie können den Ton sogar variieren, wenn Sie in den Rücken oder die Seite des Vogels ein oder mehrere Löcher bohren, die wie die Löcher einer Flöte mit dem Finger geöffnet oder geschlossen werden. Sie müssen einfach ausprobieren, wann die Töne für Ihren Geschmack am besten klingen. Notfalls lassen sich die Löcher natürlich mit feuchtem Ton auch wieder verschließen.

Das Klappboot „Hobbtimist"

Abb. 1: Der Hobbtimist als Motorboot.

Bei dem folgenden Bastelvorschlag ist das Wort basteln eigentlich schon nicht mehr der passende Ausdruck. Hier wird nämlich eine ganze Menge Holz verarbeitet, werden Beschläge, Dichtungsmassen und manches mehr gebraucht — kurz: jetzt wird richtig *gebaut*. Wir dachten, daß die Freunde der Hobbythek vielleicht einmal Lust haben würden auszuprobieren, wie weit sie mit ihrer Geschicklichkeit kommen.

Natürlich haben wir auch hier wieder darauf geachtet, daß bei dem Vorschlag etwas Nützliches herauskommt, das zugleich Spaß macht. Und der Spaß ist hier wie bei allen Basteltips doppelt: beim Bauen und beim Benutzen.

In dem Namen *Hobbtimist,* den wir unserem Boot gegeben haben, verbirgt sich zweierlei. Einmal natürlich *Hobby-thek* und zum anderen *Optimist.* Was Hobbythek ist, wissen Sie; und was ein Optimist ist, auch. Segler denken dabei allerdings nicht nur an den Menschen der an allem nur die beste Seite sieht sondern an ein kleines, einfach zu bedienendes Segelboot, mit dem vor

Abb. 2: Der Hobbtimist als Segelboot (mit der Besegelung des „Optimisten").

allem Kinder ihre ersten Erfahrungen machen und enormen Spaß haben. Dieser Bootstyp heißt *Optimist.* Vielleicht haben Sie ihn schon einmal gesehen; vor den Mittelmeerküsten wird damit sogar auf dem Meer gefahren. Das sind kleine Boote, die einen stumpfen Bug haben und ein Segel, das trapezförmig zwischen zwei Leichtmetallrohren gespannt ist und mit nur einer Leine (Fachleute sagen *Schot* — mit langem o — dazu) bedient wird. In diesen Booten haben zwei Kinder ausreichend Platz; zur Not gehen auch ein Erwachsener und ein Kind hinein, was bei der ersten Segelstunde ganz beruhigend ist. Unser Boot ist für 100 Kilo Zuladung ausgelegt.

Am Anfang der Geschichte, die zur Konstruktion des *Hobbtimisten* führte, stand gar kein Boot, sondern das Auto. Oder noch genauer: die Idee, einen *abschließbaren Dachgepäckträger* zu bauen. Und wie es Ideen so geht — sie werden gedreht und gewendet und erzeugen im Glücksfall eine neue Idee. So war es auch hier. Der Hobby-Bootsbauer Friedrich Peter Plaschke in Uetersen bei Hamburg, brachte uns darauf. Warum eigentlich nicht einen Dachgepäckträger bauen, den man zugleich als Boot benutzen kann? Herr Erich Heimann, der uns gelegentlich berät, fuhr mit dem Auftrag nach Hamburg zurück, ein solches Boot zu konstruieren.

Das Ergebnis war zwar noch etwas ungefüge — etwa 3,50 Meter lang —, aber das Prinzip war gefunden. Nach verschiedenen Versuchen waren Maße und Gewicht klein genug, um das Dachschließfach noch benutzbar zu halten und groß genug, daß er noch als

Abb. 3: Der Hobbtimist als abschließbarer Dachgepäckträger.

Boot taugte. So entstand der *Hobbti-mist,* und auf ähnliche Weise, über Umwege und Zwischenideen, entstanden viele Vorschläge der Hobbythek. Oft gehen wir damit ein Jahr oder länger schwanger.

Ein Boot also, das nicht nur schwimmt, sondern sich mit dem Originalsegel des Optimisten *segeln* läßt, an das man sogar einen kleinen *Außenbord-Motor* hängen kann (2 PS), das man natürlich auch *rudern* kann, was ja zum Beispiel fürs Angeln durchaus genügt, und das

man für Hin- und Rückfahrt in den Urlaub als praktischen *Gepäckschutz* benutzen kann. Und der Clou der Sache: Das Material für das Boot ohne Segel kostet nur rund 200 Mark. Fertig gekauft — und zwar ohne den Zusatznutzen des Dachschließfaches — kommt das auf runde 1000 Mark.

Vielleicht trauen Sie sich nicht so recht an den Bau, weil der Bauplan komplizierter aussieht als er ist? Lassen Sie sich nicht erschrecken. Wer es fertigbringt, ein mittleres Segelflugmodell

zusammenzubauen, kommt auch mit dem *Hobbtimister.* zurecht, der wirklich nicht viel schwieriger, sondern nur ein bißchen größer ist. Wir beschreiben den Bau jetzt so gründlich, daß eigentlich gar nichts schiefgehen kann. und wir beginnen gleich mit den Listen der Materialien, die Sie sich vor dem Bau besorgen sollten.

Das benötigte Material

Holz (ohne Material für die Helling):

1 Platte wasserfestes Gabun-Sperrholz	4 mm stark	170	× 250 cm
1 Platte wasserfestes Gabun-Sperrholz	8 mm stark	40	× 120 cm
2 Platten wasserfestes Gabun-Sperrholz	8 mm stark	25	× 20 cm
4 Platten wasserfestes Gabun-Sperrholz	8 mm stark	42	× 25 cm
2 Platten wasserfestes Gabun-Sperrholz	8 mm stark	40	× 42 cm
2 Platten wasserfestes Gabun-Sperrholz	8 mm stark	10	× 125 cm
24 laufende Meter Oregon-Pine-Leisten		2	× 3 cm
9 laufende Meter Oregon-Pine-Leisten		1	× 3 cm
1,1 Meter Kiefernleiste		3,5 ×	10 cm
1 Kilo wasserfester Holzleim			

Metallteile (nur rostfreies Material verwenden):

100 Messingstifte, 20 mm lang
 60 Messingschrauben (Holzschrauben mit Flachkopf) 4 × 50 mm
  8 Messingschrauben (Gewindeschrauben mit je 4 Muttern) 8 × 40 mm
  2 Truhenscharniere aus Messing
  2 Streifen Alublech (evtl. Abfall aus einer Metallwerkstatt) 5 mm stark 32 × 3 cm
 24 Eisenschrauben (für Helling) 4 × 50 mm

Kunststoff:

  1 kg Polyesterharz
  1 kg Polyester-LT-Lack farblos (wasserbeständige Qualität)
100 g MEKP-Härter für Polyesterharz und LT-Lack
  1 kg 1-Komponenten-Polyurethan-Versiegelung
  5 m² Glasseiden-Leinwandgewebe 90070
200 g Polyester-Farbpaste (Farbe nach Ihrem Geschmack)
  1 Metallscheibenroller
  1 kleiner Fellroller
  1 Liter Azeton oder Nitroverdünner.

Hier also die Liste der benötigten *Werkzeuge:*

1 Hammer
1 mittleren Schraubenzieher
1 Feinsäge (sogenannte Rahmensäge)
1 Fuchsschwanz
1 Handbohrmaschine mit je einem Bohrer 4 mm ∅ und 8 mm ∅
1 Hobel (oder Surform-Hobelfeile bzw. Raspel)
1 Raspel
  80er Schleifpapier
1 Schere
1 breiten Pinsel
1 Plastikschüssel zum Ansetzen des Polyesterharzes
5 m Schnur

Handwerkszeug brauchen Sie natürlich auch. Einiges davon haben Sie vielleicht schon. Und wenn nicht, dann müssen Sie sich jetzt Dinge besorgen, die nicht nur beim Bootsbau nützlich sind, sondern bei vielen anderen Arbeiten. Überhaupt haben wir bei der Materialliste darauf geachtet, daß Sie nicht ausgefallene Materialien kaufen müssen, sondern solche, die Sie in normalen Holz- und Metallwarenhandlungen bekommen können oder auch in Hobbybedarfsläden.

Und noch etwas brauchen Sie: ein bißchen Zeit; nach unserer Erfahrung bei mittlerer Geschicklichkeit etwa eine Woche. Glauben Sie uns — ein richtiges Boot zu bauen ist eine spannende Sache. Und wenn man es dann geschafft hat, ist man doch stolz und darf es auch ruhig sein. Kinder werden es mit großem Spaß benutzen und damit ihre ersten Erfahrungen machen. Und für Erwachsene ist es die ideale Angel-,,Plattform''. Wir drücken Ihnen den Daumen für gutes Gelingen.

Und jetzt wird's ernst.

Zuerst bauen wir — wie bei einem großen Schiff —

Die Helling

Das ist ein *Rahmen,* auf dem das Boot aufgebaut wird; und zwar mit der Unterseite nach oben, damit später das Beplanken leichter geht. Diese Helling, die Sie auf *Abbildung 4* ohne Boot und auf *5* mit den Spanten sehen, müssen Sie auf einem möglichst *ebenen* Boden zusammensetzen. Denn wenn die Helling zum Beispiel in sich verdreht ist, kann auch das Boot nicht gerade werden.

Der Rahmen

Die Helling wird aus Brettern zusammengesetzt, die 13 Zentimeter breit und 3 Zentimeter dick sind. Das muß kein besonders gutes Holz sein, und es ist auch nicht schlimm, wenn es nicht ganz so glatt wie eine Tischplatte gehobelt ist. Die Helling ist ja nur eine Montagehilfe.

Wir brauchen 2 Bretter von je 2,50 Meter Länge und 2 von je 1,20 Meter Länge. Wir nageln sie an den vier Ecken wie auf *Abbildung 4* zunächst nur mit einem Nagel zusammen; dann kann man nämlich den Rahmen noch wie ein Parallelogramm verschieben. Das hintere Querbrett schließt dabei mit den Längsbrettern ab, während das vordere Querbrett 14 Zentimeter nach innen verschoben befestigt wird (vgl. dazu auch *Abbildung 17).* Rechtwinklig ausrichten können Sie die Helling entweder mit einem Winkel (der nicht zu klein sein darf) oder einfacher, indem Sie die Diagonalen ausmessen, die gleich lang sein müssen. In unserem Fall etwa 2,77 Meter. Danach den Rahmen mit Schrauben oder mehreren Nägeln so

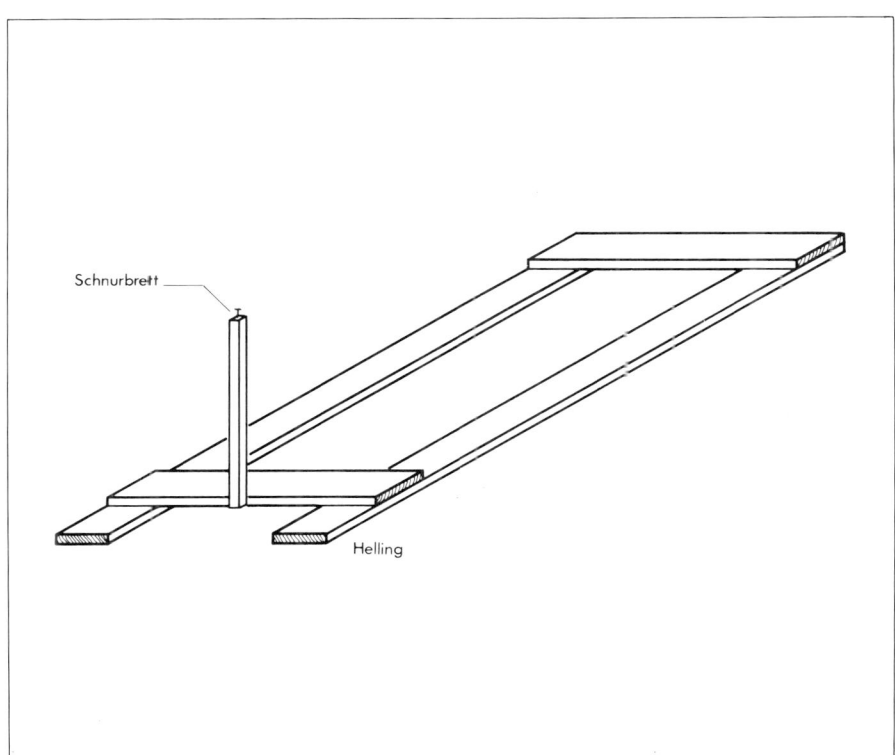

Abb. 4: Die Helling.

fest verbinden, daß er sich nicht mehr verschieben kann.

In der Mitte des *vorderen* Querbrettes schrauben wir eine Leiste von 60 Zentimeter Höhe an, die genau senkrecht stehen muß. Oben in diese Leiste kommt exakt in der Mitte ein kleiner Nagel. Von diesem Nagel spannen wir eine Schnur bis zu einer Markierung, die genau in der Mitte des *hinteren* Querbrettes angebracht ist. Diese Schnur markiert die *Mittellinie* des späteren Bootsbodens.

Die Halteklötze

Auf dieser Helling wird nun das Bootsgerippe aufgebaut; und zwar mit der *Unterseite nach oben.* Wie das einmal aussehen wird, zeigen Ihnen die *Abbildungen 14* und *5.* Die Spanten — von deren Bau gleich noch die Rede sein wird — werden auf den Längsbrettern der Helling an Klötzen von 10 Zentimeter Höhe und 3 × 3 Zentimeter Stärke angeschraubt. Diese Klötze können Sie entweder von einer 1,50 Meter langen Leiste abschneiden oder — und das

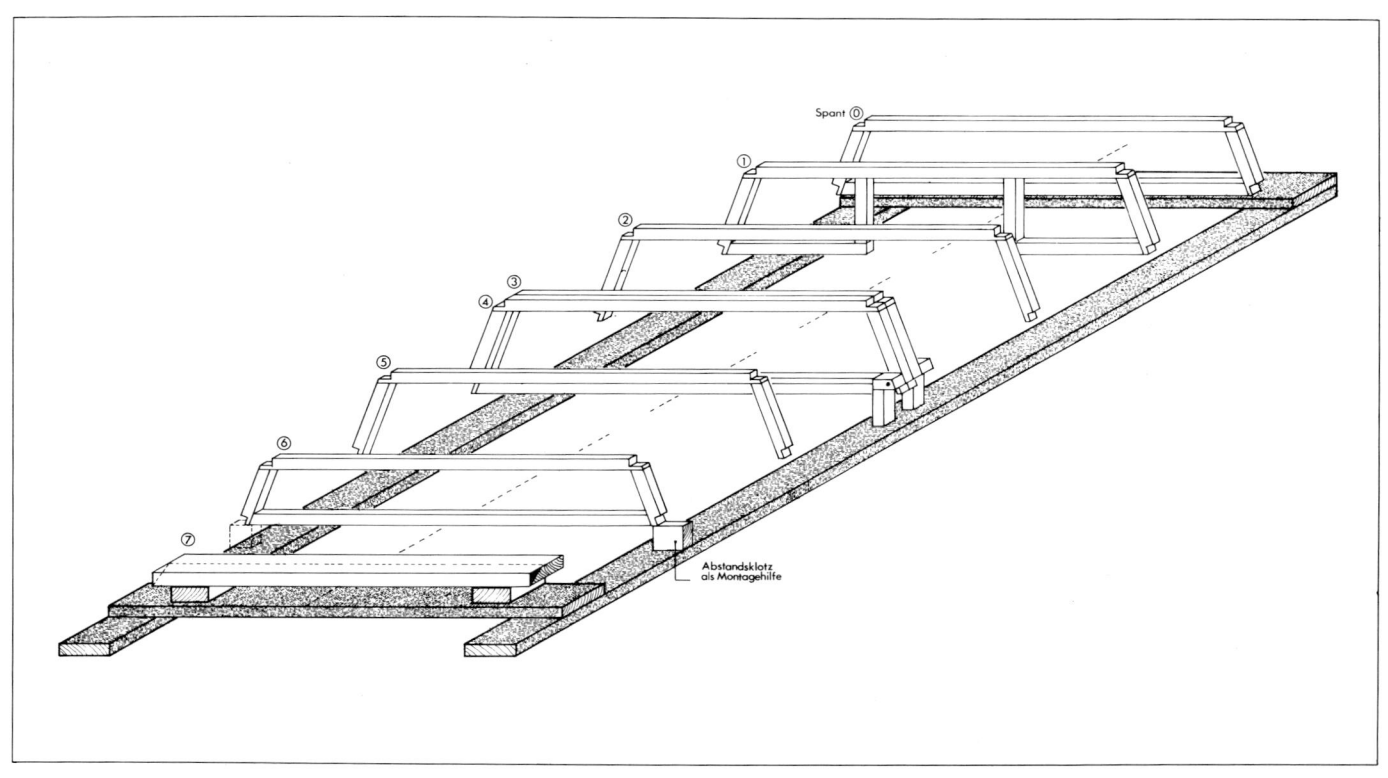

Abb. 5: Die Helling mit den Spanten.

kommt billiger — von Abfallhölzern, die Sie sich bei einem Tischler oder bei einem Holzhändler sicher besorgen können.

Wohin diese Halteklötze kommen, das ist der nächste Schritt. Wie in *Abbildung 17* angegeben, werden jetzt auf den beiden Längshölzern die Positionen für die Spanthalteklötze mit einem Bleistift markiert. Der Abstand zwischen diesen Markierungen beträgt jeweils 36 Zentimeter. Die erste Markierung liegt auf dem vorderen Querbrett

(dort wo der senkrechte Stab mit der Spannschnur angebracht ist) etwa 3 Zentimeter von der vorderen Kante entfernt. Von dieser Linie nun tragen Sie jeweils 36 Zentimeter ab. Hier müssen Sie sehr genau arbeiten, damit Sie am Ende der Längsbretter nicht auf der einen Seite ein längeres oder kürzeres Ende übrigbehalten als auf der anderen Seite. Wenn Sie genau gemessen haben, erhalten Sie, wenn Sie mit einer Leiste quer über die Helling die Markierungen zu Linien durchziehen, ge-

nau rechtwinklige Markierungen für die *Spanthalteklötze.*

Die Klötze werden nun, wie auf *Abbildung 17* angegeben, zunächst mit Holzleim auf die Helling aufgeklebt und später — wenn der Leim abgebunden hat — mit Holzschrauben von unten noch einmal gesichert.

Auf *Zeichnung 5* haben wir auf die Klötze rechtwinklig kleine Querträger angebracht, so daß die Spanthalteklötze an den Seitenleisten der Spanten festgeschraubt werden können. Das ist aber nicht bei allen Spanten unbedingt nötig; bei dem hier beschriebenen Verfahren werden die Klötze einfach an die oberen Längsseiten der trapezförmigen Spanten festgeschraubt. Nur bei Spant 5 und 2, die keine oberen Längsleisten haben, müssen Sie zu dieser Hilfsmaßnahme greifen.

Auf *Abbildung 5* ist auch gezeigt, daß man mit Hilfe eines Abstandsklotzes, der 6 Zentimeter hoch ist, sich die Montage erleichtern kann, dasselbe leistet allerdings auch ein Zollstock; es kommt hier nur darauf an, daß alle Spanten exakt gleich hoch über der Helling gewissermaßen ,,schweben''.

Wir kommen nun zum

Bau der Spanten und des Spantengerippes

Für die Spanten unseres Bootes brauchen wir die Oregon-Pine-Leisten mit einem Querschnitt von 2 × 3 Zentimetern. Die trapezförmigen Spanten geben dem Boot später die *Form* und auch seine *Steifigkeit*. Bei unserem Boot haben alle Spanten unten — das heißt

also auf der schmaleren Seite — die gleiche Breite. Gleich ist auch die Neigung der Seitenleisten, die gegenüber der Senkrechten einen Winkel von 20 Grad bilden.

Wir sagten schon, daß die Spanten 5 und 2 (vgl. dazu *Abbildung 5*) oben offen sind. Alle übrigen Spanten haben oben eine horizontale *Decksleiste*; sie bilden also einen allseitig geschlossenen trapezförmigen Rahmen. Diese geschlossenen Spanten werden später einma die Decksbeplankung, das Mastbrett und anderes tragen.

Es ist wichtig, daß alle Spanten, bis auf die unterschiedlichen Höhen, gleich ausfallen. Und um das zu erreichen, bauen wir uns eine einfache *Schablone*, wie sie auf *Abbildung 6* gezeigt wird.

Der Bau der Spantenschablone

wird erleichtert, wenn wir uns dazu zunächst einmal den sogenannten *Heckspiegel* aus 4 Millimeter starkem Sperrholz zuschneiden, den wir später ohnehin brauchen. Der Heckspiegel ist das hintere Abschlußbrett des Bootes. Welche Maße die Spanten haben, se-

hen Sie in der *Tabelle 7*. Der Heckspiegel kommt später auf den *Spant Nr. 0*, er hat also eine Höhe H von 20 Zentimetern, eine untere Breite von 1 Meter (die sog. Kimmbreite K) und eine obere Breite von 1,133 Meter (die sog. Decksbreite D). Diese etwas komplizierte Zahl der oberen Breite ergibt sich von selbst, wenn Sie links und rechts von der 1 Meter breiten Grundleiste 2 Linien mit je 20 Grad Neigung nach außen anreißen.

Aber jetzt weiter zum Bau der *Schablone*. Wir legen jetzt den Heckspiegel auf ein Stück Spanplatte, die nicht neu sein muß, aber größer als die Heckschablone. Wir leimen dann an der Außenkontur des Heckspiegels dicht anliegend 3 Leisten auf, an die später die Spantrahmenhölzer beim Zusammenbau anliegen. Bei den Spanten, von denen jetzt die Rede ist, handelt es sich um die Spanten 0 bis 6; der *Spant 7*, der in Wahrheit ein dickes Brett ist, ist ein Sonderfall.

Die einzelnen Spanten

Für die 7 Spanten 0 bis 6 schneiden wir uns jetzt 7 *Spantbodenleisten* zurecht.

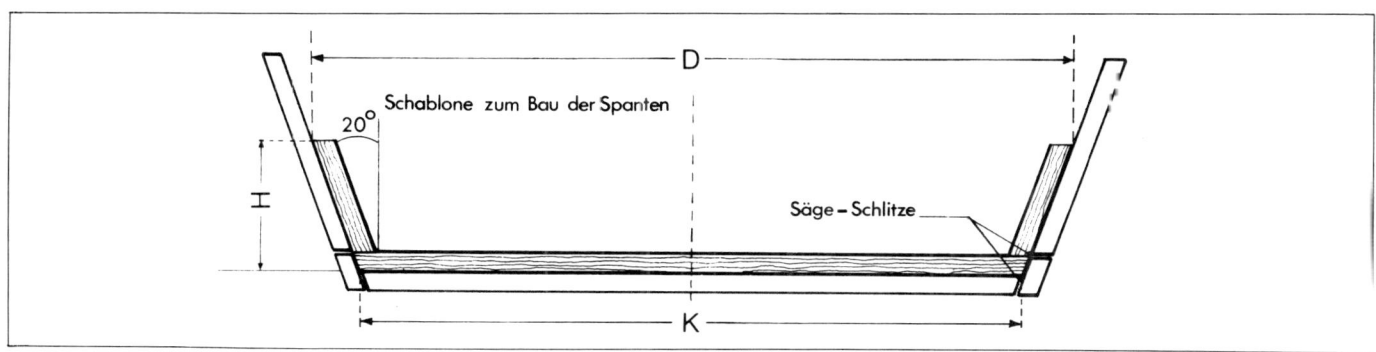

Abb. 6: Die Spantenschablone.

Außenmaße der Spanten

Spant Nr.	Spanthöhe H	Kimmbreite K	Decksbreite B
0	200	1000	1136
1	238	1000	1168
2	256	1000	1188
3	254	1000	1187
4	254	1000	1187
5	236	1000	1176
6	186	1000	1138
7	0	1000	1000

Abb. 7: Tabelle Spantenmaße (in Millimetern).

die alle gleich lang sind und genau in die Spantschablone hineinpassen müssen. Eine dieser Leisten legen wir dann in die Schablone. Von der Unterkante (auf der Helling weist sie nach oben) dieser Spantbodenleiste ausgehend messen wir nun die Höhen der einzelnen Spanten aus, die der *Tabelle 7* entnommen werden können. Wichtig ist, daß wir senkrecht nach oben die Höhe bemessen (vgl. dazu *Abbildung 6*; die Höhe H). Der Einfachheit halber tragen wir auf den beiden Leisten, die die Spantseiten markieren, die Höhe für alle 7 Spanten gleich ab und numerieren sie entsprechend. Bitte darauf achten, daß Sie genau senkrecht die Spanthöhe abmessen, wozu Ihnen entweder ein Anschlagwinkel oder ein rechtwinkliges Stück Sperrholz als Anreißhilfe dienen kann.

Wir brauchen nun 14 *seitliche Spanthölzer*, die alle entsprechend der 20 Grad Schräge geschnitten werden müssen. Das geht am einfachsten, wenn wir die Spanten-Schablone als Sägehilfe verwenden. Auf *Abbildung 6* sehen Sie, daß wir dafür in die Leisten

der Schablone entsprechende Säge-Schlitze geschnitten haben. Nehmen Sie die Bodenleiste aus der Schablone, sägen Sie ein Spantholz unten schräg, reißen Sie dann die richtige Länge an (vorher die Bodenleiste wieder in die Schablone, damit Sie die richtige Höhe beim Übertragen des Maßes von der Schablone auf die Leisten erhalten). Dann Seitenspant etwa 2 Zentimeter zu lang grob abschneiden, umdrehen und im Sägeschlitz exakt auf Winkel sägen. Bitte darauf achten, daß der obere Sägeschnitt der seitlichen Spanthölzer genau parallel zur Bodenleiste des Spantes laufen muß.

Bei den rundum geschlossenen Rahmenspanten wird dann noch die *Decksleiste* eingepaßt, deren Länge ebenfalls der Tabelle zu entnehmen ist, die man aber auch ebensogut an der Schablone ausmessen kann.

Da der Winkel von 20 Grad bei allen Leisten wiederkehrt, können wir uns bei einiger Geschicklichkeit die Zuschneidearbeit sehr erleichtern. Die sauber gesägte Schräge bleibt ja immer dieselbe. Sie brauchen also nicht jeden

Spant auf zwei Seiten frisch zuzuschneiden. Eine stimmt immer schon. Nun legen wir die einzelnen Teile der Spanten in die Schablone und leimen sie mit wasserfestem Holzleim zusammen. Dabei bitte nicht vergessen, daß der Spant nicht an den Anschlaghölzern festkleben darf. Vor dem endgültigen Abbinden des Leimes also den Spant vorsichtig ein wenig aus der Schablone schieben, in die er dann wieder hineingedrückt werden kann.

Dieses Verleimen gibt dem Spant allerdings noch nicht die nötige Steifigkeit. Dazu müssen wir die Winkel mit Sperrholz-Dreiecken verstärken, die außen dieselbe Kontur wie der Spant haben müssen. Also an den beiden unteren Ecken zwei stumpfwinklige Dreiecke und an den oberen Ecken der Spanten, die eine obere Decksleiste haben, zwei spitzwinklige Dreiecke. Auch sie können mit Hilfe des Heckspiegels aufgezeichnet werden, die Seitenlängen dieser Verstärkungen aus 4-Millimeter-Sperrholz sind, von den Winkeln aus gesehen, je 12 Zentimeter lang (vgl. dazu *Abbildung 8* und *12*).

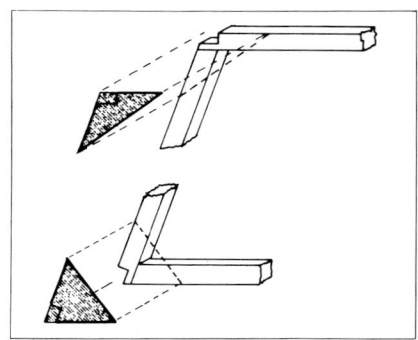

Abb. 8: Verstärkung der Spantenwinkel.

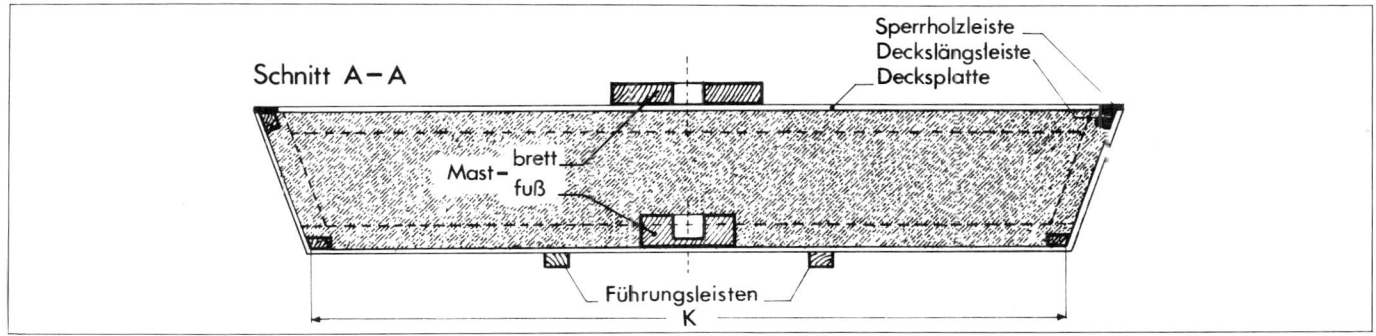

Abb 9: Der Spant 6 mit Beplankung (vgl. dazu Abb. 16).

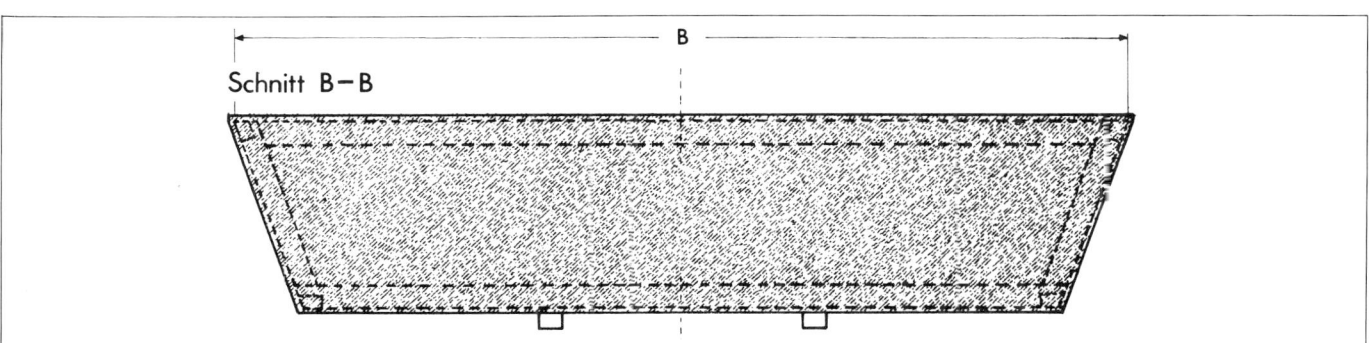

Abb. 10: Der Spant 3 bzw. 4 mit Beplankung (vgl. dazu Abb. 16).

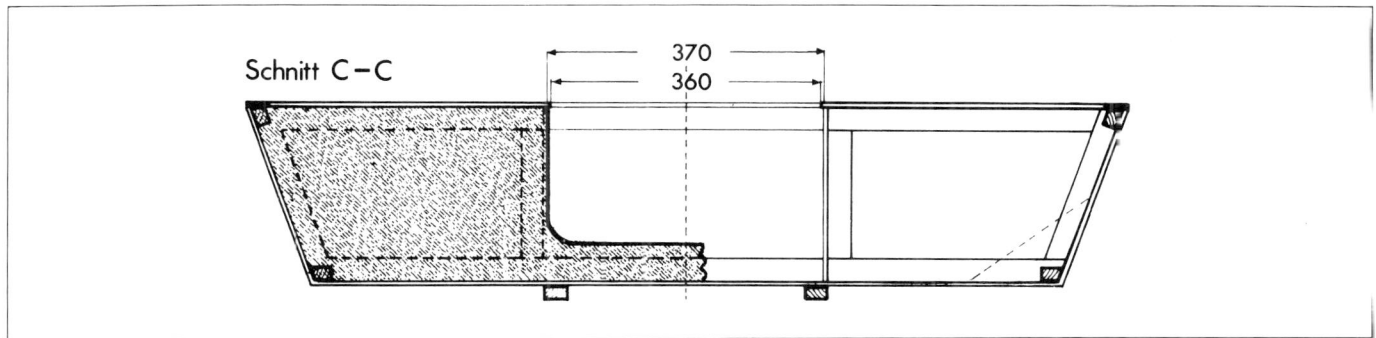

Abb. 11: Der Spant 1; links beplankt (vgl. dazu Abb. 16).

Abb. 12: So sehen die Spanten mit ihren Verstärkungen am fertigen Boot aus.

wegen der Rundung des Bootsbodens die Bodenleiste nicht immer senkrecht zum Seitenspant läuft. Hier können wir Ihnen nur empfehlen, sich auf Ihr Augenmaß zu verlassen und den Schnitt entsprechend schräg zu legen oder mit der Raspel nachzuarbeiten.

Jetzt sind die Spanten fertig, und wir können nun den Heckspiegel, der uns so gute Dienste geleistet hat, endlich auf den Spant Nr. 0 leimen und mit Messingstiften festnageln.

Das Beplanken der Trennwände

Bevor wir den Bootsrahmen zusammenbauen, müssen auch noch die anderen Spanten, die Trennwände oder ähnliches erhalten, vorher beplankt werden, denn nach dem Zusammenbau geht das nur sehr schwer. Dazu gehören zum Beispiel die *Spanten 3* und *4*, die genau wie der Heckspiegel mit 4 Millimeter starkem Sperrholz beplankt werden. Sie bilden die beiden Trennwände der späteren Bootshälften.

Auch *Spant 1* — der zweite Spant von hinten — erhält eine Beplankung; und zwar diesmal aus 8-Millimeter-Sperr-

Auch diese Verstärkungen werden nun aufgeleimt und mit Messingstiften festgenagelt.

Aussparungen für Boden- und Decksleisten

Wie in den *Abbildungen 15* und *17* zu sehen ist, hat das Boot zur Verstärkung auch *Längsleisten,* für die es entsprechende Aussparungen an den Spanten geben muß. Diese Aussparungen wollen wir jetzt anbringen.

Mit einem kleinen Musterklötzchen

von der Leiste mit dem Querschnitt 2 × 3 Zentimeter reißen wir diese Aussparungen für die Längsleisten an (vgl. dazu *Abbildung 13*). Auf der Zeichnung sehen Sie, daß die 3 Zentimeter lange Kante dieser Leisten unten parallel zum Bootsboden verläuft, während sie bei den Decksleisten parallel zu den Seitenteilen des Spantrahmens laufen muß. Die mit dem Klötzchen angerissenen Ausschnitte sägen Sie nun mit der Feinsäge sauber aus. An *Abbildung 17* können Sie sehen, daß

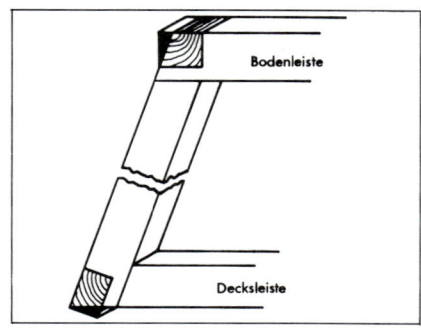

Abb. 13: So müssen die Längsleisten eingefügt werden.

holz, das wie auf *Abbildung 11* geschnitten werden muß und auf den Spant aufgeleimt und genagelt wird. Dieser Spant bildet die Vorderwand der beiden Luftkästen im Heck.

Auch *Spant 6* wird beplankt; und zwar mit 8-Millimeter-Sperrholz (vgl. dazu *Abbildung 9*).

Spant 7 ist eigentlich kein echter Spant, sondern ein entsprechend der *Abbildung 5* zurechtgeschnittenes Brett. Es ist 3,5 Zentimeter dick, 10 Zentimeter breit und 110 Zentimeter lang.

Es muß, wie aus der Abbildung zu sehen ist, vorne gewissermaßen scharf gemacht werden. Dazu ziehen Sie in 4 Zentimeter Abstand parallel zur Vorderkante des Brettes eine Markierungslinie. Von hier aus wird, wie aus der Seitenansicht im Plan ersichtlich, das Brett schräg angeschnitten, was man entweder mit einem Hobel oder auch mit einer Säge erreichen kann. Das kann etwas Mühe machen. Sollte der Schnitt nicht ganz glatt sein, können Sie mit der Raspel nacharbeiten.

Zum Schluß erhalten alle Spanten in der Mitte der Bodenleiste eine Markierung, über die das Anpeilen mit der Mittelschnur später erleichtert wird.

Zusammenbau auf der Helling

Für die folgende Prozedur brauchen wir nun die *Abstandsklötzchen*, von denen schon die Rede war. Da sie 6 Zentimeter hoch sein sollen, können wir sie uns auch aus Resten von den Spantenleisten herstellen, die ja 3 Zentimeter

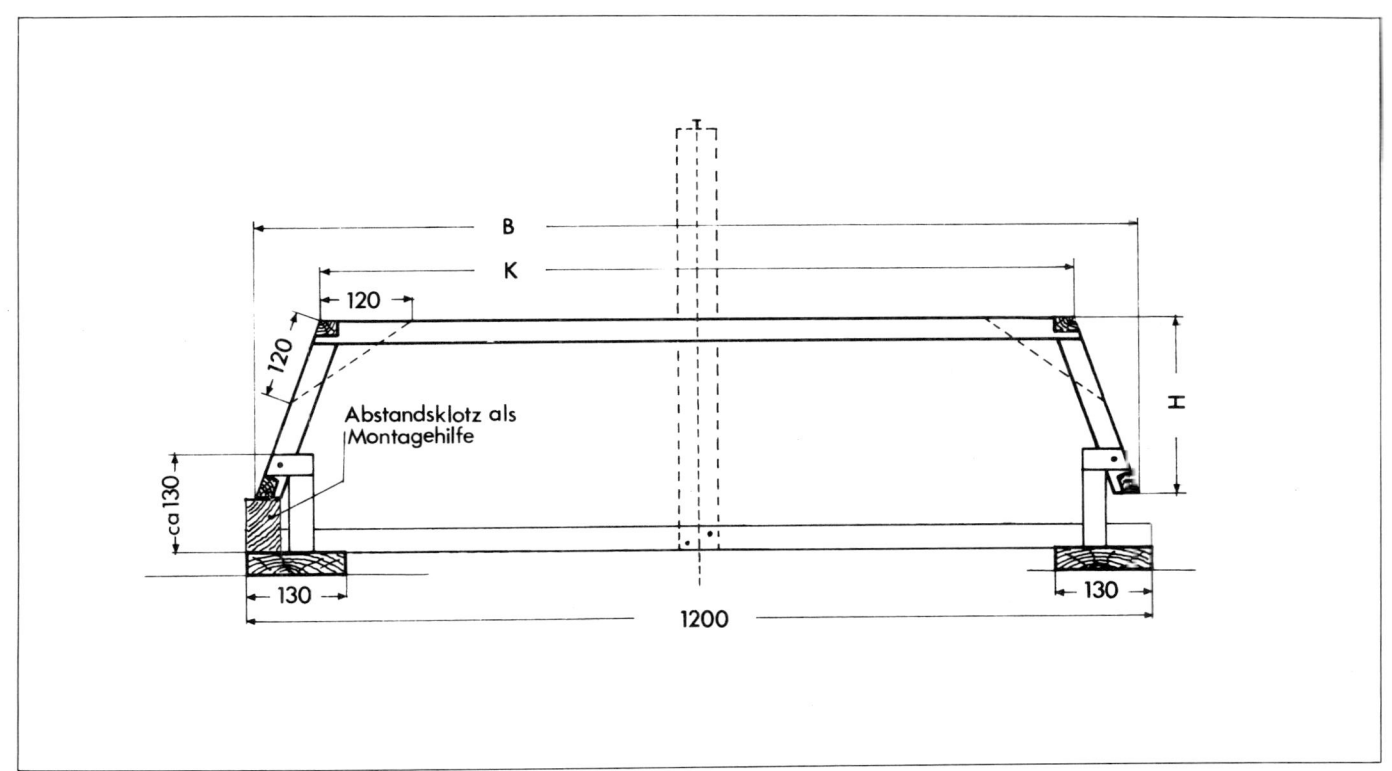

Abb. 14: So müssen die Spanten auf die Helling gebracht werden.

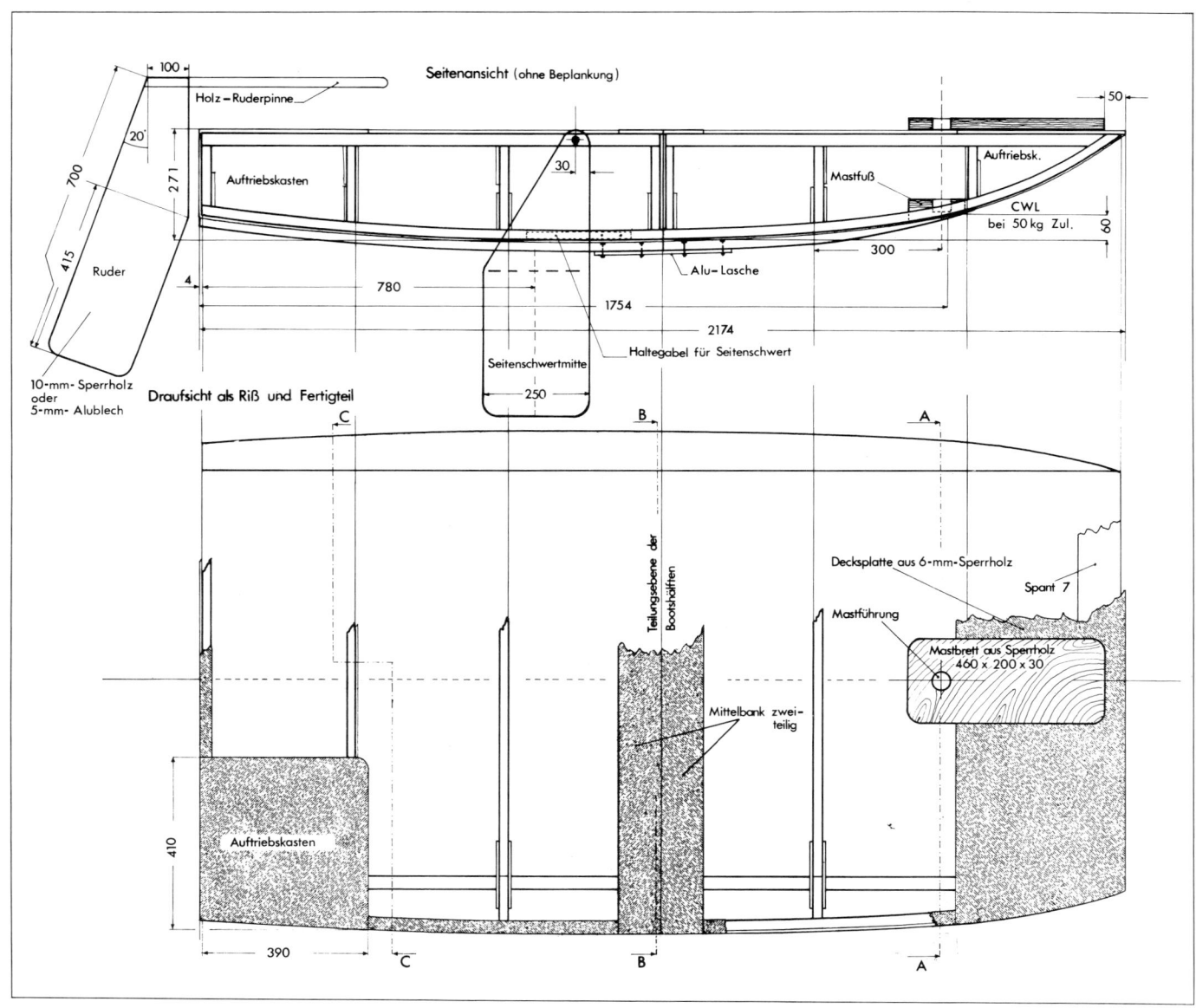

Seitenansicht (ohne Beplankung)

100

Holz – Ruderpinne

20°

700

271

Auftriebskasten

415

Ruder

10-mm- Sperrholz
oder
5-mm- Alublech

4

780

1754

2174

30

Alu–Lasche

Mastfuß

Auftriebsk.

50

CWL
bei 50 kg Zul.

300

Haltegabel für Seitenschwert

Seitenschwertmitte

250

Draufsicht als Riß und Fertigteil

C

B

A

Teilungsebene der Bootshälften

Decksplatte aus 6-mm-Sperrholz

Spant 7

Mastführung

Mastbrett aus Sperrholz
460 x 200 x 30

Mittelbank zwei-
teilig

410

Auftriebskasten

390

C

B

A

Abb. 15/16: Oben: Der unbeplankte Hobbtimist mit Ruder und Schwert in Seitenansicht (CWL = so tief sitzt das Boot bei 50 Kilo Zuladung im Wasser). Unten: Der Hobbtimist in Draufsicht (auf der unteren Hälfte sind die Decksteile eingezeichnet).

144

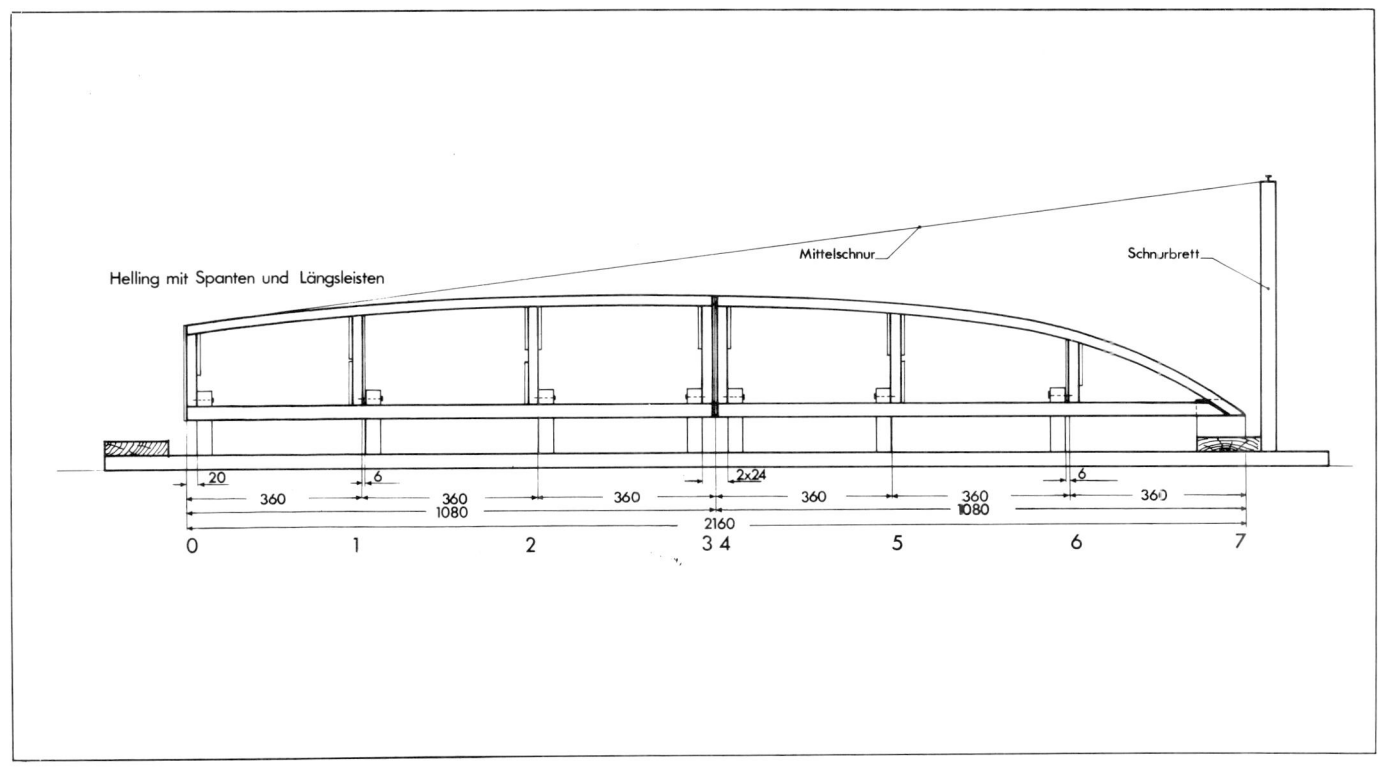

Helling mit Spanten und Längsleisten

Mittelschnur

Schnurbrett

Abb. 17: Der Hobbtimist in Seitenansicht auf der Helling.

breit sind. Also nur 2 kleine Stücke aufeinanderleimen und Sie haben einen passenden Abstandsklotz (vgl. *Abbildung 14*).

Aufbau der Spanten

Wir beginnen mit dem *Spant 0;* also dem mit dem Heckspiegel.

Legen Sie jetzt hinter die beiden Klötze, an denen der Spant festgeschraubt werden soll, zwei Abstandsklötzchen. Auf diese Klötzchen wird nun der Spant aufgelegt, wobei mit Hilfe der Mittelschnur festgestellt werden kann, ob der Spant mittig liegt. Zur Kontrolle messen wir aber ruhig noch einmal nach, wobei die Außenkanten der Helling einen Bezugspunkt bilden.

Jetzt wäre es gut, wenn Sie den *Spant* mit 2 Schraubzwingen an den beiden Halteklötzen der Helling festklemmen könnten. Das erleichtert Ihnen die folgende Arbeit, bei der Sie durch die Halteklötze jeweils 1 Loch mit dem 4-Millimeter-Bohrer bohren, das aber nur durch das Halteklötzchen gehen

soll. Anschließend wird der Spant 0 mit zwei 50 Millimeter langen Holzschrauben angeschraubt (und zwar ohne zusätzlichen Leim, sonst kriegen Sie später Ihr Boot nicht von der Helling).

Mit den übrigen Spanten wird in gleicher Weise verfahren, wobei allerdings der *Spant 3* von hinten an seinen Halteklotz angeschraubt wird und der *Spant 4* an seinen Klotz von vorn. Es sind die beiden Spanten, die später die *Gelenkstelle* des Bootes bilden. Vergleichen Sie zu allem *Abb. 5* und *17.*

Der *Spant 7,* der ja nur aus einer zurechtgeschnittenen und gehobelten Leiste besteht, wird von oben mit zwei Holzschrauben auf die beiden Halteklötze geschraubt, die vorher auf 6 Zentimeter Höhe (*einschließlich* Querbrett der Helling) gekürzt werden müssen. Für die beiden Schrauben bitte auch hier zwei Löcher vorbohren. Diese Schrauben werden vor dem Beplanken des Bootes wieder herausgeschraubt.

Alle Spanten sitzen nun auf der Helling. Damit auch wirklich nichts schief steht, überzeugen wir uns noch einmal davon, ob alle Spanten in einer Reihe stehen, oder — wie die Fachleute sagen — *fluchten.* Ist das der Fall, dann können die Längsleisten eingesetzt werden.

Anbringen der Decksleisten

Wir beginnen mit den sogenannten *Decksleisten,* die auf der Seite angebracht werden müssen, die auf der Helling unten liegt. Da es sich ja um ein Boot aus zwei selbständigen Teilen handelt, dürfen die Leisten die beiden *Spanten 3* und *4* nicht verbinden. Sie gehen also — von hinten gerechnet — vom *Spant 0* bis *3* und dann wieder vom *Spant 7* bis *4.* Das bringt uns zugleich den Vorteil, keine allzu langen Leisten verarbeiten zu müssen.

Passen Sie nun die Leisten sorgfältig in die entsprechenden Ausschnitte der Spanten ein. Hier ist es wichtig, daß die Leisten dicht anliegen. Sollte das an einem Spant nicht der Fall sein, dann müssen Sie den Ausschnitt mit der Raspel nacharbeiten.

Wir beginnen mit den *Decksleisten von Spant 0 bis 3.* Schneiden Sie die Leisten lieber ein paar Millimeter länger als zu kurz zu; Sie können sie notfalls bei Spant 3 auf die richtige Länge bringen.

In Höhe der einzelnen Spanten werden nun mit dem 4-Millimeter-Bohrer in die Leiste Löcher gebohrt, die wir mit dem 8-Millimeter-Bohrer leicht einsenken, damit die Schraubenköpfe später nicht über das Holz hinausstehen. Die Aussparungen an den Spanten werden nun mit Leim bestrichen und die Leiste mit 4 × 50-Millimeter-Messingschrauben festgeschraubt.

Da die Decksleisten, wie an *Abbildung 13* zu sehen ist, später auf der Bootsoberseite spitzwinklig gehobelt oder geschliffen werden, können wir ohne Schwierigkeiten die Schrauben seitlich in die Spanten drehen (anders ginge es ja auch nicht, da wir wegen der Helling von oben noch gar nicht an das Boot herankommen).

Bei den Decksleisten für den vorderen Teil des Bootes geht es nicht ganz so einfach, weil die Leisten sich zum Spant 7 hin nach innen biegen müssen; also nicht rechtwinklig auf Spant 7 auftreffen. Wir müssen die Decksleiste entsprechend *anschrägen,* damit sie später glatt an den Seiten von Spant 7 anliegen.

Auf *Abbildung 15* und *17* sehen Sie, daß am Spant 7 die Bodenleiste von unten kommend bis über die Decksleiste hinausreicht. Entsprechend muß die Decksleiste schräg geschnitten werden. Das geht am einfachsten, wenn Sie nach dem Festschrauben der Decksleiste und bevor der Leim abgebunden hat, mit einem Leistenrest diese Schräge anreißen und sofort mit der Feinsäge absägen. Dabei darauf achten, daß vorher keine Schraube in den Leistenteil geschraubt wurde, der abgesägt wird.

Anbringen der Bodenleisten

Inzwischen haben Sie sicher genügend Übung, um die *Bodenleisten* ohne viele Erklärungen anbringen zu können. Hier ist nur darauf zu achten, daß nun die *Schrauben von oben nach unten* in die auf dem Kopf stehenden Spanten eingeschraubt werden, da — wie *Abbildung 13* zeigt — die Leisten an der Seite auf den richtigen Winkel geschliffen oder gehobelt werden.

Und auf noch etwas müssen Sie achten. Sie sehen auf *Abbildung 15* und *17,* daß beim vorderen Bootsteil die Bodenleisten relativ stark gebogen werden müssen. Wir erleichtern uns die Arbeit, wenn wir anstelle der massiven Leisten mit 2 × 3 Zentimetern Querschnitt, zwei aufeinandergelegte Leisten mit je 1 × 3 Zentimetern Querschnitt nehmen. Sie lassen sich leichter biegen. Das Anbringen geht folgendermaßen: Links und rechts wird zunächst nur eine dieser flachen Leisten angepaßt und, nachdem die Aussparung mit Leim bestrichen worden ist, festgeschraubt. Dann lassen wir diesen Schiffsteil mit seinen rechts und links angebrachten Halbleisten über Nacht trocknen. Am anderen Tag lösen wir die Schrauben; die Leisten sind jetzt festgeklebt und springen nicht ab. Dann streichen wir die Leistenoberfläche mit Leim ein, legen die zweite Leiste darüber und schrauben nun durch beide Leisten hindurch fest. Auch hier das Versenken der Schrauben nicht vergessen.

Nach dem Trocknen müssen auch diese Leisten, wie *Abbildung 13* zeigt, auf Kontur gehobelt oder geschliffen werden.

Beplankung des Bootes

Vor dem Beplanken müssen Sie sich vergewissern, daß an dem Bootsgerippe nichts heraussteht, was die dichte Auflage der Beplankung verhindern könnte.

Wir beginnen zunächst mit der *Beplankung des hinteren Bootsbodens.*

Dazu brauchen wir ein passendes Stück aus der 4 Millimeter starken Sperrholzplatte, aus der bereits das Stück für den Heckspiegel herausgeschnitten ist. Auf *Abbildung 18* haben wir Ihnen ein *Schnittmuster* aufgezeichnet, wie die einzelnen Teile am sparsamsten aus der Platte herausgeschnitten werden können. Dieses Schnittmuster ist freilich nur eine Hilfe für die Plazierung der einzelnen Teile.

Es kommt jetzt darauf an, die wirklichen Maße möglichst genau auf die Platte zu übertragen. Das geht am einfachsten, wenn Sie sich möglichst große Bogen sogenannter Graupappe besorgen (die ist nämlich billig) und sie über die entsprechenden Partien des Bootsgerippes ziehen, um mit einem weichen Bleistift die Kontur anzureißen. Ausgeschnitten können Sie dann diese Muster auf die Sperrholzplatte legen und die Kontur entsprechend übertragen.

Eine andere Möglichkeit ist, die Größe einfach auszumessen und auf die Platte aufzuzeichnen. Beim Aussägen bitte darauf achten, daß die Teile der Beplankung lieber ein wenig zu groß als zu klein sind, damit das Boot später keine klaffenden Risse hat.

Der *hintere Bootsboden* wird nun aufgeleimt und mit Messingstiften festgenagelt. Sollte das Sperrholz ein wenig über das Bootsgerippe hinausragen, so muß es entsprechend nachgeschliffen werden.

Beim *vorderen Bootsteil* wird in gleicher Weise verfahren. Dort ist ja die Biegung des Bodens stärker, weswegen es günstig ist, die Beplankung mit zwei Zwingen gegen das Spantholz 7 festzudrücken. Damit sich die Zwingen nicht in die Sperrholzplatte einquetschen bitte Abfallholz dazwischenlegen.

Danach werden die *Seitenteile* aufgeleimt, wobei — wenn Sie nach unserem Schnittmuster verfahren — die Beplankung für Spant 3 aus zwei Teilen zusammengesetzt werden muß. Das haben wir aus Sparsamkeitsgründen gemacht. Damit beide Teile fest verbunden werden, müssen Sie mit Hilfe eines Streifens Abfallsperrholz innen eine feste und dichte Verbindung herstellen.

Anschließend werden alle Ecken und Kanten mit Schleifpapier nachgeschliffen und leicht abgerundet, was später die Kunststoffbeschichtung erleichtert.

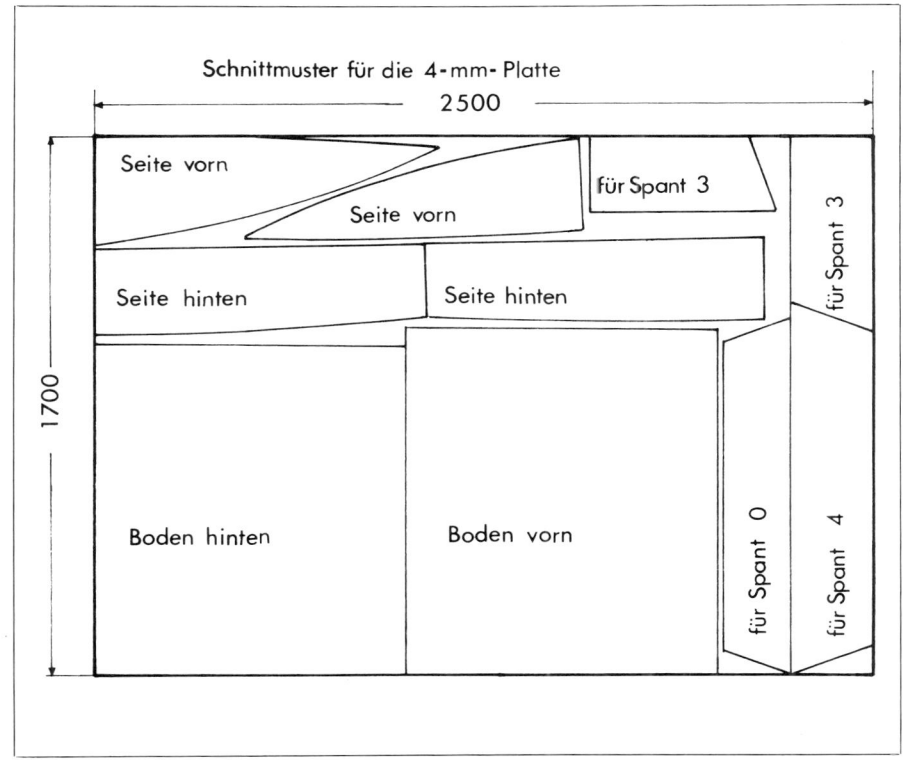

Schnittmuster für die 4-mm-Platte
2500
1700

Seite vorn
Seite vorn
für Spant 3
Seite hinten
Seite hinten
für Spant 3
Boden hinten
Boden vorn
für Spant 0
für Spant 4

Abb. 18

Das beplankte Boot muß nun über Nacht trocknen. Am nächsten Tag können Sie die beiden Bootshälften von der Helling schrauben, was am besten zu zweit geht, damit nicht eine Bootsschale zu Boden poltert und beschädigt wird.

Der Innenausbau

Nun sieht das Boot eigentlich schon recht komplett aus. Es fehlt nur noch der *Innenausbau,* mit dem wir uns jetzt beschäftigen wollen.

Im Heck des Bootes bauen wir zwischen Spant 0 und 1 zwei Seitenwände aus 8-Millimeter-Sperrholz ein, die mit Heckspiegel, Außenwand und Beplankung von Spant 1 zwei Auftriebskästen bilden, die das Boot unsinkbar machen. In die so entstehenden Kästen werden Styroporabfälle gefüllt; danach schrauben wir die 40 × 42 Zentimeter großen Deckel auf die Kästen auf.
Der *vordere Hohlraum,* der sich zwischen dem Spantbrett 7 und dem beplankten Spant 6 ergibt, wird ebenfalls mit Styropor gefüllt und einem Deck aus 8-Millimeter-Sperrholz geschlossen.

Nun fehlt nur noch die zweiteilige Mittelbank — ebenfalls aus 8-Millimeter-Sperrholz mit den Maßen 10 × 120 Zentimeter für jede Bank —, die nach *Abbildung 16* aufgeschraubt wird.

Zur Vervollständigung des Bootsrandes setzen wir zwischen die Mittelbank, die hinteren Auftriebskästen und den vorderen Auftriebskasten noch vier je etwa 3 Zentimeter breite, aus 8-Millimeter-Sperrholz gefertigte *Randleisten* auf. Achten Sie darauf , daß bei diesen Arbeiten die Schraubenköpfe immer

sauber versenkt werden, damit sich später niemand die Haut aufreißen kann. Leisten, Mittelbank und Deckel übrigens nur festschrauben und nicht kleben. Sie müssen zur Kunststoffbeschichtung noch einmal abgenommen werden. Damit wäre der Bootskörper im Rohbau fertig.
Wollen Sie ihn mit einem *Außenbordmotor* fahren, dann müssen Sie den Heckspiegel von innen in der Mitte noch um 20 Millimeter „auffüttern". Sonst brechen Ihnen nämlich die Klemmschrauben des Motors das Heck ab. Diese Fütterung können Sie aus zwei Lagen Abfallholz mit 8 Millimetern Stärke und einer Lage mit 4 Millimetern aufbauen.
Was zu tun ist, falls Sie das Boot besegeln wollen, dazu später mehr.

Die Führungsleisten

Auf dem Bootsboden fehlen jetzt noch die *Führungsleisten.* Dazu drehen wir beide Bootshälften noch einmal um und zeichnen beidseitig von der Mittellinie mit 16 Zentimetern Abstand zwei parallele Linien. Auf der *hinteren* Bootshälfte werden, rechts und links von den beiden Linien, zwei Führungsleisten mit einem Querschnitt von 2 × 3 Zentimetern unter den Bootsboden geschraubt. Vorher müssen aber noch die Schraubenbolzen für die Aluminiumlaschen in die Führungsleisten eingelassen werden, die später die Bootshälften verbinden (vgl. dazu Seite 144). Die Schrauben müssen in die Spanten führen.

Bei dem stärker gebogenen Boden des *vorderen* Bootsteils nehmen wir wieder zwei aufeinandergelegte Leisten, mit dem Querschnitt 1 × 3 Zentimeter.

Diese zweiteiligen Leisten werden ebenfalls zusammengeleimt und aufgeschraubt (auch hier vorher die Bolzen für die Alu-Laschen einsetzen). Dabei müssen Sie beachten, daß die Führungsleisten für den vorderen Bootteil exakt an der Hinterkante von Spant 4 beginnen und vor Spant 6 enden. Damit hier ein allmählicher Übergang entsteht, werden die Leisten nach dem Antrocknen entsprechend *Abbildung 15* abgehobelt oder flachgeraspelt, wozu die Schrauben an dieser Stelle noch einmal herausgedreht werden müssen.

Die Klappmechanik

Schließlich brauchen wir noch eine *Vorrichtung, die die beiden Bootshälften zusammenhält.* Dazu werden zunächst die beiden *Truhenscharniere* links und rechts auf der Mittelbank so befestigt, daß die beiden Bootshälften möglichst eng aneinanderrücken. Bei den Scharnieren darauf achten, daß der herausstehende Teil des Gelenks nach oben weist. Die Scharniere werden in eine kleine Versenkung, die etwa der Blechstärke entspricht, eingelassen und festgeschraubt.

Halt durch Alu-Laschen

Den eigentlichen Halt erhalten die beiden Bootshälften aber durch zwei *Laschen aus Aluminiumblech,* die beim Zusammensetzen des Bootes mit je 4 in die Führungsleisten eingelassenen *Messingschrauben* gehalten werden (vgl. dazu *Abbildung 19*). Für die Schrauben durchbohren wir die Führungsleisten beider Bootshälften jeweils in der Mitte einmal 5 Zentimeter von der Stoßstelle entfernt und ein zweites Mal in 9 Zentimetern Abstand von der ersten Bohrung. Wir stecken nun die Schrauben von der Seite, die später dem Boden aufliegt, durch die Bohrungen und ziehen sie mit den dazugehörigen Muttern leicht fest. Um die Schraubenköpfe können Sie jetzt die Kontur des Sechskantkopfes mit einem Bleistift auf das Holz übertragen. Die Schrauben werden wieder entfernt und an der Kontur Vertie-

fungen für die Schraubenköpfe mit einem Stecheisen herausgearbeitet.

Die Bolzen für die Alu-Laschen sitzen nun fest in den Führungsleisten; zur Sicherheit können Sie die versenkten Schraubenköpfe noch in Leim betten. Dann werden die Führungsleisten so an den Bootsboden geleimt und geschraubt, daß die Gewindestücke der Bolzen nach außen weisen.

Wie wir den Hobbtimisten zum Motorboot machen können, wissen wir bereits. Jetzt wollen wir erklären, wie

man ihn zum *Segelboot* macht.

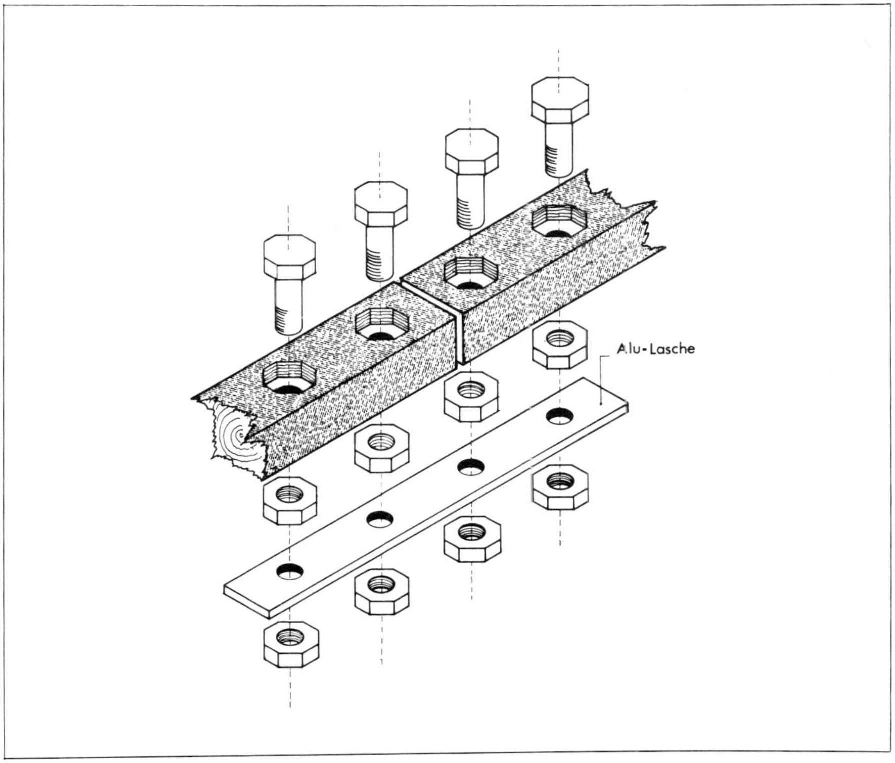

Wenn Sie segeln wollen

Der Hobbtimist ist so konstruiert, daß man ihn mit einer ganz normalen Besegelung eines Optimisten ausrüsten kann (vgl. *Abbildung 2*). Dafür müssen wir natürlich das Boot noch ein wenig ausstatten. Zunächst ist ein sogenannter *Mastfuß* nötig, den Sie in *Abbildung 15* bereits eingebaut sehen. Er wird aus einem etwa 5 Zentimeter starken Brett hergestellt, das eine Bohrung bekommen muß, die so weit ist, daß der Mast fest in ihr sitzt. Dieser Mastfuß muß mit dem Boden des Bootes verleimt und von unten verschraubt werden. Das Loch für den Mast bitte nicht ganz durchbohren, damit der Mast den dünnen Sperrholzboden nicht beschädigen kann.

Auf das Vorderdeck wird, wie in *Abbildung 15* und *16* gezeigt, ein *Mastbrett* aufgeleimt und geschraubt, das ebenfalls ein Loch in der Weite des Mastes hat. Sie müssen darauf achten, daß beide Löcher genau senkrecht übereinanderstehen, sonst steht später der Mast schief. (Vgl. *Abb. 20*).

Die Seitenschwerter

Zum Segeln brauchen wir nun noch zwei abnehmbare und schwenkbare *Seitenschwerter*. Sie haben die Aufgabe, das Boot nicht vor dem Kentern, sondern vor dem *Abdriften* zu bewahren. Beim Segeln kommt ja der Wind meistens von der Seite; er drückt also das Boot nicht nur in Fahrtrichtung nach vorn, sondern auch zur Seite. Dieses Abdriften verhindern die Schwerter, die man auf alten Stichen an schweren Lastseglern und in Holland sogar noch an modernen

Abb. 19: So werden die Schraubenbolzen in die Führungsleisten vor dem Aufkleben auf den Bootsboden eingelassen.

Abb. 20: Mastfuß und Mastbrett, wenn der Hobbtimist besegelt werden soll. Links mit Loch im Mastfuß, rechts mit einer fertigen Halterung.

Nachbauten sieht. Auf großen Schiffen wird immer nur das Schwert ins Wasser gesenkt, das auf der sogenannten Lee-Seite liegt, also der dem Wind abgekehrten Seite. Bei unserem Hobbtimisten können aber beide Schwerter während des Segelns im Wasser bleiben.

Form und Anbringung der Seitenschwerter sehen Sie auf *Abbildung 15* und *21.* Sie werden aus 5 Millimeter starkem Aluminiumblech gefertigt und mit einer durch die obere Decksleiste

geführten Schraube befestigt. Diese Schraube — und zwar ebenfalls eine M8-Messingschraube mit Mutter — kann in die Decksleiste vor dem Beplanken ebenso eingelassen werden wie die Schrauben in die Führungsleisten.

Die Seitenschwerter erhalten einen zusätzlichen Halt, wenn sie in eine *Haltegabel* geklemmt werden (vgl. dazu die *Abbildungen 22* für die Position und *23* für die Maße).

Diese in Höhe der Bodenleisten

befestigte Haltegabel ist so angebracht, daß die Seitenschwerter nach hinten herausrutschen können, falls das Boot einmal Bodenberührung bekommt.

Für das Segeln braucht man natürlich auch noch ein *Ruder.* Es ist auf *Abbildung 15* und *24* abgebildet und entweder aus 5-Millimeter-Aluminiumblech oder 10-Millimeter-Sperrholz herzustellen. Passende Ruderscharniere bekommen Sie in einem Bootszubehörgeschäft.

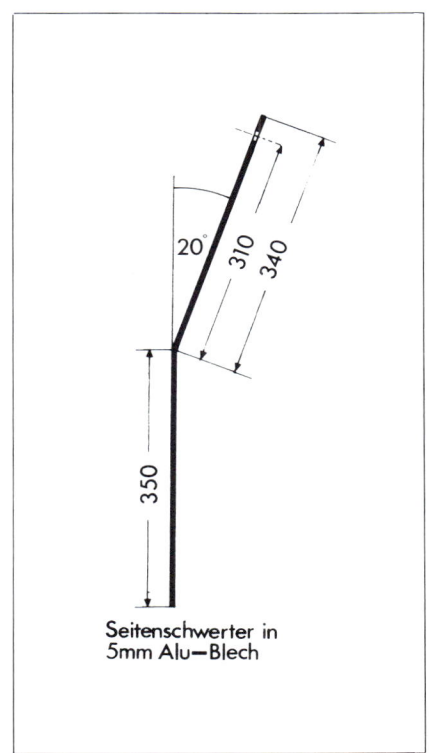

20°
310
340
350

Seitenschwerter in
5mm Alu—Blech

Abb. 21: Die Seitenschwerter.

Abb. 22

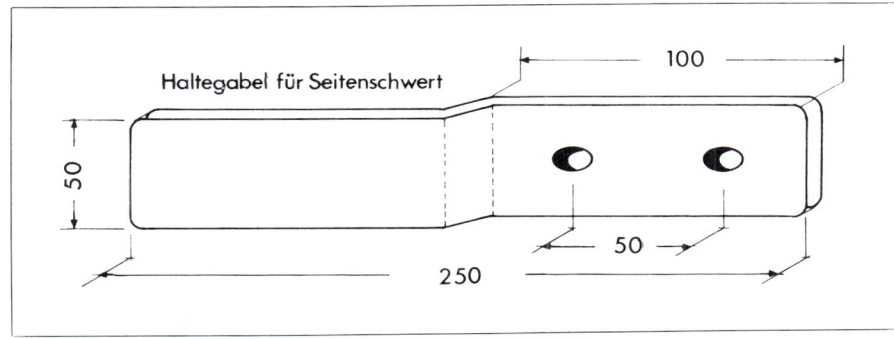

Haltegabel für Seitenschwert

100
50
50
250

Abb. 23

Wenn Sie das Boot nicht nur mit Motor oder als Segelboot benutzen wollen, sondern auch damit rudern, dann müssen Sie noch 2 *Ruderdollen* kaufen, die an der Decksleiste angeschraubt werden. Solche Dollen bekommen Sie beim Bootsbedarfshandel (vgl. dazu *Abb. 12* und *22*).

Jetzt sieht das Boot schon richtig komplett aus; es fehlt eigentlich nur noch ein entsprechender Schutz des Holzes, das in jetzigem Zustand im Wasser schnell aufquellen und im

Abb. 24: Das Ruder für die Segelversion des Hobbtimisten.

keinen Fall mehr als diese 10 Gramm. Der Härter wird erst bei Arbeitsbeginn in den Harzansatz eingerührt, weil sonst die Masse zu schnell abbinden würde.

Jetzt müssen Sie noch einmal die Randeinfassung, die Sitzbänke, das Vorderdeck und die beiden hinteren Sitzkästen abschrauben, damit die Beschichtung unter diesen Brettern endet und von ihnen später eingeklemmt werden kann. Das sieht besser aus und die Sache hält länger.

Aufbringen des Gewebes

Nach dem Plan von *Abbildung 25* werden nun auf die beiden einzelnen Bootshälften, die ja nach dem Abschrauben der Mittelbänke und der Scharniere wieder selbständig geworden sind, die entsprechend vorbereiteten *Glasgewebestreifen* gelegt. Die Abbildung zeigt genau, wie die 5 Bahnen übereinanderlappen. Beginnen Sie mit der Bahn in der *Bootsmitte* zwischen den Führungsleisten, die diese Leisten bis zur Außenkante bedeckt. Die anschließenden seitlichen Bahnen beginnen auf der Oberseite der Führungsleisten und laufen etwa 2 Zentimeter über die Seitenkanten des Bootsbodens hinaus, wo sie entsprechend umgeknickt werden. Die Gewebeteile für die Seitenteile werden so bemessen, daß sie ihrerseits etwa 2 Zentimeter auf den Bootsboden übergreifen und die Oberkanten der Deckleisten voll abdecken. Heck- und Trennwände werden in einem Arbeitsgang mit dem Bootsboden beschichtet, wobei sich die Bahnen ebenfalls überlappen müssen.

wahrsten Sinne des Wortes aus dem Leim gehen würde. Das Boot braucht deshalb noch einen ordentlichen Überzug — und den bekommt es durch

Außenbeschichtung und Innenanstrich

Außenbeschichtung

Für die Außenbeschichtung müssen wir einige Vorbereitungen treffen, denn jetzt wird nicht einfach nur Lack aufgestrichen, sondern eine richtige, sehr strapazierfähige *Kunststoffschicht* aufgebracht.

Aus der Materialliste wissen Sie, was wir alles brauchen. Wir können also gleich ans Mischen gehen.

Von der *Polyester-Farbpaste* wiegen wir 150 Gramm ab und mischen sie mit 1 Kilo Polyesterharz. Diese Menge wird in zwei gleiche Teilmengen aufgeteilt. Auf einer Briefwaage müssen Sie nun genau 10 Gramm MEKP-Härter abwiegen. Bitte auf

Wenn alle Bahnen paßgerecht zugeschnitten sind, können wir die 10 Gramm Härter in den halben Harzansatz einrühren, was bedeutet, daß jetzt die Stoppuhr läuft. Sie haben nämlich ungefähr 30 Minuten Zeit, bis der Polyesterharz härtet. Lassen Sie sich nicht verwirren und zappelig machen; in einer halben Stunde kann man eine ganze Menge schaffen. In unserem Falle folgendes:

Wir rollen die Bootsoberfläche der *hinteren* Bootshälfte mit dem *Fellroller* entsprechend der Gewebezuschnitte bahnenweise ein und legen das straffgezogene Glasgewebe auf.

Nun wird noch einmal mit dem harzgetränkten Roller darübergerollt, und mit dem Metallscheibenroller werden anschließend unter mäßigem Druck und bei nicht allzu schnellen Bewegungen die Blasen nach den Seiten herausgewalzt. Damit das Gewebe auch an den Führungsleisten gut anliegt, können Sie es mit einem Pinsel antupfen. Auf die gleiche Weise wird nun Bahn für Bahn aufgetragen, wobei die Überlappungen gut angewalzt

werden und Sie darauf achten müssen, daß es keine Falten gibt.

Auf gleiche Weise wird nun die *vordere* Hälfte des Bootes beschichtet; auch hier haben Sie wieder eine halbe Stunde Zeit.

Lassen Sie die Beschichtung am besten über Nacht durchhärten. Vergessen Sie aber nicht, den Fellroller vorher gut auszuwaschen (mit Nitroverdünnung oder Azeton; Vorsicht, das Zeug ist sehr brennbar).

Lackieren

Jetzt geht es ans *Lackieren*. Dazu mischen wir 50 Gramm Farbpaste mit 1 Kilo Polyesterlack (z. B. LT 30 B-Lack) und setzen 30 Gramm Härter zu. Das muß alles gut gemischt werden und kann jetzt mit einem weichen breiten Pinsel aufgetragen werden. Es geht allerdings auch mit dem Fellroller, wobei Sie in die Ecken wahrscheinlich nicht gut hineinkommen und mit dem Pinsel nacharbeiten müssen.

Wichtig ist, daß beim Auftragen von

LT-Lack eine Temperatur zwischen 18 und 25 Grad herrschen muß. Bei höherer oder niedrigerer Temperatur bleibt die Lackierung klebrig.

Außerdem ist die Mischung nur etwa 10 bis 15 Minuten lang weich; Sie müssen also hier schon zügig arbeiten. Nun ist die Bootsaußenseite endgültig fertig.

Innenlackierung

Nach dem Härten werden die Bootshälften umgedreht; und nun geht es an die *Innenlackierung* mit der 1-Komponenten-Polyurethan-Versiegelung. Ganz fachgerecht wird es, wenn die abgenommenen Holzteile (Bänke usw.) vor dem Wiederaufschrauben von unten mit dieser Versiegelung gestrichen werden. Nach dem Aufschrauben werden dann das Vorderdeck, die Sitzbänke sowie die Innenflächen des Bodens und der Seiten mit dieser Versiegelung überzogen. 1 Kilo reicht für zweimaliges Streichen aus.

Zum Schluß noch ein Hinweis: MEKP-Härter ist giftig und augenätzend. Außerdem sind Polyesterharze brennbar; sie dürfen also nur in gut belüfteten Räumen verarbeitet werden. Wenn Sie die Möglichkeit haben, sollten Sie im Freien arbeiten.

Jetzt endlich ist das große Werk vollbracht und ein zünftiger Stapellauf fällig. Die obligate Sektflasche trinken Sie am besten aus, denn Sie haben keinen Öltanker gebaut, sondern ein Holzboot, das Schaden nehmen könnte.

Viel Spaß und eine ruhige See!

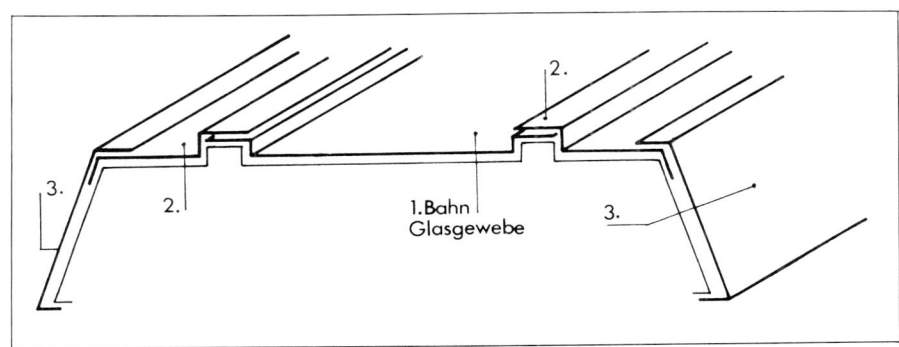

Abb. 25: Verlegeplan für das Glasgewebe.

Abb. 26: Der Hobbtimist als Ruderboot.

Der „Hobbtimist" als Gepäckträger

Fast könnte man angesichts des fertigen Bootes vergessen, daß ja zugleich auch ein abschließbarer *Gepäckträger* gebaut wurde. Wenn Sie das Boot entsprechend umfunktionieren wollen, schrauben Sie einfach die beiden Leichtmetallaschen auf den Führungsleisten ab und drehen sie so, daß Sie sie auf einer Bootshälfte fest-

schrauben können, ohne daß sie herausstehen. Auf diese Weise gehen sie nicht verloren.

Damit das Klappboot zu einem abschließbaren Koffer wird, schrauben wir an den jetzt aufeinanderliegenden Bug- und Heckteilen *Überwurffallen* an, die mit einem Vorhängeschloß gesichert werden können. Schließlich können Sie sich das Auf- und Abladen erleichtern, wenn in der Mitte der hinteren Hälfte — und zwar seitlich in Höhe der Decksleisten — rechts und

links je ein klappbarer Kistengriff angeschraubt wird. Wenn Sie diese Bequemlichkeit als Bootsfahrer stört, lassen Sie die Griffe lieber weg.

Abb. 27: Vorn unser klappbarer Hobbtimist; hinten ein normaler Optimist.

Wir bauen eine Camera obscura

Abb. 1: Historischer Stich einer begehbaren Lochkamera, die nach zwei Seiten zugleich „fotografieren" kann. Der „Fotograf" im Innern zeichnet gerade das Bild rechts von der Kamera nach.

156

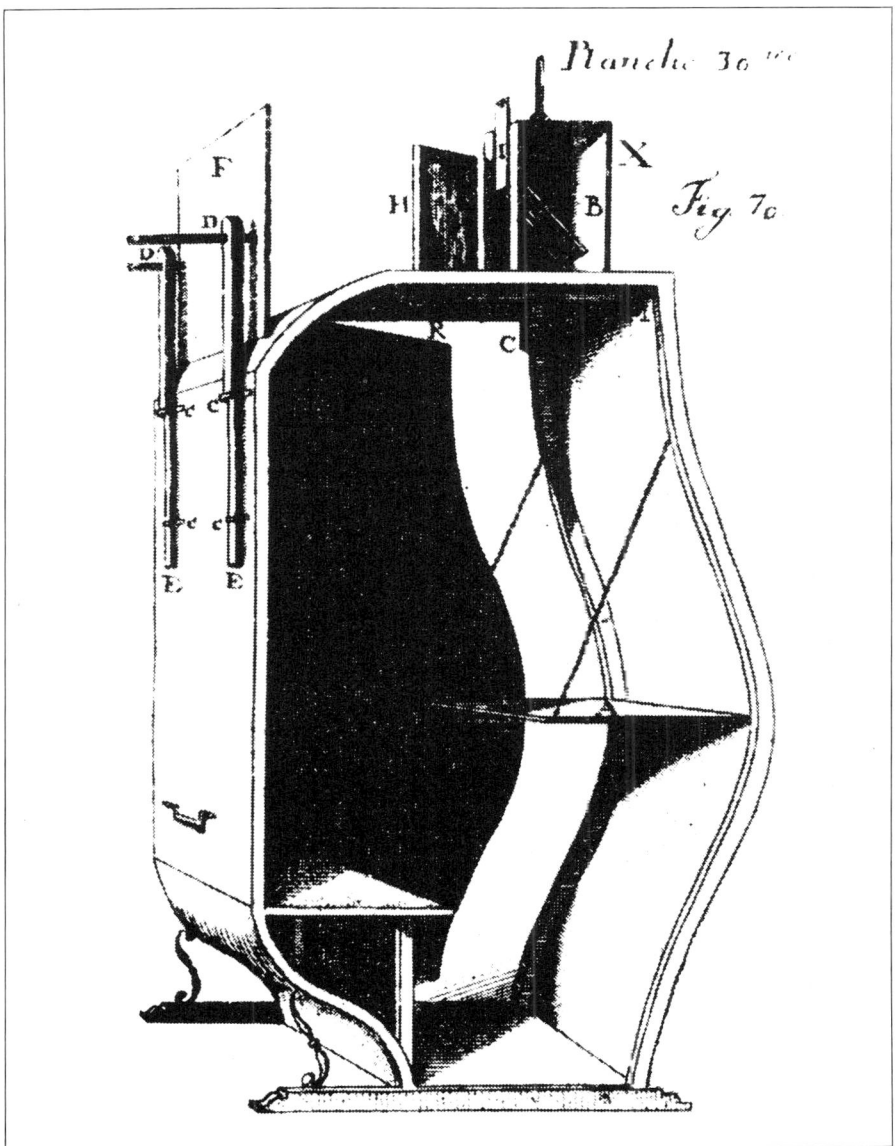

Planche 30

Fig. 7o

Abb. 2: Historischer Stich einer Foto-Sänfte (*B* = der Spiegel, der das Bild auf den Klapptisch *A* ins Innere der Sänfte einspiegelt).

Die Geschichte der Fotografie begann lange bevor man den lichtempfindlichen Film erfunden hatte. Am Anfang hatte man nur die *Kamera* — sogar eine tragbare, die allerdings noch recht unhandlich war. Sie bestand aus einer *Sänfte*, in die über einen Spiegel auf dem Dach das Bild eingespiegelt wurde (das Prinzip veranschaulicht *Abbildung 2*). Wie aber wurde das Bild festgehalten, wenn es keinen Film gab? Nun, man zeichnete das Bild, das der Spiegel auf einen kleinen Tisch innerhalb der Sänfte projizierte, mit einem Stift einfach nach.

Mit diesem Prinzip hat bereits Leonardo da Vinci, der große Künstler und Techniker des 15. Jahrhunderts, gearbeitet.

Ein anderes Verfahren, das dem heutigen Kamera-Prinzip schon ähnlicher ist, bei dem aber immer noch mit der Hand nachgezeichnet werden mußte, ist die *Lochkamera* nach *Abbildung 1*. Hier macht man sich eine Erscheinung zunutze, bei der Lichtstrahlen, die durch ein feines Loch in einen dunklen Raum einfallen, ein scharfes Abbild auf der Wand hinterlassen, die dem Loch gegenüberliegt. Dazu gleich mehr.

Die Idee, in der Hobbythek eine Lochkamera — oder lateinisch: eine *Camera obscura* — zu bauen, brachte uns zugleich auf die Idee, noch einmal die längst vergessene Fotosänfte vorzustellen (vgl. *Abb. 3*). Bei unserer Camera obscura wird nun allerdings das Bild nicht mehr mit der Hand nachgezeichnet, sondern mit lichtempfindlichem Material aufgenommen. Freilich verwenden wir keinen Film, sondern *Fotopapier*.

Statt eines Films Fotopapier zu belichten, weil es große Platten heute kaum noch gibt und ihre Verarbeitung zudem kompliziert ist, sieht zunächst tatsächlich nach einer Idee aus, die in die Irre führen muß. Man erhält ja auch bei Papier ein Negativ. Daß man aber auch von einem Papiernegativ einen oder mehrere Kontaktabzüge machen kann, hatte Wolfgang schon als Kind herausbekommen. Da hatte ihn nämlich immer geärgert, daß bei solchen Abzügen der Markenname „Agenda" auf der Papierrückseite mitkopierte.

Von den schließlich erzielten Ergebnissen war sogar der WDR-Fotograf Schulze sehr beeindruckt.

Durch die Papierstärke verlieren die Abzüge natürlich etwas an Schärfe. Aber die Ergebnisse, die erzielt werden können, wenn man diese Nachteile bewußt mit einbezieht in die Bildgestaltung, sind schon sehr eindrucksvoll.

Das Faszinierende der Camera obscura ist ja, daß die Tiefenschärfe praktisch von Null bis Unendlich reicht. Und daß man mit ganz geringem Aufwand einen Weitwinkeleffekt erzielen kann.

Die Spielereien des jungen Wolfgang Back haben uns also zu einer Technik zurückgeführt, die unsere Ururgroßväter begeistert hat und die man über die Automatikkameras der gegenwärtigen Zeit leicht vergessen kann.

Wir haben uns gedacht, daß es Ihnen Spaß machen müßte, eine Kamera selbst zu bauen, die zwar nicht automatisch ist, dafür aber den Reiz hat, daß man mit ihr im Grunde ohne alle Technik doch Bilder machen kann.

Abb. 3: Unsere Foto-Sänfte wird in die richtige Aufnahmeposition gebracht.

Wie funktioniert die Camera obscura?

Die Lochkamera, die man fachmännisch Camera obscura nennt, beruht auf einem uralten Prinzip. Die Griechen kannten es schon, und Leonardo da Vinci hat später systematisch damit experimentiert. Dieses *Prinzip* haben wir auf *Abbildung 4* demonstriert. Es besteht darin, daß von jedem Punkt eines beleuchteten oder leuchtenden Gegenstandes unendlich viele Strahlen nach allen Richtungen gehen. Es

kommt nun darauf an, von diesen vielen Strahlen, die von jedem Punkt ausgehen, jeweils nur einen einzigen Strahl auszusondern, damit wir ein scharfes Abbild des Originals bekommen. Dies erreicht man dadurch, daß man zwischen den Gegenstand und sein Abbild eine Wand mit einem winzigen *Loch* bringt. *Abbildung 4a)* zeigt, daß von jedem Punkt nur jeweils ein Strahl durch das Loch dringen kann und daß dadurch ein scharfes, wenngleich auf dem Kopf stehendes Abbild

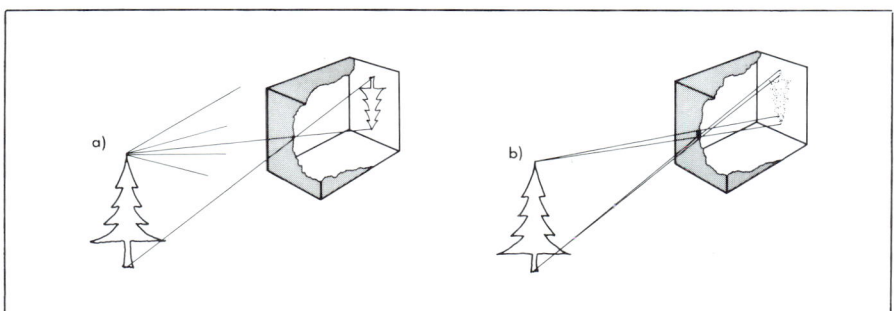

Abb. 4: Das Prinzip der Lochkamera.

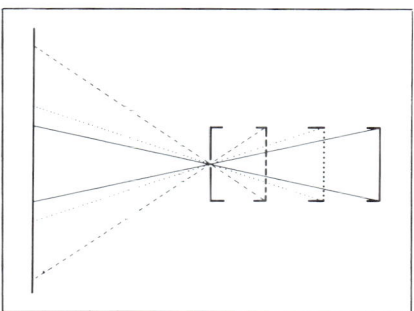

Abb. 5: Je nach Entfernung zwischen Loch- und Rückwand ist die Camera obscura Weitwinkel-, Normal- oder Telekamera.

erzeugt wird. Ist das Loch aber größer, können von jedem Punkt mehrere Strahlen durch das Loch auf die Projektionsfläche fallen; das Bild wird also unscharf (vgl. dazu *Abb. 4b*).

Einen Nachteil hat allerdings dieses winzige Loch: es läßt nur wenig Licht durch. Und das heißt, man muß lange belichten. Diesen Mangel beheben moderne Kameras durch ein Linsensystem, das viele Strahlen durchläßt, die Unschärfe aber dadurch verhindert, indem es die Lichtstrahlen bündelt.

Der Nachteil der Camera obscura, daß sie — wie man sagt — lichtschwach ist, beeinträchtigt den Spaß an unserem Bastelvorschlag aber keineswegs; im Gegenteil: es hat einen sehr großen Reiz, gerade wegen des Fehlens von Technik zu guten fotografischen Ergebnissen zu kommen.

Nah und Unendlich: kein Problem

Aber die Kamera hat auch große Vorteile. Da das winzige Loch einer Abblendung entspricht, die mit einer Normalkamera nie zu erreichen wäre,

ist der Tiefenschärfenbereich ganz außergewöhnlich groß. Die Kamera bildet *von unendlich bis praktisch dicht vor dem Objektiv* scharf ab.

Und es gibt noch einen Vorteil. Sie können durch die Entfernung zwischen der Wand mit dem Loch und der Projektionsfläche bestimmen, ob Sie eine Kamera mit *normalem Abbildungsmaßstab* haben wollen oder eine mit *Weitwinkeleffekt* oder auch eine mit *Teleeffekt.* Ganz geschickte Bastler wandeln unseren Vorschlag vielleicht entsprechend ab, indem sie die Rückwand mit dem Magazin in der Kamera verschiebbar anbringen. Dabei müßten Sie allerdings darauf achten, daß die Rückwand, obwohl sie nicht fest eingebaut ist, lichtdicht bleibt. Vielleicht haben Sie, nachdem Sie das Normalmodell gebaut haben, einen guten Vorschlag? Lichtdicht macht man Flächen, die sich noch verschieben lassen sollen, am einfachsten mit einem schwarzen Samtstreifen. Alles weitere überlassen wir Ihrer Phantasie.

Unser Bauvorschlag entspricht einer Kamera mit Normalobjektiv.

Abb. 6: Ausschneiden der einzelnen Bauteile

Aber nun zum

Bau der Camera obscura

Sie können die Kamera aus den verschiedensten Materialien bauen; sichergestellt sein muß nur, daß der Kasten lichtdicht wird. Es eignet sich also Sperrholz, Preßpappe, auch dicker Karton usw. Am einfachsten läßt sich die Kamera aber aus einem Spezialkarton herstellen, der aus zwei dünnen Pappschichten besteht, die innen ausgeschäumt sind (z. B. Depafit, das es in 5-Millimeter-Stärke in Dekogeschäften gibt, wobei der Quadratmeter ungefähr 10 Mark kostet). Er kann mit einem scharfen Messer geschnitten werden, wobei Sie darauf achten müssen, daß die Schnittkanten sich nicht zusammendrücken. Die Einzelteile lassen sich mit Modellkleber leicht zusammenleimen.

Die Maße der Einzelteile, die Sie brauchen, finden Sie auf *Abbildung 7*. Unser Modell ist sogar so komfortabel, daß es einen einfachen *Rahmensucher* enthält.

Am Loch hängt alles

Vor dem Zusammenbau müssen wir noch das Loch in der Vorderwand und das Magazin in der Hinterwand einbauen. Zunächst zum *Loch*.

Kleben Sie hinter das 2 × 2 Zentimeter große viereckige Fenster der Vorderwand ein Stück Alufolie. In der Mitte dieses jetzt mit Folie zugeklebten Fensterchens stechen Sie mit einer dünnen Nähnadel ein *ganz feines* Loch, indem Sie die Folie nur leicht anpieken und nicht ganz durchstechen.

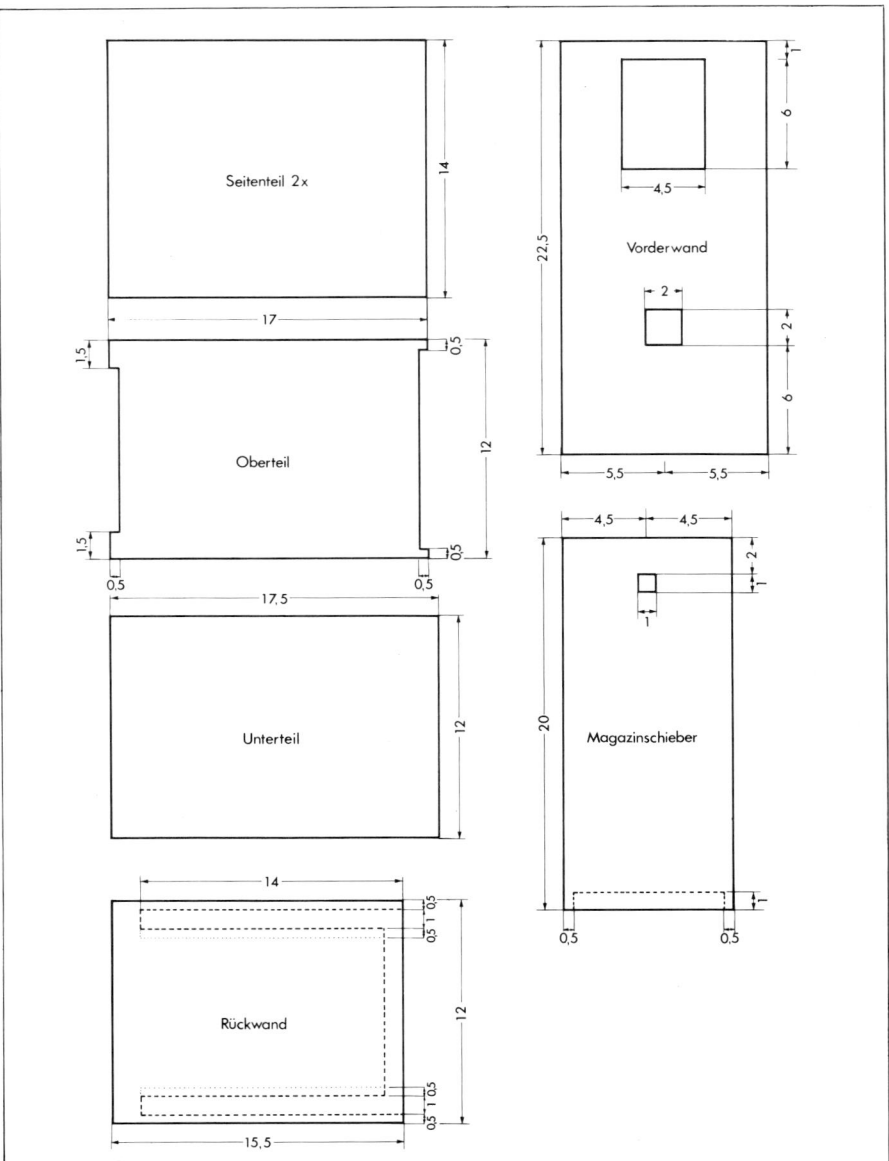

Abb. 7: Die Maße der einzelnen Teile (vorausgesetzt wird 5 mm dicke ausgeschäumte Pappe).

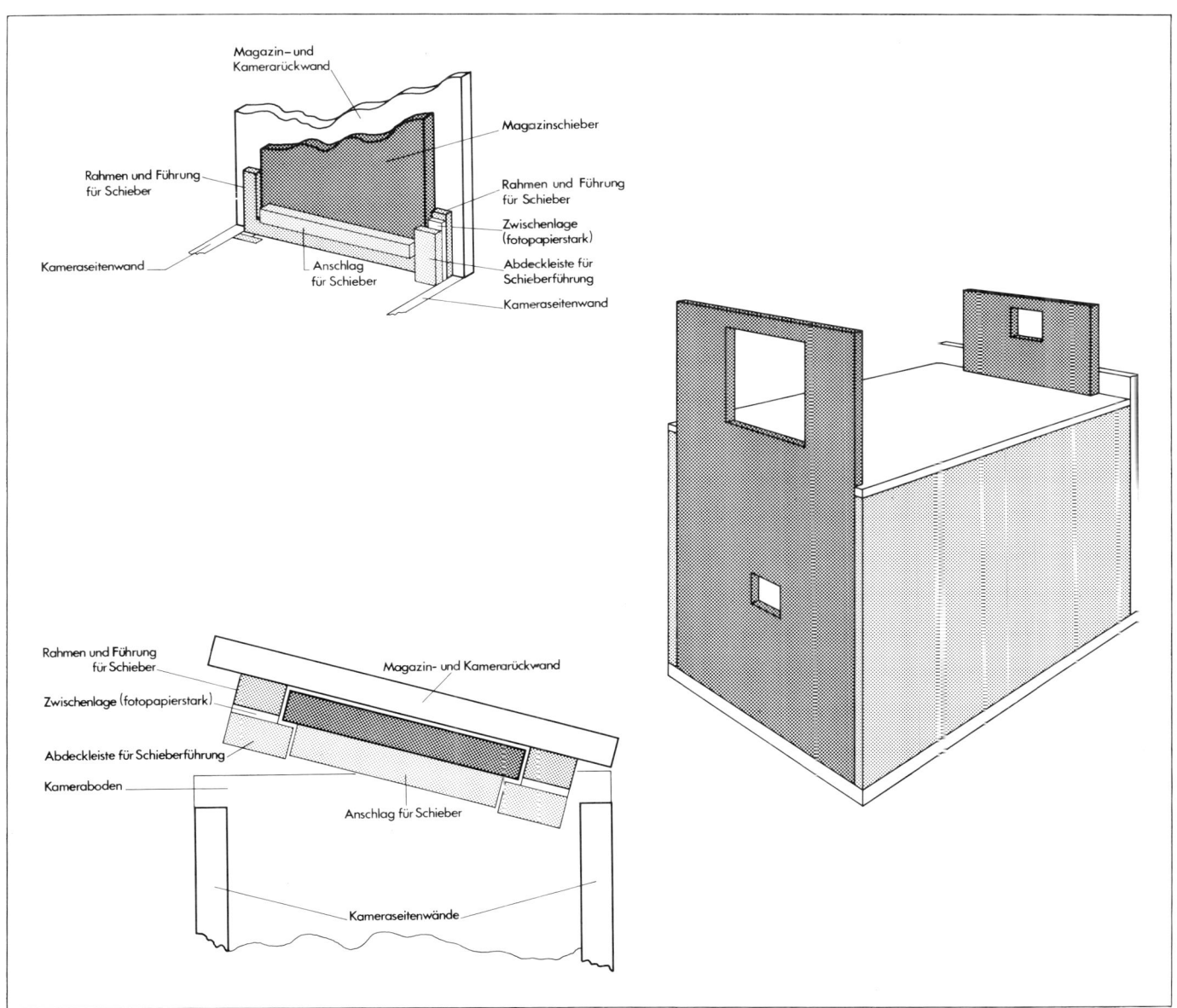

Magazin- und
Kamerarückwand

Magazinschieber

Rahmen und Führung
für Schieber

Rahmen und Führung
für Schieber

Zwischenlage
(fotopapierstark)

Kameraseitenwand

Abdeckleiste für
Schieberführung

Anschlag
für Schieber

Kameraseitenwand

Rahmen und Führung
für Schieber

Magazin- und Kamerarückwand

Zwischenlage (fotopapierstark)

Abdeckleiste für Schieberführung

Kameraboden

Anschlag für Schieber

Kameraseitenwände

Abb. 8: Bau der abnehmbaren Rückwand mit Magazin.

161

Abb. 9: Laden des Magazins mit Fotopapier.

Abb. 10: Einsetzen der Rückwand.

Komfort durch Magazine

Wie das *Magazin* auf die Hinterwand zu bauen ist — beides ist abnehmbar konstruiert —, zeigt Ihnen *Abbildung 8*. Wir haben das Magazin so konstruiert, daß es getrennt von der Kamera mit dem Fotopapier geladen und dann samt Rückwand in die Kamera hineingeschoben werden kann. Die Rückwand mit dem Magazin muß sehr genau gebaut werden, damit sie möglichst ohne Luft in der Kamera sitzt. Sonst scheint Licht auf das Papier und verdirbt alles.

Damit Sie unterwegs gleich mehrere Aufnahmen machen können, empfiehlt es sich, zwei oder drei Magazine zu bauen und geladen mitzunehmen. Das *Laden* der Kamera ist ganz einfach:

Bei Dunkelheit oder in Ihrer Dunkelkammer, die von einer Dunkelkammer-Lampe beleuchtet sein darf (dazu gleich noch mehr), wird auf die Kamerarückwand bei herausgezogenem Schieber ein Stück Fotopapier von der Größe 9 × 12 Zentimeter mit Tesafilm angeheftet. Bitte nicht zu weit aufs Papier kleben, sonst haben Sie später

zuviel Bildabfall. Fotopapier mit normaler Gradation (Härte) gibt es fertig geschnitten beim Fotohändler. Dann den Schieber zuschieben; und fertig ist das Magazin zur Aufnahme.

Stecken Sie es jetzt in die Kamera. Haben Sie Ihr Motiv gefunden und die Kamera wackelsicher aufgestellt, dann brauchen Sie nur noch den Schieber bis zum Anschlag nach oben zu ziehen. Sie öffnen damit gewissermaßen den Verschluß.

162

Bau der Kamera

Aber nun zurück zum *Bau der Kamera.* Vor dem Zusammenkleben müssen wir die Innenseiten noch mattschwarz (z. B. mit Plaka-Farbe) anstreichen, damit es nicht zu Reflexen innerhalb der Kamera kommt.

Und nun geht's ans *Zusammenbauen,* wobei Sie besonders sorgfältig vorgehen müssen. Damit kein Licht durch irgendwelche Ritzen dringen kann, können Sie zur Sicherheit die Kanten noch mit lichtundurchlässigem Klebeband absichern.

Beim Oberteil weist diejenige Seite zur Rückwand, bei der die vorstehenden Ecken 1,5 Zentimeter breit sind. Den Ausschnitt für das Magazin müssen wir vor dem Zusammenkleben aber noch mit einem dünnen schwarzen Samtband auskleben, damit der Schieber wirklich auch lichtdicht wird. Von der Dicke des verwendeten Materials einschließlich des rundherum geklebten Samtbandes hängt es ab, wie tief der Einschnitt in das Oberteil zwischen den beiden vorstehenden Ecken ist. Das müssen Sie einfach ausprobieren.

Jetzt ist die Kamera bereits gebrauchsfertig.

Sie können Ihre Kamera aber noch verbessern, indem Sie auf die Unterseite in der Mitte ein *Gewinde für das Stativ* darunterkleben. Das geht am besten mit einem 2-Komponenten-Kleber; ein solches Gewindestück (Reduzierstück) bekommen Sie im Fotohandel.

Aufnahmen mit der Camera obscura

Wir sagten schon, daß die Camera obscura besonders stark *abgeblendet* ist. Das bedeutet eine lange Belich-

*Abb. 1`: Unsere Kamera in Funktion während der Dreharbeiten.

tungszeit, die noch dadurch verlängert wird, daß wir. keinen empfindlichen Film, sondern Fotopapier verwenden. Die Belichtungszeit hängt von der Größe des Loches ab, das die Kamera hat. Sie müssen sie selbst ausprobieren und sollten zunächst einmal bei Sonnenschein mit 5 Minuten beginnen. Bei Wolken oder Regen verlängert sich diese Zeit natürlich.

Bei so langer Belichtungszeit eignen sich als Motive natürlich besonders gut feststehende Objekte, also Architektur

oder Landschaften. Da die Kamera einen so großen Tiefenschärfebereich hat, können Sie damit aber auch sehr gut kleine Gegenstände, wie Pflanzen, Figuren oder ähnliches aufnehmen, die Sie dicht vor die Kamera stellen.

Abb. 12: Dunkelkammer-Einrichtung.

Wir entwickeln unsere Aufnahmen selbst

Sie haben jetzt eine selbstgebaute Kamera. Warum sollten Sie dann nicht auch Ihre Bilder selbst entwickeln? Dazu braucht man im Grunde herzlich wenig; jedenfalls für den Anfang und für das Sammeln von Erfahrungen. Man braucht nämlich nur:

1. Drei Plastikschalen (oder für den Anfang tiefe Suppenteller),
2. Papierentwickler und Fixierlösung + 2 dazugehörige Aufbewahrungsflaschen. Achtung! Die Flasche für den Entwickler muß lichtundurchlässig sein; am besten eine braune Kunststoffflasche. (Die Chemikalien gibt es im Fotohandel),
3. einen abgedunkelten Raum (das Badezimmer genügt),
4. eine orangegrüne Dunkelkammerbirne (gibt's ebenfalls im Handel).

Wie *Entwickler* und *Fixierlösung* anzusetzen sind, lesen Sie auf der Gebrauchsanweisung. Die 3 Schalen werden nun in Reihe aufgestellt, wobei in die *erste* der *Papierentwickler,* in die *mittlere* normales *Leitungswasser* und in die *dritte* Schale die *Fixierlösung* kommt. Für das Wässern der Bilder nach dem Fixieren kann man das Waschbecken benutzen.

Für die nötige Beleuchtung, die aber dem Fotopapier nicht schadet, sorgt die Dunkelkammerbirne. Bringen Sie sie aber nicht dichter als etwa 1 Meter an das Papier.

Abb. 13: links Negativ, rechts Positiv einer Aufnahme mit unserer Camera obscura.

Entwickeln

Und nun geht's ans *Entwickeln.* Das belichtete Papier wird bei Dunkelkammerlicht aus der Kamera gezogen und vom Magazin gelöst, indem wir die Tesafilmstreifen abziehen. Legen Sie es jetzt in den *Entwickler.* Dort bleibt es etwa ein bis zwei Minuten, wobei Sie die Schale mit dem Entwickler so bewegen müssen, daß die Flüssigkeit über dem Papier hin und her schwappt. Vorsicht, daß nichts über den Rand spritzt, denn das gibt Flecken auf der Kleidung, die nicht wieder herausgehen.

Ist das Bild genügend entwickelt — was voraussetzt, daß Sie die Belichtungszeit richtig getroffen haben — kommt das Papier kurz in das *Wasserbad* der mittleren Schale und dann in das *Fixierbad.* Wichtig ist es, daß nichts vom Entwickler mit in das Fixierbad und umgekehrt gelangt; das würde die Chemikalien bald unbrauchbar machen. Dort bleibt es etwa 5 bis 10 Minuten liegen; auch hier hin und wieder die Schale bewegen. Danach kommt das Bild zur *Schlußwässerung* in ein Waschbecken oder eine größere Schüssel mit Wasser. Nach etwa einer halben Stunde kann es zum Trocknen aufgehängt werden.

Das getrocknete Papier rollt sich leicht auf. Man bekommt es ganz einfach glatt, indem man es vorsichtig mit der Papierrückseite über eine Tischkante zieht.

Haben Sie diese Arbeiten geschafft, dann können Sie bald eine richtige

Dunkelkammer einrichten, in der Sie Ihre Fotos, die Sie mit einem normalen Fotoapparat gemacht haben, selbst vergrößern können. Dazu braucht man allerdings dann einen Vergrößerungsapparat und weniger behelfsmäßige Utensilien. Aber Sie wissen dann immerhin schon, wie es geht.

Kopieren

Unser Camera obscura-Bild ist nun freilich ein *Negativ*. Das heißt, alle hellen Flächen sind dunkel und alle dunklen hell. Normalerweise ist das Negativ ein Film. Aber auch von einem Papierbild kann man ein *Positiv* herstellen, und das geht so:

Der Belichtungsvorgang in der Kamera muß nun außerhalb der Kamera in unserem „Labor" noch einmal wiederholt werden. Wir legen dazu bei Dunkelkammerbeleuchtung ein unbelichtetes Stück Fotopapier mit der Schicht nach *oben* (glänzende Seite) auf den Tisch. Darauf legen wir das Negativpapier mit der Bildseite nach *unten* und bedecken das ganze mit einer kleinen Glasscheibe, die nicht viel größer als die Papiere sein muß. Dann schalten wir kurz die normale Zimmerbeleuchtung an. Vergessen Sie aber vorher nicht, das unbenutzte Papier gut wieder einzupacken, sonst ist es verdorben. Als Belichtungszeit genügen einige Sekunden; auch hier müssen Sie experimentieren.

Da das Negativ ja schnell wieder auf ein neues Papier gelegt werden kann, ist eine mißlungene Kopie nicht so tragisch zu nehmen.

Abb. 14: Dieses Fotogramm und die beiden folgenden wurden — wohlgemerkt — ohne Kamera hergestellt.

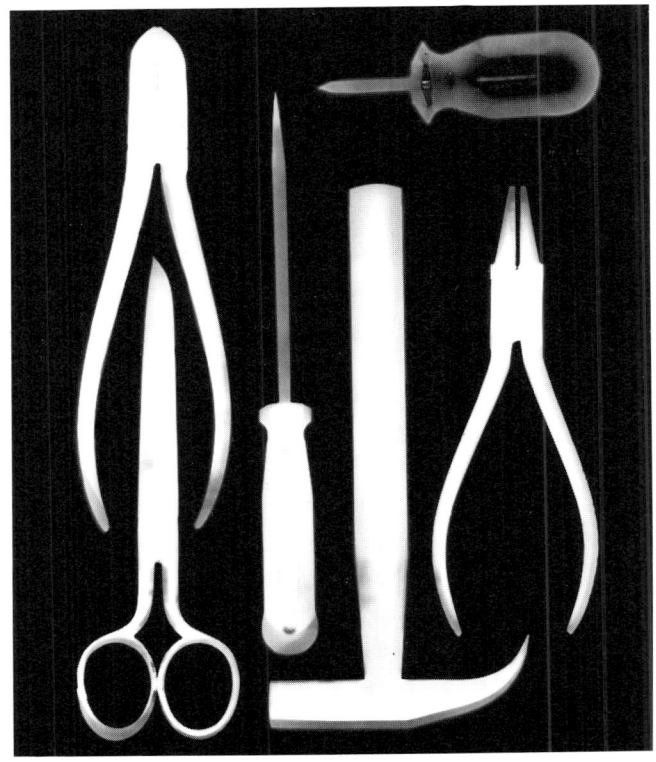

Abb. 15

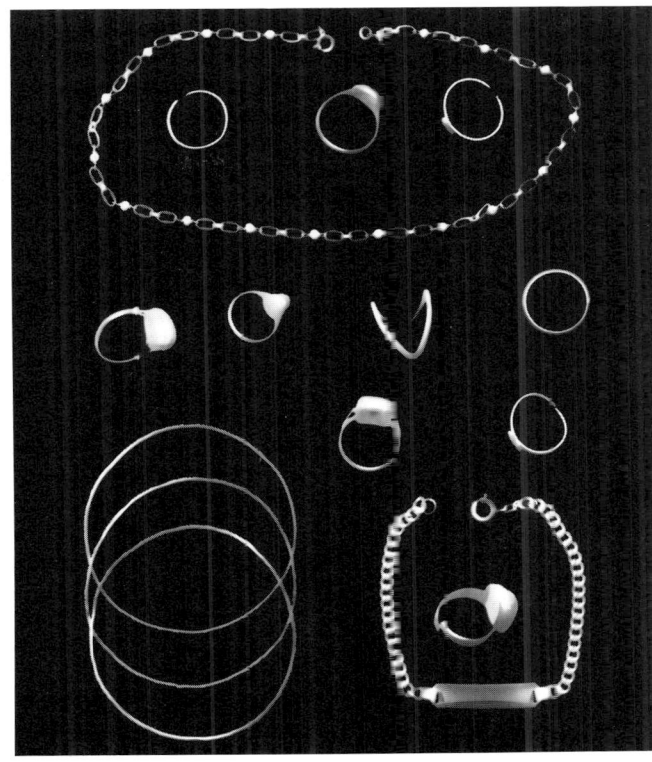

Abb. 16

Das belichtete untere Papier wird nun ebenso entwickelt wie das Negativ. Wenn Sie richtig belichtet haben, ist das Positiv jetzt fertig; Sie haben Ihr erstes, mit einer selbstgebauten Kamera gemachtes Foto selbst entwickelt.

Sie können übrigens auf die gleiche Weise *Kontaktabzüge* von normalen Negativfilmen herstellen. Auch dazu wird das Fotopapier mit der Schichtseite nach oben auf den Tisch gelegt, ein Film oder auch ganze Filmstreifen darüber und alles mit einer Glasplatte

abgedeckt. Das Belichten und Entwickeln können Sie schon; nur müssen Sie jetzt darauf achten, daß der lichtdurchlässigere Film eine kürzere Belichtungszeit braucht.

Wir machen Fotogramme

Das Verfahren, das wir für die Herstellung von Papierpositiven und von Kontaktabzügen angewendet haben, ist bei leichter Abwandlung überaus universell. Man kann damit nämlich auch sogenannte *Fotogramme* herstellen; und das geht so:

Auf einen nun möglichst großen Bogen Fotopapier — der allerdings nicht größer sein darf als Ihre Entwickler- und Fixierschalen — legen wir verschiedene Gegenstände, die möglichst flach

167

sein sollen, damit das Bild nicht unscharf wird. Also wieder einen Bogen
Fotopapier bei Dunkelkammerlicht auf
den Tisch legen, darauf die Gegenstände, und nun wird belichtet, und zwar
diesmal möglichst mit einer Lampe, die
ihr Licht nicht allzusehr streut. Dazu
eignet sich z. B. eine schwenkbare Bü-
rotischlampe, wie man sie heute überall hat.

Nach dem Belichten wird das Papier
wie oben entwickelt, und Sie erhalten
Bilder, auf denen die Stellen, die von
den Gegenständen bedeckt waren,
weiß bleiben, der Rest aber schwarz ist.
Das sieht sehr hübsch aus. Je stärker
die Gegenstände einem Filigran ähneln,
um so schöner ist das Ergebnis. Es eignen sich also besonders halbverrottete
Blätter, bei denen nur noch das ganz
feine Gitter stehengeblieben ist, Samenkörner mit feinen Pinseln, bizarr
geformte flache Steine; aber auch
Schmuckstücke und ganz praktische
Gegenstände wie Schlüssel usw.

Diese praktischen Gegenstände haben
uns auf die Idee gebracht, aus dem
Fotogramm ein Mittel zu machen, das
den ordnungsliebenden Hobbythekern
entgegenkommt. Wer seine Werkzeuge
immer an derselben Stelle wiederfin-
den möchte, kann mit Hilfe von Foto-
grammen entweder in einem Werkzeug-
schrank oder auch in einer Schublade
den entsprechenden Platz markieren.
Auf dieselbe Weise kann man auch seinen Schmuck unterbringen, was den
Vorteil hat, daß das Fotogramm auf
dem Kastenboden sofort erkennen läßt,
welches Schmuckstück fehlt.

Fotos wie zu Urgroßvaters Zeiten

Mit dieser Anwendungsmöglichkeit
sind wir aber noch längst nicht am
Ende der Vielfalt, die die Fotografie
bietet. Da wir unsere Fotos mit einer
ganz alten Kamera aufgenommen haben, ist es eigentlich sehr naheliegend,
diese Fotos auch aussehen zu lassen
wie die alten Vorbilder — nämlich
braun.

Man kann die Fotos auf sehr einfache
Weise nach dem Entwickeln und Ko-
pieren *brauntonen*. Das geht nicht nur
mit den neuen Fotos, sondern auch mit
den alten Schwarzweiß-Bildern, die
Sie im Fotoalbum oder sonstwo aufhe-
ben.

Sie brauchen dazu eine Spezialflüssig-
keit, den *Brauntoner*, den Sie für etwa
4 Mark beim Fotohändler bekommen
können. Die Flüssigkeit wird nach Gebrauchsanweisung verdünnt, und dann
werden die Bilder einfach hineingelegt.
Nach 5 bis 10 Minuten, in denen Sie die
Flüssigkeit wie den Entwickler bewe-

gen müssen, erzielen Sie einen schönen Braunton, dessen Intensität Sie
selbst bestimmen können. Zum Schluß
wird wieder gewässert.

Bitte stören Sie sich nicht daran, daß
der Brauntoner nach faulen Eiern stinkt.
Sie können, da Sie ja jetzt nicht im
Dunkeln arbeiten müssen, das Fenster
öffnen und lüften.

*

Zum Schluß noch ein Tip, den Sie auch
bei einem modernen Fotoapparat anwenden können. Ein Tip also für ge-
standene Fotoamateure.

Ein beliebtes Mittel, besonders Porträt-
fotos ein weiches Licht zu geben, ist
die sogenannte *Weichzeichnung*. Es
gibt dafür spezielle Vorsätze für die Ob-
jektive. Man kann denselben Effekt
aber auf viel einfachere Weise erzielen, indem man vor das Kameraobjek-
tiv ein Stück *Nylonstrumpf*, in einer
oder mehreren Lagen, zieht. Wenn Sie
eine Spiegelreflexkamera haben, können Sie den Effekt sogar im Sucher
kontrollieren.

Chemisch-physikalische Experimente

Abb. 1: So, wie unsere Studiodekoration, muß man sich den Arbeitsraum eines Naturwissenschaftlers früherer Zeiten vorstellen.

Das billigste Silberputzmittel der Welt

Zu den Lieblingstips der Hobbythek gehören die Vorschläge, die im weiteren Sinne ins Fach Chemie gehören. Und der ganz besondere Liebling darunter ist unser *Silberputzmittel,* das Jean Pütz in der Sendung speziell den Frauen angeboten hat, womit er kräftig ins emanzipatorische Fettnäpfchen trat. Natürlich ist dieses Mittel auch etwas für Männer.

Übrigens lohnt es sich, hier die Entstehungsgeschichte dieses Vorschlages zu erzählen, denn an ihr läßt sich gut zeigen, auf wie kuriose Weise wir manchmal an unsere Themen durch eigene Erfahrungen kommen! Und noch etwas wird daran deutlich: Daß in unserem Wirtschaftsleben mitunter ganz schön geschummelt wird. Unser Silberputzmittel war als normales Handelsgut einmal recht teuer — verglichen jedenfalls mit den geringen Kosten, die Sie haben werden. Hier die *Geschichte:*

Man muß wissen, daß Jean Pütz in puncto Silberputzen ebenso erfahren wie wohl auch geschädigt war. Er mußte nämlich als Kind immer das Silber putzen.

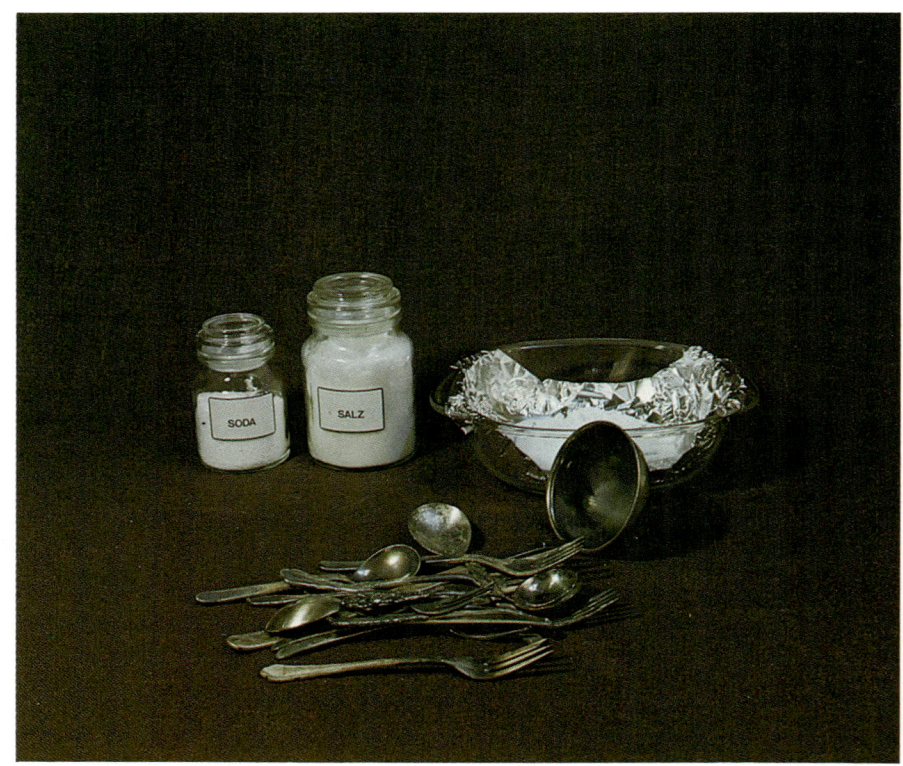

Abb. 2: Die Zutaten.

170

Deshalb fiel ihm in seiner Studentenzeit auf dem Jahrmarkt ein Mann auf, der ein Silberputzmittel ähnlich dem in der Hobbythek vorgeführt hat. Er verkaufte es in kleinen Päckchen, die ein Stück Alu-Folie und ein geheimnisvolles Pulver enthielten. Dem Physikstudenten Jean Pütz war bald klar, daß der Putzvorgang auf elektrolytischem Wege stättfinden mußte. Man kam ins Gespräch, es kam zu einer Einladung zu dem Putzmittelverkäufer, der überrascht und ungläubig die Augen aufriß, als Jean Pütz ihm vorschlug, ihn

zum Generalvertreter des Mittels für Luxemburg zu machen (Jean Pütz stammt nämlich von dort). Obwohl der Mann nicht verriet, woraus sein Mittel hergestellt war, trat man bald in geschäftliche Verhandlungen ein und schloß einen Vertrag.
Kurz, das Mittel, das Jean Pütz generalvertrat, fand reißenden Absatz. Bald aber klappte es mit dem Nachschub nicht mehr, weil die liefernde Firma nicht mehr lange existierte. Was tun? Jean Pütz ließ das Mittel von einem befreundeten Chemiker analysieren. Und

der fand heraus: das Pulver bestand im wesentlichen aus Salz und Soda, und zwar mit viel mehr Salz als nötig, damit ordentlich Menge zusammenkam. Soweit die Geschichte des Mittels.

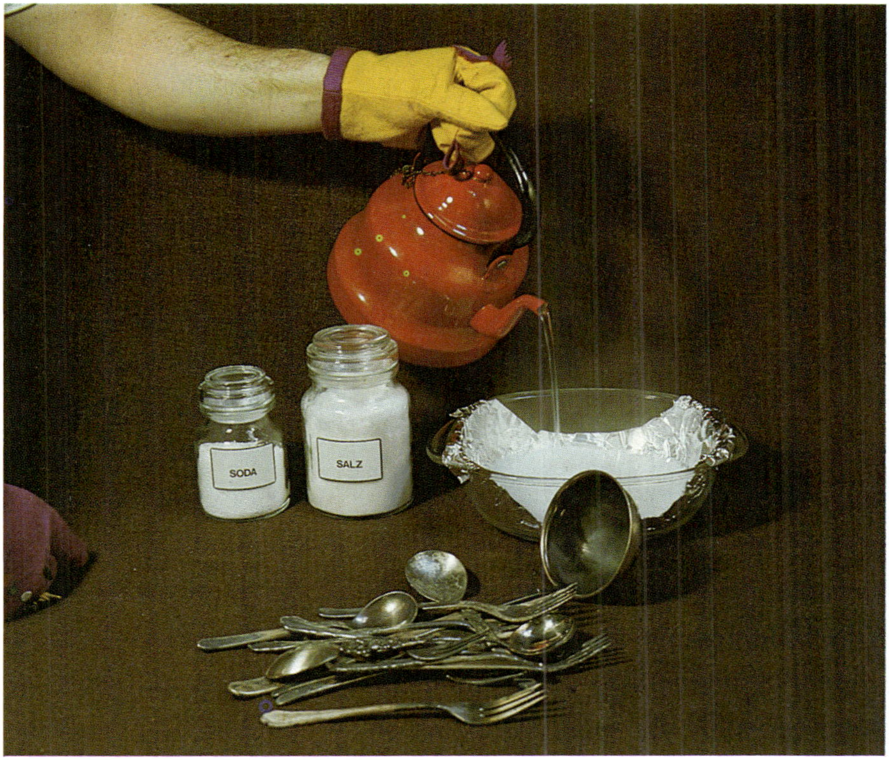

Wie es funktioniert

Jeder weiß: Silberzeug wird schwarz — nicht nur der Löffel beim Eieressen. Die Putzwirkung der herkömmlichen Mittel beruht darauf, daß sie die schwarze Schicht *abschrubben*. Das macht Arbeit und außerdem die Silberschicht bei nicht massiven Dingen dünner, und bei Verzierungen bleibt in den Vertiefungen immer etwas von der hellen Paste hängen.
Alle diese Nachteile gibt es bei unserem Silberputzmittel nicht. Es wirkt sozusagen vollautomatisch, trägt nicht ab, sondern *verwandelt* das im Schwarzen enthaltene Silber sogar wieder in blankes Silber zurück, es wirkt in allen Ecken und Winkeln und es kostet praktisch nichts. Wie funktioniert dieses Wunder? Dazu vorweg etwas Chemie.
Silber hat die Eigenschaft, mit Schwefel sehr leicht zu reagieren und das bekannte schwarze *Silbersulfid* zu bilden. Sie merken das am deutlichsten, wenn Sie mit Silberbesteck ein Ei essen (was übrigens für Feinschmecker eine Tortur ist). Im Eigelb ist Schwefel enthalten, und der reagiert mit dem Silber. Aber auch in der Luft ist Schwefel in geringer Konzentration (neben Chemiewerken auch in größerer) enthalten, der ausreicht, Silber auch unbenutzt schwarz werden zu lassen. Es kommt also darauf an, den Prozeß der Schwefelsulfidbildung *rückgängig* zu machen. Das gelingt mit folgendem Trick:

Abb. 3: Hinzugießen des kochenden Wassers.

Abb. 4: Das Silber wird automatisch geputzt.

Unsere Silberputzschale

In eine feuerfeste Glasschale, eine flache Porzellan- oder Kunststoffschüssel oder einen emaillierten Topf legen wir eine *Aluminium-Folie.* Dazu kommen ein Teelöffel *Kochsalz* und ein Teelöffel *Soda* (Na_2CO_3, das ist Natriumcarbonat). Darüber gießen Sie etwa 2 Liter kochendes Wasser und rühren um, bis sich die Salze gelöst haben.

Die zu reinigenden Silbersachen werden nun einfach auf die Folie in die Lösung gelegt. Was Ihnen zu tun bleibt, ist jetzt nur noch: ein paar Minuten warten. Bald bilden sich Bläschen am Silber, der schwarze Belag verschwindet, das Silber erstrahlt im alten Glanz. Was ist passiert? Der Silbersulfidbelag hat sich wieder in die beiden ursprünglichen Bestandteile *Silber* und *Schwefel* zurückverwandelt. Dieser Prozeß findet gewissermaßen auf elektrischem Wege statt; denn zwischen den Silbergegenständen und der Alufolie baut sich eine elektrische Spannung auf. Auch ein schwacher Strom fließt. Wenn das Silber auf der Alufolie liegt, fließt ein Kurzschlußstrom, der bewirkt, daß das Silber in dem schwarzen Silbersulfidbelag wieder in reines Metall zurückverwandelt wird.

Das Prinzip läßt sich auch umdrehen...

In der *Hobbythek* geht es nach einem Basteltip oder nach einem Verfahren wie dem letzten oft noch weiter. Wir sind neugierig, und wir hoffen, daß Sie es auch sind. Deshalb verwandeln wir jetzt die Silberputzerei in einen Versuch, der Ihnen und allen Zuschauenden im Wortsinn ein Licht aufgehen

172

Abb. 5: Die Kelle haben wir nur teilweise ins Putzbad getaucht. Sie sehen deutlich die Wirkung des Mittels.

Abb. 6: Versuchsanordnung für die Batterieschaltung.

lassen wird. Unsere Silberputzwanne ist nämlich zugleich eine *Batterie.*

Das Aluminium und das Silber bilden die *Elektroden,* die Soda-Kochsalz-Wasserlösung den *Elektrolyten.* Nach einem Naturgesetz baut sich zwischen zwei unterschiedlicher Metallen, die in einer leitfähigen Flüssigkeit stecken (dem Elektrolyten), eine Spannung auf. Diese Spannung ist um so größer, je „edler" die Elektrode (hier das Silber) und je „unedler" die andere (hier das Aluminium) ist. In der Sendung haben wir in der Wanne eine Spannung von 1,1 Volt und einen Kurzschlußstrom von rund 15 mA gemessen. Dieser Kurzschluß wird übrigens automatisch ausgelöst, wenn das Silber auf die Alufolie gelegt wird. Der Strom fließt innen, man bemerkt nur seine Wirkung weil er das Silber reinigt. Wenn Sie Lust haben, dann machen Sie doch einmal den Versuch nach, den *Abbildung 6* zeigt. Die Zutaten entsprechen denen des Silberputzmittels, ergänzt um *Draht* und eine *Taschenlampenbirne* mit möglichst geringer Stromaufnahme (besser noch ist eine Leuchtdiode). Als „edler" Elektrolyten können Sie ruhig einen Silberlöffel verwenden. Da in die Gefäße, die Sie hintereinander schalten, nichts hineingelegt werden muß, genügen Marmeladen- oder Einmachgläser.

Bei unserem Versuch haben wir drei Gefäße hintereinandergeschaltet, da die etwa 1 V pro Gefäß zu schwach wären, ein Birnchen glimmen zu lassen. Wir kommen bei diesem Aufbau auf gut 3 Volt. *Abbildung 6* zeigt Ihnen, wie Sie die Gabeln und Alufolien-Streifen miteinander verkabeln müssen, damit auch wirklich eine Schaltung entsteht, bei der sich die Spannungen addieren.

173

Ein Gerät, mit dem man verkupfern kann

Damit ist aber die Sache noch nicht zu Ende. Mit einer ähnlichen Versuchsanordnung können wir nämlich noch etwas anderes machen. Dazu müssen wir allerdings das Prinzip der Batterie umdrehen; d. h., wir legen eine äußere Spannungsquelle an die beiden Pole. Wir entnehmen dadurch keinen Strom, sondern wir führen welchen zu, der in umgekehrter Richtung fließt wie vorhin. Wir erhalten dann ein Gerät, mit dem man verkupfern kann.

Dazu müssen wir freilich außer der Umkehr des Stromflusses noch ein paar andere Änderungen vornehmen. Im Prinzip aber bleibt es bei der umgedrehten Batterie.

Es soll also verkupfert werden, zum Beispiel billiger Modeschmuck, eine Gürtelschnalle, schäbige Beschläge an einem alten Schrank. Als Gefäß, in dem verkupfert wird, müßte ein Einmachglas mit weitem Rand genügen, denn unser Verfahren hat natürlich seine Grenzen. Es reicht nicht aus, einen alten Volkswagen zu verkupfern, so reizvoll das sein könnte.

Wie es funktioniert
Der Elektrolyt — also die Flüssigkeit, in der verkupfert wird — ist diesmal eine *Kupfersulfatlösung* (über die Sie mehr erfahren in dem Kapitel über die Kristallzüchtung). Wir erhalten sie, indem wir in 1 Liter Wasser 200 g Kupfersulfat solange verrühren, bis alles gelöst ist. Wenn es gar nicht recht gehen will, hilft ein warmes Wasserbad.
Nun müssen wir — wie die Fachleute das nennen — *das Medium ansäuern*.

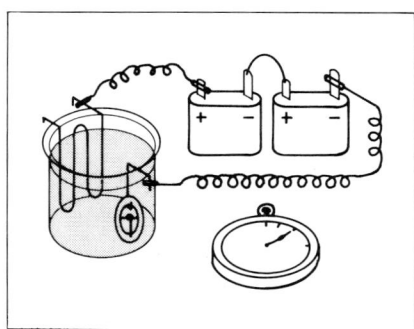

Abb. 7: Versuchsanordnung für ein Gerät zum Verkupfern.

Eigentlich macht man das mit Schwefelsäure. Aber was sich in der Industrie mit besonderen Apparaten ungefährlich machen läßt, ist für den Hausgebrauch doch etwas zu riskant. Es geht nämlich auch mit ganz ungefährlichen Mitteln, mit ganz normalem 50%igem *Tafelessig* zum Beispiel. Rühren Sie 100 Kubikzentimeter davon in Ihre Lösung. Fertig ist unser Elektrolyt.

Die Sache mit der Anode und der Kathode
In diese Lösung müssen nun eine *Anode* und eine *Kathode* gehängt werden. Was ist denn das nun wieder? Das wird erklärt, wenn der ganze Aufbau fertig ist. Die Anode ist in unserem Fall ein nicht zu dünner Kupferdraht (aus einer alten Leitung), der, wie auf der Abbildung 7, mehrfach gebogen später über den Glasrand gehängt wird. Es geht auch mit einem Streifen Kupferblech. Die Kathode ist der Gegenstand aus Nickel, Eisen oder Messing (Leichtmetall eignet sich nicht), den wir verkupfern wollen. Er wird später ebenfalls, locker auf einem

Abb. 8: Jean Pütz, rechts, hält das Kupferblech, das als Anode Kupfer abgibt; Wolfgang Back, links, hält das Werkstück, das als Kathode verkupfert werden soll.

Draht aufliegend, in die Lösung gehängt.

Oben wurde schon gesagt, daß bei diesem Verfahren dem Elektrolyten Strom *zugeführt* werden muß. Das geschieht über die Anode und Kathode, und zwar wie folgt:

Als Stromquelle reichen für den Anfang zwei hintereinandergeschaltete Flachbatterien mit je 4,5 Volt. Mit einem Stückchen Draht und zwei Büroklammern (wer schon Löten kann, kann löten), wird die lange Lasche der einen Batterie mit der kurzen der anderen verbunden. Die freigebliebene kurze Lasche (−) wird mit dem Kupferdraht verbunden, der uns als Anode dient, und die lange Lasche (−) mit dem Drahthaken, an dem als Kathode das zu verkupfernde Werkstück hängen soll.

Das Verkupfern

Dieses Werkstück (Schmuck, Schnalle usw.) muß aber vor der ganzen Prozedur von allem *Fett gereinigt* werden, das unsichtbar an ihm haften kann. Das geht ganz einfach mit irgendeinem fettlösenden Reinigungs- oder Scheuermittel, das hinterher gut abgespült werden muß. Nun hängen wir das Stück, ohne es mit der Batterie zu verbinden, kurz in die Kupfersulfatlösung. Es wird auf diese Weise — wie man sagt — *aktiviert*, und es erhält auf „unelektrische" Weise einen ersten hauchdünnen Kupferauftrag, einfach durch Ausfällen des Kupfers auf das andere Metall. Aber dieser ist noch nicht haltbar; deshalb helfen wir mit elektrischem Strom nach. Die Kupferanode und Werkstück-Kathode werden mit der Batterie verbunden, der Strom

175

fließt und löst aus dem Kupferdraht (anodisch) Kupfer heraus, das zu dem Werkstück wandert und sich dort in gleichmäßiger Schicht festsetzt. Bei frischen Batterien ist der Belag bereits nach etwa 2 Minuten ausreichend dick. Das Stück kann also aus dem Bad herausgenommen werden. Es glänzt nun schön kupfern.

Ein Tip für Fortgeschrittene: Die Flachbatterien sind nach mehrmaligem Gebrauch schnell leer. Wenn Sie eine Autobatterie oder ein Ladegerät als Stromversorgung nehmen, kommen Sie billiger weg und können auch größere Sachen verkupfern.

Schutz der Kupferschicht

Leider ist auch dieser Glanz — wie beim Silber — vergänglich, weil auch hier wieder Schwefelverbindungen in der Luft oder Stoffe, die durch Berührung mit den Fingern auf das Kupfer kommen, das Kupfer anlaufen lassen. Dagegen gibt es zwei Möglichkeiten:

1. Wir überziehen das verkupferte Stück mit einem klaren *Schutzlack* — oder
2. wir bringen einen künstlichen Belag mit einer *Schwefelsulfidverbindung* auf, die das Stück wie antikes Kupfer aussehen läßt.

Und das macht man so: Wir nehmen *Brauntoner* oder auch Schwefelleber (mehr darüber in unserem Fotokapitel auf Seite 168) und mischen ihn mit Wasser. Brauntoner besteht weitgehend aus einer Schwefelsulfidverbindung und wird sonst dazu benutzt, Schwarzweiß-Fotos bräunlich zu färben und sie wie Omas Hochzeitsbild aussehen zu lassen. In diese Lösung tauchen wir das Kupferstück. Es wird augenblicklich schwarz. Seien Sie darüber nicht trau-

Abb. 9: Eine Gürtelschnalle wird verkupfert.

176

rig, denn das ist beabsichtigt. Mit einem Scheuermittel oder auch einer Bürste mit feinen Messing- oder Kunststoffborsten wird soviel von dieser künstlichen Korrosionsschicht wieder abgetragen, bis eben besagter Antikeffekt erreicht ist.

Bevor Sie nun ans Aufräumen gehen, noch ein Wort zur Kupfersulfatlösung. Die dürfen Sie nicht einfach wegkippen, denn sie belastet das Abwasser. Wenn Sie sie luftdicht abschließen, können Sie sie wiederverwenden. Das geht übrigens mit der Kupferdraht-Ano-

de nur begrenzt, weil sie immer dünner wird. Das Kupfer wandert ja zur Kathode des zu verkupfernden Gegenstandes.

Kristalle züchten

Da wir gerade beim Kupfersulfat waren, das auch den Namen Kupfervitriol hat: man kann damit noch etwas anderes machen, nämlich Kristalle züchten Wenn hier vom Züchten gesprochen wird, dann klingt das zwar nach Biologie; in Wahrheit bewegen wir uns aber immer noch auf dem Gebiet der Chemie. Vielleicht ist das ein Fach, das Sie in der Schule nicht gemocht haben. Könnte das nicht damit zu tun haben, daß damals versäumt wurde, Kristalle zu züchten, diese farbigen kantigen Gebilde, die wir in der Zuckerdose ebenso finden wie im Schmuckkasten?

Wie die Kristallform entsteht

Die Kristalle auf *Abbildung 1* haben ihre *Form nicht durch Schliff* erhalten — wie die meisten Schmucksteine —, sondern sie haben diese *Form aus sich selbst* herausgebildet. Die äußere Kristallform ist nämlich ein Abbild der Anordnung der Moleküle im Innern des Kristalls. So ebenmäßige Formen wie die hier gezeigten, produziert die Natur relativ selten, weil der Kristallisationsprozeß meistens gestört wird. Das

Abb. 1: Kristalle, die im Labor gezüchtet wurden. Sie sind ungeschliffen!

178

kann durch Verunreinigungen geschehen, aber auch durch andere Einflüsse. So entsteht in der Natur ein schöner Bergkristall, der aus reinem Quarz besteht, nur wenn der Prozeß der Kristallisation sehr langsam und ungestört vor sich geht. Ein solcher Prozeß kann sich in der Erde im Laufe von Jahrmillionen vollziehen.

Auf *Abbildung 1* sehen Sie Kristalle, die im Labor gezüchtet sind. Dort geht zwar alles etwas schneller als in der Natur, aber auch nicht von heute auf morgen. Und wenn wir jetzt nachmachen, was die Natur uns vormacht, dann seien Sie geduldig, trinken Sie einen Tee mit Kristallzucker, oder hören Sie eine Platte, die über einen geschliffenen Saphir, der auch ein Kristall ist, hörbar gemacht wird, oder sehen Sie fern, was ebenfalls mit Hilfe von Kristallen funktioniert, genauer: mit Halbleiterkristallen, aus denen beispielsweise Transistoren hergestellt werden. Die Devise bei der Kristallzucht lautet: *Je langsamer, desto schöner.*

Zuckerkristalle zum Einüben

Beginnen wir zur Einübung mit einem Versuch, der den Vorteil hat, daß er nicht ewig dauert und daß man mit ihm sofort beginnen kann. Denn Sie haben alles im Hause. Beginnen wir mit der Zucht von Zuckerkristallen.

Wußten Sie, wieviel Zucker man in — sagen wir — einer Tasse Wasser auflösen kann. Schließen Sie Wetten ab, bevor Sie weiterlesen.

Man erhält eine sogenannte *gesättigte Lösung*, wenn man solange Zucker in einer bestimmten Menge Wasser löst, bis sich keine weiteren Zuckerkristalle in diesem Wasser mehr auflösen lassen — auch bei eifrigem Rühren nicht. Er-

Abb. 2: Seignettesalz-Kristalle, im Labor gezüchtet.

hitzen Sie jedoch die sirupartige Flüssigkeit in einem Wasserbad, so läßt sich darin noch mehr Zucker lösen.

Ob alle Zuckerkristalle wirklich gelöst sind, können Sie auf einfache Weise feststellen. Schwenken Sie die Lösung in einem Glas und beobachten Sie den an der Glaswand ablaufenden Sirup. Wenn sich an der Wand keine Restkristalle bilden, ist der Zucker vollständig in Lösung übergegangen.

Und nun zur Wette. In einer Tasse mit 100 Kubikzentimeter Wasser lassen sich bei Zimmertemperatur 200 Gramm Zucker lösen. Bei Erhitzen auf 90° Celsius sogar 400 Gramm! Man spricht dann, bezogen auf die Lösung bei Zimmertemperatur, von einer *übersättigten Lösung.* Beim Auflösen langsam vorgehen oder ein Gefäß benutzen, das größer als eine Tasse ist. Sonst läuft's zunächst über. Zunächst, weil eine gesättigte Lösung nicht mehr Volumen beansprucht als eine ungesättigte.

Für unseren Versuch stellen wir eine leicht übersättigte Zuckerlösung her, die im Wasserbad erhitzt ist. Das Glas mit der Lösung wird dann an einen ruhigen Ort mit gleichmäßiger Temperatur gestellt. Zeitungen oder Styropor als Unterlage sorgen für *langsames Abkühlen*. Vorher müssen Sie einen Pappdeckel hergestellt haben, durch den wie auf *Abbildung 3* und *4* Wollfäden mit Knoten gezogen sind. Der Deckel wird so auf das Glas gelegt, daß die Wollfäden in der Lösung hängen.

Beim Abkühlen kristallisiert nun der für die niedrigere Temperatur zu viel gelöste Zucker heraus und bildet an dem Faden einen größeren Kristall. Zugegeben, der ist noch nicht riesig und vielleicht auch noch kein Schmuckstück. Aber das war ja nur ein Vorversuch, der Ihnen zeigen soll, wie es im Prinzip geht. Wesentlich ist, daß sich in einer gesättigten Lösung an einem Kristallisationskern ein Kristall bildet.

Kristalle aus Kupfersulfat

Schönere und farbige Kristalle lassen sich aus dem schon beschriebenen (vgl. Seite 174) *Kupfersulfat* oder *Kupfervitriol* züchten. Dabei wird in zwei Stufen vorgegangen:

1. dem Züchten von *Keimlingen*,
2. dem Züchten der eigentlichen *Kristalle*.

Natürlich sind auch die Keimlinge schon Kristalle. Wir erhalten sie auf ähnliche Weise wie die oben beschriebenen Zuckerkristalle.

Mischen Sie zunächst

```
200 Gramm Kupfersulfat
(CuSO₄·5 H₂O)
mit
500 Kubikzentimeter (1/2 Liter)
destilliertem Wasser
```

und geben Sie die Lösung in ein becherförmiges Glas.

Das Glas für die Zucht

Für dieses Glas müssen Sie wieder einen *Pappdeckel* herstellen, den Sie am besten mit Alu-Folie überziehen, damit später auch ja kein Fussel in das Glas fällt. Das sind sonst nämlich lauter kleine Kristallisationskerne, die wir so unkontrolliert nicht haben wollen. An dem Deckel können Sie diesmal gleich drei Wollfäden befestigen (vgl. *Abb. 3*).

Damit sich das Kupfersulfat im Wasser vollständig löst, muß die Flüssigkeit unter häufigem Umrühren wieder im Wasserbad erhitzt werden. Ist alles gelöst, kommt das Glas auf die isolierende Unterlage (siehe oben), und der Deckel mit den Fäden wird aufgelegt.

Die Keimlinge

Nach ein bis zwei Tagen können Sie an den Fäden kleine Kristalle erkennen. Suchen Sie für die spätere Zucht die schönsten heraus; das sind die, deren Kanten und Flächen besonders gleichmäßig geformt sind, also nicht unbe-

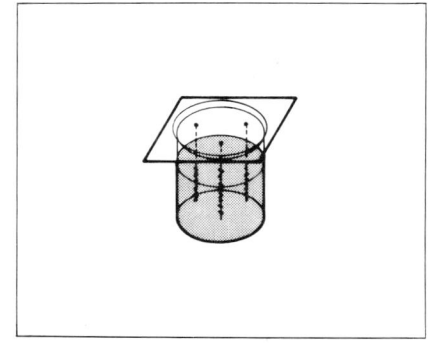

Abb. 3: So werden die Fäden in ein Glas gehängt.

dingt die größten. Diese Kristalle sind nun unsere *Keimlinge*.

Da an den Fäden meist mehrere Kristalle hängen, müssen die „Nichtkeimlinge" entfernt werden. Das geht am besten unter fließendem Wasser. Bitte große Vorsicht, daß sich dabei der kostbare Keimling nicht aus Versehen mit auflöst; er muß unbedingt trocken bleiben.

Als das Thema Kristallzucht für die Hobbythek zur Diskussion stand, standen wir vor der Frage, ob die Zuschauer überhaupt mitmachen würden. Immerhin ging es um ein Experiment, bei dem nicht sofort die Ergebnisse zu sehen waren, sondern Geduld von Wochen, Monaten oder gar einem Jahr nötig war. Je länger man die Zucht fortsetzt, um so schöner sind ja die Ergebnisse. Wir waren selbst überrascht, daß wir ausgerechnet mit diesem Thema den bis dahin größten Zuspruch bekamen. Das war ein Zeichen für uns, daß die Freunde der Hobbythek nicht nur den flüchtigen und schnellen Erfolg suchten, sondern bereit waren, sich ganz und über eine lange Zeit hinweg in eine Sache zu vertiefen.

Züchten der eigentlichen Kristalle

Wir zweifeln deshalb nicht, daß Ihnen die nötige Geduld und Sorgfalt nicht allzu schwerfällt; denn für die Zucht eines großen und schönen Kristalls brauchen Sie beides — und einen Ort, dessen *Temperatur* möglichst konstant bleibt. Auf keinen Fall darf es an diesem Ort wärmer werden als zu der Zeit, zu der Sie das Zuchtglas dort aufstellen. Vielleicht ist dazu ein nicht zu kühler Keller geeignet.

Stellen Sie an diesen Ort das Glas mit der Lösung, in der Sie den Keimling gezüchtet haben und lassen Sie es die Temperatur dieses Ortes annehmen. Da die Lösung jetzt kühler ist (sie war ja einmal erhitzt), liegen auf dem Glasboden Kristalle. Gießen Sie die Lösung ab in ein anderes Glas; sie ist jetzt auf jeden Fall gesättigt.

Vor dem Einsetzen des Keimlings wird die Lösung ein wenig „untersättigt", damit eine dünne Schicht des Keimlings wieder in Lösung geht. Aber

Vorsicht: Sie ruinieren Ihren zarten Keimling, wenn Sie beim Untersättigen nicht sehr behutsam vorgehen. Gießen Sie also nur einen oder höchstens zwei Tropfen destilliertes Wasser hinzu. Das Anlösen des Keimlings fördert eine fehlerfreie Bildung des großen Kristalls. Wächst dieser Kristall in einer Lösung, die ihre vollständige Sättigung erst durch den Keimling erreicht hat, so wird verhindert, daß sich auf den Flächen Stufen bilden.

Der Keimling wächst nun in der Lösung

nur so schnell, wie das Wasser aus der Kupfersulfatlösung bei konstanter Temperatur verdunstet. Es bekommt dem Kristall, wenn das möglichst langsam vor sich geht. Wir haben im Kölner Institut für Kristallographie von Versuchen erfahren, bei denen die Räume auf ein tausendstel Grad genau temperiert werden und die Züchtung mit unter Jahre dauert. Aber keine Angst, so lange dauert es bei Ihnen nicht.

Wieso hat die Kristallbildung etwas mit dem Verdursten zu tun? Nun, dabei wird die Lösung ja übersättigt; es bleibt also gewissermaßen Kupfersulfat übrig, das nun allmählich den Kristall vergrößert. Sie werden jetzt auch verstehen, weshalb sich die Raumtemperatur nicht erhöhen darf. Bei Wärmezufuhr wird der Sättigungsgrad später erreicht, d. h. der Kristall würde sich teilweise wieder auflösen und dabei von seiner Ebenmäßigkeit verlieren.

Damit es mit dem Verdursten überhaupt geht, aber nicht zu schnell, können Sie zwischen Glasrand und Deckel ein Streichholz legen. So entsteht ein kleiner Spalt.

Vielleicht haben Sie Lust, noch andere Kristalle zu züchten? Dazu eignen sich besonders die folgenden Salze, die Sie für wenig Geld in der Apotheke oder einer Chemikalienhandlung bekommen:

Abb. 4: Eine Batterie von Kristallzuchtgläsern.

Seignettesalz (Natriumkaliumtartrat: $NaKC_4H_4O_6 \cdot 4\ H_2O$); es ergibt einen Kristall wie in *Abbildung 2.*
Kaliumalaun (Kaliumaluminiumsulfat $KAL(SO_4)_2 \cdot 12\ H_2O$); den Kristall vgl. *Abbildung 5.*
Bittersalz (Magnesiumsulfat $MgSO_4 \cdot 7\ H_2O$); den Kristall vgl *Abbildung 6.*

Abb. 5: Kaliumalaun-Kristall, im Labor gezüchtet.

Abb. 6: Bittersalz-Kristall, im Labor gezüchtet.

Nun ist es gar nicht so einfach die geduldig gezüchteten Wunderwerke der Mineralogie aufzubewahren, denn sie sind sehr empfindlich. Sie sollten sie deshalb auch niemals mit bloßen Fingern anfassen, sondern mit einer Papierserviette oder einem Papiertaschentuch, sonst hinterlassen Feuchtigkeit und Wärme der Finger Spuren.

Am sichersten verwahrt ist der Kristall, wenn Sie ihn mit *Zaponlack* oder farblosem Fingerlack überziehen. Er verliert dadurch zwar etwas von seinem Oberflächenglanz, aber er ist dafür unempfindlich gegen Außeneinflüsse geworden.

Wen der *Wollfaden* stört, sollte ihn bereits am Keimling abschneiden, den Keimling mit einem sehr dünnen Bohrer durchbohren und durch das Loch eine *Nylonschnur* ziehen. Alles Übrige bleibt wie beschrieben.

Und nun: viel Spaß beim Züchten

Bezugsquellen/Literatur

Basteln mit Elektronik

Jean Pütz (Hrsg.): Einführung in die Elektronik. 16. überarbe tete Auflage. Verlagsgesellschaft Schulfernsehen, Köln.

Jean Pütz (Hrsg.): Experimente: Elektronik. 8. Auflage. Verlagsgesellschaft Schulfernsehen, Köln.

Jean Pütz (Hrsg.): Experimente: Einführung in die Digitalelektronik, Band 1 und 2 liegen vor. Band 3 erscheint Anfang 1983. Verlagsgesellschaft Schulfernsehen, Köln.

Den *Bausatz „Hobbyphon"* liefert: Verlagsgesellschaft Schulfernsehen, Breite Straße 118/120, 5000 Köln 1.

Den *Bausatz „Gurtwarner"* liefert ebenfalls die Verlagsgesellschaft Schulfernsehen.

Kräuter zum Würzen und für die Gesundheit

Bücher:

Tom Stobart: Lexikon der Gewürze, Hörnemann-Verlag, Bonn.

Richard Willifort: Gesundheit durch Heilkräuter. Rudolf Trauner-Verlag, Linz/Österreich.

Jutta Kürtz: Das Schnapsbuch — Anleitung, Gebrautes gar köst ich zu veredeln. Verlag W. Hölker, Münster.

Pilzzucht

Austernpilz-Brut erhalten Sie bei:

Somycel-Champignonbrut — Alleinverkauf für Deutschland — Edith Mangelsdorf —, Postfach 10 16 53, 4350 Recklinghausen, Telefon 0 23 61/2 52 36 und 2 38 90.

Eine Kulturanleitung für Austernpilz- und Kulturträuschlingszucht erhalten Sie bei:

Rheinischer Landwirtschaftsverlag GmbH, Fochusstraße 18, 5300 Bonn 1, Telefon 02 28/62 10 21.

Klappboot „Hobbtimist"

Ein komplettes Arbeitspaket für die Beschichtung inklusive Großbauplan Maßstab 1:5 gibt es im Fachhandel. Bezugsquellennachweis durch Vosschemie, Postfach 124, 2082 Uetersen. Paketpreis: DM ca. 98, — .

Wenn Sie Fragen zu den Fernsehfilmen haben:

Westdeutsches Fernsehen, „Hobbythek", Postfach, 5000 Köln 1

Wenn Sie Fragen zu diesem Buch haben:

Verlagsgesellschaft Schulfernsehen, Breite Straße 118/120, 5000 Köln 1.

Sämtliche Preis- und Lieferangaben ohne Gewähr.

Netzteil 12 / 18 V, 1 A mit Z-Diode
und zwei Transistoren
ohne Transformator
Best.-Nr. B 18   DM 22,90

Gas-Sensor mit Netzteil
Best.-Nr. B 103   DM 48,50

Münzspiel (Baum oder Zahl)
Best.-Nr. B 1001 vgs   DM 11,50
passendes Gehäuse G 88   DM 3,60

Elektronische Sirene
einschließlich Lautsprecher
Best.-Nr. B 1002 vgs   DM 19,80
passendes Gehäuse ET 3   DM 7,70

Zeitgeber
Best.-Nr. B 1003 vgs   DM 10,50

**Thyristor mit
Optokoppleransteuerung**
Best.-Nr. B 1004 vgs   DM 14,95

**Thyristor als
gleichspannungsgesteuerter
Wechselspannungsschalter**
Best.-Nr. B 1005 vgs   DM 11,35

**Thyristor als
Nullspannungsschalter**
Best.-Nr. B 1006 vgs   DM 11,35

Dämmerungsschalter (St)
Best.-Nr. B 1007 vgs   DM 12,60

Zeitmahner
Best.-Nr. B 1008 vgs   DM 19,80
passendes Gehäuse ET 2   DM 6,85

Lauflicht
eine Einheit mit Lampe
Best.-Nr. B 1009 vgs   DM 7,50

Raumschmuck
einschließlich verschiedenfarbiger Leuchtdioden
Best.-Nr. B 1010 vgs   DM 16,50
passendes Gehäuse ET 3   DM 7,70

Gurtwarner
Best.-Nr. B 1011 vgs   DM 11,50

**Drehzahlmesser mit
Leuchtpunktskala**
Best.-Nr. B 1012 vgs   DM 37,85
passendes Gehäuse ET 2   DM 6,85

Tonsignalgeber
Best.-Nr. B 1014 vgs   DM 15,50

Bistabile Kippstufe
mit 2 Tastern
Best.-Nr. B 1015 vgs   DM 13,50

Bistabile Kippstufe (Variante)
mit 2 Tastern
Best.-Nr. B 1016 vgs   DM 13,50

Berührungsschalter
Best.-Nr. B 1017 vgs   DM 12,50

Astabiler Multivibrator
Best.-Nr. B 1018 vgs   DM 12,50

Schmitt-Trigger
Best.-Nr. B 1019 vgs   DM 13,90

Ausgangsschaltverstärker (SV)
für Relaisansteuerung usw.,
jedoch ohne Relais!
Best.-Nr. B 1020 vgs   DM 7,30

Prellfreie Taste (P)
Best.-Nr. B 1021 vgs   DM 8,20

**Zähl-Flip-Flop mit zusätzlichen
statischen Eingängen** (Z-FF-V)
Best.-Nr. B 1022 vgs   DM 8,70

Statisches Flip-Flop (FF)
Best.-Nr. B 1023 vgs   DM 8,20

Zähl-Flip-Flop (Z-FF)
Best.-Nr. B 1024 vgs   DM 8,20

**Flip-Flop mit Vorbereitungs-
und statischen Eingängen**
(FF-VS)
Best.-Nr. B 1025 vgs   DM 8,20

UND-NAND-Gatter (U/Na)
Best.-Nr. B 1026 vgs   DM 7,80

ODER-NOR-Gatter (O/No)
Best.-Nr. 1027 vgs   DM 7,60

Zeitstufe (Z)
Best.-Nr. B 1028 vgs   DM 10,90

Signalgeber (G)
Best.-Nr. B 1029 vgs   DM 10,50

**Netzteil bis 25 V, 1,5 A,
mit elektronischer Sicherung
200 mA und 1,5 A**
Best.-Nr. B 1030 vgs   DM 38,90
(ohne Transformator)
passender Transformator NT 50
                         DM 25,20

Entprellte Taste
Best.-Nr. B 1031 vgs   DM 8,95

Anzeigeneinheit, 4fach
Best.-Nr. B 1032 vgs   DM 11,50

Eingabeeinheit, 4fach
Best.-Nr. B 1033 vgs   DM 11,50

IC-Testplatine
ein Sockel für DIL-Gehäuse
bis maximal 16 Pin
Best.-Nr. B 1034 vgs   DM 6,90

Start-Stopp-Oszillator
Best.-Nr. B 1035 vgs   DM 9,30

Anzeigeeinheit, 6fach
Best.-Nr. B 1036 vgs   DM 12,95

**7-Segment-Anzeige
einschließlich Decoder**
Best.-Nr. B 1037 vgs   DM 18,20

Periodischer Signalgeber
Best.-Nr. B 1038 vgs   DM 18,90

Taschenroulette
Best.-Nr. B 1039 vgs   DM 29,85
passendes Gehäuse ET 2   DM 6,85

Hohe Hausnummer
Best.-Nr. B 1040 vgs   DM 89,50
passendes Gehäuse ET 4   DM 11,25

Doppelwürfel
Best.-Nr. B 1041 vgs   DM 42,85
passendes Gehäuse ET 3   DM 7,70

13 gewinnt
Best.-Nr. B 1042 vgs   DM 132,50
passendes Gehäuse ET 4   DM 11,25

Elfmeterschießen
Best.-Nr. B 1043 vgs   DM 127,50
passendes Gehäuse ET 4   DM 11,25

Nf-Signalverstärker
Best.-Nr. B 1044 vgs   DM 13,50
passendes Gehäuse ET 2   DM 6,85

Nf-Leistungsverstärker
Best.-Nr. B 1045 vgs   DM 19,50
passendes Gehäuse ET 3   DM 7,70

Fernthermometer
(ohne Anzeigeinstrument)
Best.-Nr. B 1046 vgs   DM 10,85
passendes Gehäuse ET 2   DM 6,85

Digitalstoppuhr
Genauigkeit: 1 Mikrosekunde,
6 (Zeitbereiche durch Tasten-
schalter wählbar einschließlich
Quarzzeitbasis und 5stelliger
Anzeige
Best.-Nr. B 1047 vgs   DM 195,—
passendes Gehäuse P 100
                         DM 15,50

Quarzzeitbasis
universell verwendbar,
abgreifbare Frequenzen:
1 MHz, 100 kHz, 10 kHz, 1 kHz,
100 Hz, 10 Hz, 1 Hz.
Einschließlich Eichquarz!
Best.-Nr. B 1048 vgs   DM 51,50

V-A-Meter
Elektronisches Vielfachmeßgerät
für Wechsel- und Gleichstrom
und -Spannung!
Strombereiche:
100 µA bis 10 A in 6 Bereichen
(jeweils Vollausschlag)
Spannungsbereiche:
10 mV bis 500 V in 12 Bereichen
(jeweils Vollausschlag)
(ohne Anzeigeinstrument)
Best.-Nr. B 1049 vgs   DM 64,50

Ohmmeter
10 Ω bis 10 MΩ in 7 Bereichen
(Vollausschlag)
(ohne Anzeigeinstrument)
Best.-Nr. B 1050 vgs   DM 41,80

Signaleingabetaste, 4fach (T)
Best.-Nr. B 1051 vgs   DM 11,50

Nicht-Glied (N)
Best.-Nr. B 1052 vgs   DM 6,50

Lichtschranke
Best.-Nr. B 1053 vgs   DM 10,80

Durchgangsprüfer
(Schaltung)
Best.-Nr. B 1054 vgs   DM 12,90

Akustischer Schalter
(Schaltung)
Best.-Nr. B 1055 vgs   DM 22,55

**Sammelbausatz
digitale Schaltungen**
bestehend aus:
1 × B 1032 (4fach-Anzeigeeinheit)
1 × B 1033 (4fach-Eingabeeinheit)
2 × B 1034 (IC-Testplatine)
1 × B 1037 (7-Segment-Anzeige)
1 × B 1031 (Entprellter Taster)
Best.-Nr. B 1056 vgs   DM 57,50

**Sammelbausatz
Schalttransistor**
bestehend aus:
2 Platinen B 1014 bis B 1019 und
Einzelteilen für alle
Schaltungsvarianten von
B 1014 bis B 1019
Best.-Nr. B 1057 vgs   DM 52,65

**Sammelbausatz
Transistorschaltstufen**
bestehend aus:
1 × B 1051 (4fach-Signaleingabe)
1 × B 1021 (Prellfreie Taste)
1 × B 1007 (Dämmerungsschalter,
bzw. Schmitt-Trigger)
1 × B 1029 (Takt- und Impulsgeber)
2 × B 1052 (Inverter)
2 × B 1026 (UND/NAND-Gatter)
2 × B 1027 (ODER/NOR-Gatter)
2 × B 1023 (Flip-Flop)
2 × B 1022 (Zähl-FF mit Vorbe-
reitungseingängen)
2 × B 1025 (FF mit Vorbereitungs-
und statischen Eingängen)
1 × B 1028 (Zeitschaltung)
1 × B 1020 (Treiberschaltung)
Best.-Nr. B 1058 vgs   DM 126,50

Lauflichtkette
bestehend aus:
5 Stück B 1009 (Lauflicht)
Best.-Nr. B 1059 vgs   DM 29,50

Hobbyphon
Die optoelektronische
Wechselsprechanlage
für Individualisten
Best.-Nr. B 1060 vgs   DM 36,50

RC-Generator
(einfacher Sinusgenerator)
Best.-Nr. B 1061 vgs   DM 9,85

**Experimentiersatz Operations-
verstärker**
bestehend aus: 1 × B 1034 IC-
Testplatine, Operationsverstärker
741, Trimmer zum Offsetabgleich,
Widerständen für die externe Be-
schaltung
Best.-Nr. B 1062 vgs   DM 9,—

**Sammelbausatz Zeitgeber und
Thyristor**
3 1003, B 1004-6 (Platine und
Bauelemente für drei Versuche)
Best.-Nr. B 1063 vgs   DM 39,80

Hobbyflint
Die Schießbude für Pazifisten
Best.-Nr. B 1065 vgs   DM 38,50

Diebstahlsicherung fürs Auto
Bausatz Best.-Nr. 7074   DM 41,95
Bestückte Platine
Best.-Nr. 7075   DM 49,50

Alle Bausätze enthalten die zur Funktion benötigten Bauelemente einschließlich der Fassungen für ICs und der Bedienelemente sowie eine gedruckte und vorgebohrte Platine mit Positionsaufdruck zur leichten Bestückung. Eine Kurzbeschreibung des Gerätes, ein Schaltplan und Hinweise zum Aufbau und zur Inbetriebnahme erleichtern die Arbeit mit dem Bausatz. Wenn nicht anders vermerkt, sind Stromversorgung und Gehäuse gesondert zu bestellen.
Preisänderungen sowie technische Änderungen bleiben vorbehalten. Porto und Verpackung gehen zu Lasten des Empfängers.

vgs
Postfach 18 02 69, 5000 Köln 1

Eine Auswahl interessanter vgs-Bücher

Jean Pütz (Hrsg.)
Einführung in die Elektronik
Inzwischen ein Standardwerk für alle diejenigen, die sich Grundkenntnisse auf dem Gebiet der Elektronik aneignen wollen. Verständlich geschrieben, mit Übungsaufgaben zur Selbstkontrolle – ein Buch das nicht zufällig über 360.000 Leser gefunden hat. 288 S., viele Abb., DM 38,–.

Jean Pütz (Hrsg.)
Einführung in die Digitalelektronik, 3 Bände
Das Grundlagenwerk zur Digitalelektronik, an dem niemand vorbeikommt, der sich mit Elektronik beschäftigt. Im 1. Band werden die logischen Grundfunktionen, ihre Realisierung durch Versuchsschaltungen sowie die Schaltungsvereinfachung und die Besonderheiten der TTL-Technik behandelt. Im 2. Band geht es um Zähler und Schieberegister, die binäre Codierung von Informationen, die Verarbeitung nichtbinärer Signale und die Eingabe und Ausgabe von Informationen bei TTL-Schaltungen. Im 3. Band wird der experimentelle Umgang mit Schaltungen höherer Integrationstechnik behandelt. Es geht um die Kopplung der analogen „Umwelt" und der digitalelektro-

nischen Schaltungen. Zum Experimentieren gibt es ein umfassendes Bausatzprogramm. Bitte Liste anfordern. Jeder Band ca. 240 S., viele Abb., DM 44,–.
3 Bände im Schuber DM 120,–.

Jean Pütz (Hrsg.)
Experimente: Autoelektronik
Dieses Buch enthält alles, was man wissen muß, wenn man die Kraftfahrzeugelektronik verstehen will. Das elektronische Bordnetz wird gründlich beschrieben. Darüber hinaus eine Menge Bauvorschläge, die der TÜV auch zuläßt. Vom Blinkgeber über eine automatische Wischwaschanlage bis hin zum Drehzahlmesser und zur Transistorzündung. Alle Bauvorschläge sind als Bausätze erhältlich. Bitte fordern Sie die Liste an. 120 S., viele Abb., DM 29,80.

Jean Pütz (Hrsg.)
Experimente: Elektronik
Mit dem Buch, einem Lötkolben und etwas Lötzinn kann man sich kreuz und quer durch viele Gebiete der Elektronik arbeiten. Entweder um Kenntnisse zu gewinnen und zu vertiefen oder einfach aus Spaß an allem, was da elektronisch pfeift, blinkt, schaltet, zählt, mißt, regelt oder verstärkt. Bausatzliste anfordern! 272 S., viele Abb., DM 38,–.

Buß/tom Dieck/Rudolph
Einführung in die Chemie, 4 Bände
Die Buchreihe wendet sich an naturwissenschaftlich interessierte Erwachsene ebenso wie an Schüler und deren Lehrer. Die Bücher zeigen durch klare anschauliche Darstellung, daß die Chemie durchaus eine „spannende" Wissenschaft sein kann. Der 1. Band beschäftigt sich mit dem Zusammenhang zwischen Struktur und Eigenschaften der Materie. Im 2. Band stehen der Atomaufbau, das Periodensystem und die chemischen Bindungen im Vordergrund. Welchen Regeln der Ablauf chemischer Reaktionen folgt und welche Triebkraft hinter alldem steht, wird im 3. Band gefragt und erklärt. Der 4. Band zeichnet die Wege von den Rohstoffquellen über die Grundchemikalien bis hin zu den Endprodukten auf. Außerdem wird auf Umweltprobleme und schädliche Folgen der Chemie eingegangen. Jeder Band hat ca. 200 Seiten, viele Abb., DM 29,80.

Jean Pütz (Hrsg.)
Hifi, Ultraschall und Lärm
Die Thematik dieses Buches umspannt einen sehr weiten Bogen. Von den Grundsätzen der Akustik über die Entstehung menschlicher Sprechlaute und dem sprechenden Computer bis hin zu den nahezu unbegrenzten Möglichkeiten der Ultraschalltechnik. 128 S., viele Abb., DM 29,80.

Jean Pütz (Hrsg.)
Televisionen
Jeder, für den der Fernseher bisher nur ein schwarzer Kasten war, kann hier nachlesen, wie Fernsehen von der Aufnahme bis zur Wiedergabe funktioniert. Das Buch verfolgt die Entwicklungsgeschichte des Fernsehens und schildert die physikalisch-technischen Hintergründe jeder Entwicklungsstufe in verständlicher Form. 208 S., viele Abb., DM 34,–.

Adrian Bänninger
Die Videomacher
Der Videokurs im Fernsehen – als Buch und auf Kassette. In diesem Buch wird gezeigt, wie man eine Video-Reportage, eine Videodokumentation, einen Videofilm usw. macht. Ein praktisches Arbeitsbuch, reich mit Bildbeispielen versehen, von Fachleuten verfaßt.

Die Videomacher
Praxis der Videogestaltung. Ca. 160 S., viele 4farb. Abb., DM 24,–.
Die Fernsehreihe gibt es auch als **Videokassette** in einem Kurspaket. Es enthält: Videokassette mit den Fernsehsendungen in Farbe, Spielzeit ca. 3 Stunden mit den Büchern „Die Videomacher" und „Das Videobuch von Philips". Gesamtpreis ca. DM 98,–.

Reportagen aus der Tierwelt
Bilder und Beschreibungen aus der BBC-Serie „Wildlife" und aus Sielmanns „Expeditionen ins Tierreich". Tierfotografen und Tierbeobachter sind Besessene. Auch wenn wir es uns als Leser beim Nachvollziehen ihrer Erlebnisse im Sessel bequem machen können, teilt sich uns beim Lesen und Betrachten des Buches viel von der Spannung und vom Abenteuer mit, die diese Leute erlebt haben. 224 S., ca. 300 Abb., DM 48,–.

Edwin Mullins (Hrsg.)
100 Meisterwerke aus den großen Museen der Welt
Ein Buch, ergänzend zu der bekannten und beliebten Fernsehserie, in dem nicht nur berühmte Gemälde vorgestellt werden, sondern zugleich ein nahezu persönliches Verhältnis zwischen dem Betrachter und dem Bild und seiner Welt aufgebaut wird. 344 S., über 300 Abb., DM 78,–.

für HOBBYTHEK-Freunde

Peter Lustigs Löwenzahn
Kinder ab 4 Jahren, Jugendliche und auch Erwachsene haben ihren Spaß an den Erklärungen Peter Lustigs. In seinem Buch „Löwenzahn" geht es, wie auch in der Fernsehserie, um Themen aus Umwelt, Natur und Technik. Da wird ein Straßenbaum vor dem Abholzen gerettet, da wird ein Buch gedruckt, ein Käferzoo eröffnet und vieles andere mehr. 92 S., DM 19,80.
Band 2, 92 S., DM 19,80.

Peter Lustig/Theo Kerp
Die Hamster kommen
Riesige Hamster, keine Laune der Natur, sondern Folge des neuentwickelten Badezusatzes „Rosyblubb", der über die Abwässer in die Natur gerät. Die sonst so possierlichen Tiere überfallen auf der Suche nach Nahrung Bäckereien, stoppen U-Bahnen und fressen ganze Kornfelder leer. Zum Glück sind Hamster friedliche Tiere. Dennoch stehen die Menschen vor einem großen Problem ... 44 S., viele farbige Abb., DM 19,80.

Peter Lustig/Theo Kerp
Im Kopf brennt noch Licht
Das Buch mit der Geschichte des gleichnamigen Fernsehfilms. Der freundliche, etwas vertrottelte Professor Knüll unternimmt eine wundersame Traumreise und findet sich plötzlich in seinem eigenen Kopf wieder – zu Besuch in der Denk- und Schaltzentrale seines Körpers, die hier auf spielerische Weise erklärt wird. 44 S., zahlreiche Abb., DM 16,80.

Gianni Rodari/Theo Kerp
Die Nase des Königs
Die Nase des Königs berühren will Giovannino, ein kleiner italienischer Junge. Schritt für Schritt macht er wahr, wovon er träumt. Er übt und probiert, faßt diesem und jenem an die Nase und arbeitet sich schließlich vor bis zum Riechkolben seiner Majestät. 24 S., 22 ganzs. Abb., DM 16,80.

Tony Munzlinger/Anton Zink
Unterwegs mit Odysseus
Eine humorvolle Nachfahrt der abenteuerlichen Irrfahrten des Odysseus, bebildert mit Comics, an denen selbst Göttervater Zeus seine Freude gehabt hätte. 96 S., durchgehend farbige Comics, DM 28,–.

Tony Munzlinger/Anton Zink
Abenteuer mit Herakles
Die abenteuerlichen Taten des Herakles, witzig-frech und doch „sagengetreu" nacherzählt. Comics in gelungener Kombination mit lustig-tiefsinnigen Versen. 96 S., durchgehend farbige Comics, DM 28,–.

Erich Rauschenbach
4 Bilderbücher zum Thema „Kind und Gesundheit"
Der kleine Patient
Eine Bildergeschichte, die den Kindern hilft, ihre Angst vor dem Arzt abzubauen. Gezeigt wird, wie es in der ärztlichen Praxis zugeht und was einem dort so alles begegnen kann. 20 farbige Bildseiten, DM 9,80.

Zucker ist nicht immer süß
Die Bedeutung dieses Satzes wird den Kindern in dieser Geschichte deutlich. Sie erfahren am Beispiel des zuckerkranken Thomas, Rücksicht auf ihre behinderten Spielkameraden zu nehmen. 32 farbige Bildseiten, DM 12,80.

Massenweise Medizin
findet Katja in der alten Lebkuchenschachtel, als sie nach Kopfschmerztabletten für ihren Vater sucht. Sie erfährt, daß die Hausapotheke ein gefährliches Pillenlager sein kann. 32 farbige Bildseiten, DM 12,80.

Auf Mutter paß ich selber auf
meint Andy. Während seine Mutter ihre Venenentzündung kuriert „schmeißt" er den Haushalt, betätigt sich als Krankenpfleger und verzichtet sogar aufs Fußballspielen. 32 farbige Bildseiten, DM 12,80.

Miloš Macourek, Peter Markov
Die Märchenbraut
Wenn das Reich der Märchen und unsere moderne Zivilisation aufeinanderstoßen, entsteht verständlicherweise ein heilloses Durcheinander. Bei dem Versuch, alles wieder in Ordnung zu bringen, lernen sich Prinzessin Arabella und Peter, ein Student der Naturwissenschaften, kennen. Die beiden erleben eine Menge aufregender Abenteuer und . . . aber lesen Sie lieber selbst. Das Buch entstand nach der erfolgreichen Fernsehserie. 208 S., viele Abb., DM 24,–.

Musik zum Selbermachen:
John Pearse
Akkord & Rhythmus
Gitarrenschule für Anfänger.
Lernheft, 96 S., viele Abb., Format DIN A 4, DM 9,80.
Komplettes Unterrichtspaket. Lernheft und Langspielplatte zusammen verpackt, DM 28,–.

Gitarrenschule
für Fortgeschrittene.
Lernheft. 32 S., viele Abb., Format DIN A 4, DM 9,80.
Komplettes Unterrichtspaket. Lernheft und Langspielplatte zusammen verpackt, DM 28,–.

Gitarren-Blues
Einführung in Technik und Stil. 48 S., viele Abb., Tabulaturen, Format DIN A 4, DM 12,80
Gitarren-Ragtime
Einführung in Technik und Stil. 64 S., viele Abb., Tabulaturen, Format DIN A 4, DM 12,30.
John Pearse Songbook
20 Folksongs mit Tabulaturen für Gitarre, 80 S., viele Abb., Format DIN A 4 quer, DM 12,80.
Dulcimer-Heft
Wie man einen einfachen Dulcimer baut und wie man das Spielen auf diesem bezaubernden alten Saiteninstrument ohne musikalische Vorkenntnisse erlernt. 72 S., viele Abb., Tabulaturen, Format DIN A 4, DM 12,80.

Dieter Szametat
Open Tunings –
Spieltechniken
der Folkgitarre
Lernheft, 96 S., Format DIN A 4, brosch., DM 19,80.
Langspielplatte, mit Übungsbeispielen, DM 18,–.
Komplettes Unterrichtspaket: Lernheft und Langspielplatte zusammen verpackt, DM 35,–.

Dave Kamien/
Dietrich Schulz-Koehn
Let's Swing –
Jazz zum Mitmachen
Einführungsband. 128 S., viele Abb. und Notenbeispiele, DM 16,80.
Langspielplatte. Mit Beispielen des gleichnamigen Fernsehkurses (auf der 3-Seite lediglich die Rhythmusteile), DM 24,–.
Notenbeispiele. Mit den Partituren der LP, 16 S., Format DIN A 4, DM 7,80.

HOBBYTHEK BÜCHER 1-7

Wo finden Sie was

**Wenn Sie mehr über die Hobby-
thek-Bücher erfahren wollen,
lassen Sie sich den Hobbythek-
Prospekt schicken. – Oder fragen
Sie in ihrer Buchhandlung nach
den Hobbythek-
Büchern. Man
wird Sie Ihnen
gern zeigen.**

vgs

Postfach 18 02 69
5000 Köln 1
Tel. 02 21 - 21 96 41